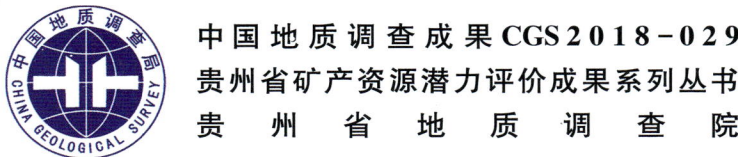

中国地质调查成果CGS2018-029
贵州省矿产资源潜力评价成果系列丛书
贵州省地质调查院

贵州省矿产资源潜力评价综合信息集成

GUIZHOUSHENG KUANGCHAN ZIYUAN QIANLI PINGJIA ZONGHE XINXI JICHENG

王常微 邓 毅 邬晓芳 陈启飞 等著

中国地质大学出版社
ZHONGGUO DIZHI DAXUE CHUBANSHE

内 容 简 介

本书为"贵州省矿产资源潜力评价"项目成果之一,第一次全面、系统、详细地对贵州省基础地质数据库,从数据资源、管理系统、软件功能等5类28个基本信息进行了系统总结,客观反映了贵州省基础地质数据库建设现状(截至2006年底),对其中11个基础地质数据库更新维护情况也进行了详细调查,为贵州省今后部署基础地质数据库建设工作提供了科学依据;详细介绍了贵州省矿产资源潜力评价成果集成数据库,其专业范围涵盖了地质背景、矿产、重力、磁测、化探、遥感、自然重砂,区域范围包括全省、预测工作区、典型矿床区,时间截至2012年。

本书是全国矿产资源潜力评价计划项目中贵州省矿产资源潜力评价项目的研究成果,具有系统性、综合性,可供国土资源、科研院所等从事地质调查和矿产资源评价,以及相关数据库建设的科研人员和大专院校相关专业师生参考。

图书在版编目(CIP)数据

贵州省矿产资源潜力评价综合信息集成/王常微,邓毅,邬晓芳,陈启飞等著. —武汉:中国地质大学出版社,2018.12

(贵州省矿产资源潜力评价成果系列丛书)

ISBN 978-7-5625-4422-7

Ⅰ.①贵…

Ⅱ.①王…②邓…③邬…④陈…

Ⅲ.①矿产资源-资源评价-研究-贵州

Ⅳ.①F426.1

中国版本图书馆 CIP 数据核字(2018)第 296887 号

贵州省矿产资源潜力评价综合信息集成	王常微 邓毅 邬晓芳 陈启飞 等著	
责任编辑:段连秀　　选题策划:毕克成　唐然坤　马严　刘桂涛		责任校对:阎娟
出版发行:中国地质大学出版社(武汉市洪山区鲁磨路388号)		邮政编码:430074
电　　话:(027)67883511　　传真:(027)67883580		E-mail:cbb@cug.edu.cn
经　　销:全国新华书店		http://cugp.cug.edu.cn
开本:880毫米×1230毫米 1/16		字数:320千字　印张:9.5　插页:2
版次:2018年12月第1版		印次:2018年12月第1次印刷
印刷:湖北睿智印务有限公司		印数:1—800册
ISBN 978-7-5625-4422-7		定价:218.00元

如有印装质量问题请与印刷厂联系调换

《贵州省矿产资源潜力评价成果系列丛书》
编委会

主　　任：戴传固　张　慧
副 主 任：陶　平　曾昭光
主　　编：陶　平
委　　员：（按姓氏笔画排列）
　　　　　王常微　朱大友　陈启飞　况　忠　胡丛亮
　　　　　张　慧　陶　平　曾昭光　莫春虎

《贵州省矿产资源潜力评价综合信息集成》

著　者：王常微　邓　毅　邬晓芳　陈启飞　王兴琴　包立新
　　　　况　忠　莫春虎　袁义生　汪玉琼　姚　炼　范玉梅

总 序

中国地质调查局组织开展的中国矿情调查项目"全国矿产资源潜力评价（2006—2013年）"，是一次对全国25种重要矿产的成矿地质条件、地球物理、地球化学、遥感、自然重砂勘查成果全面系统的汇集和分析，并在我国自主创立的矿床成矿系列理论指导下，对25种重要矿产的地质与区域成矿规律进行了较系统、较深入的研究。在此基础上，应用我国自主研发的矿床模型综合信息矿产预测方法对25种矿产进行了潜力评价，达到定量及半定量预测的程度，并建立了潜力评价项目的数据库。研究成果为全国及各省（区、市）矿产资源规划、矿产勘查部署与实施提供了重要的科学依据，对促进地质矿产科学及成矿预测理论与方法的发展走出了重要的一步，同时培养了一大批矿产资源潜力评价相关领域的人才。全国及各省（区、市）地质勘查部门和工作团队均为完成此项任务做出了努力与贡献，工作成果已陆续以不同形式提供给社会使用。《贵州省矿产资源潜力评价成果系列丛书》即为出版成果之一。

贵州省矿产资源潜力评价项目，作为"全国矿产资源潜力评价"项目的子项目，由全国矿产资源潜力评价项目办公室、贵州省国土资源厅、贵州省地质调查院实施项目三级管理，由贵州省地质调查院承担，贵州省地质矿产勘查开发局、贵州省煤田地质局、贵州省有色金属和核工业地质勘查局、中化地质矿山总局等12个地勘单位参与，参加人数近200人，经过8年辛勤工作完成。该子项目全面总结了贵州省基础地质、矿产地质成果和资料，充分应用现代矿产资源预测评价理论技术，开展了全省煤、铁、铜、铝、铅、锌、银、锰、镍、钼、钨、锡、金、锑、钒、汞、稀土、磷、硫、萤石、重晶石、冶镁白云岩共22个矿种的资源潜力预测评价，研究和预测矿产资源及其空间分布，为研究制订国家矿产资源战略和国民经济与社会发展中长期规划提供科学依据。

贵州省矿产资源潜力评价的研究成果主要包括：贵州省各矿种（组）的潜力评价成果报告各1份，共计15份；贵州省成矿地质背景、区域重力、区域磁测、区域化探、区域遥感、自然重砂、综合信息集成、区域成矿规律、矿产预测等专题成果报告各1份，共计9份；项目汇总成果报告1份；编制各类图件2627张，建立各类数据库2009个，提交各类说明书1905份。这些成果及时成功应用于全省5个国家级整装勘查项目、22个省级整装勘查项目、7个非整装勘查项目的论证和实施，并取得重大找矿突破。同时，已应用于国家宏观决策规划部署、具体矿产勘查部署、相关专业勘查及研究等方面，并取得较大成效。

《贵州省矿产资源潜力评价成果系列丛书》(共 7 册),是为全社会共享研究成果、更广泛发挥其应用价值、遵循资料保密制度、选择性修改缩编而成。具体包括《贵州省矿产资源潜力评价重要矿种区域成矿规律与矿产预测》《贵州省矿产资源潜力评价成矿地质背景研究》《贵州省矿产资源潜力评价重磁场特征及应用研究》《贵州省矿产资源潜力评价化探资料应用研究》《贵州省矿产资源潜力评价自然重砂资料应用研究》《贵州省矿产资源潜力评价遥感资料应用研究》《贵州省矿产资源潜力评价综合信息集成》7 部专题研究成果。

相信本系列丛书的出版,对全国同仁具有一定的参考、应用价值。借此出版之际,向作者们致以祝贺。同时,期望在此基础上进一步研究总结全省矿产地质勘查及科研成果,圆满完成《中国矿产地质志·贵州卷》的研编任务,使贵州省在区域矿产总结、成矿规律研究、矿产预测,以及相关基础地质研究等方面再上一个新台阶。

2018 年 8 月 18 日

前　言

全国矿产资源潜力评价是国土资源部在矿产资源领域部署的一项基本国情调查工作,总体目标任务是摸清我国矿产资源"家底",实现成矿地质理论和技术方法创新,培养一批综合型地质人才。其成果将为我国制订矿产资源中长期规划提供依据。

贵州省地质矿产基础数据库从1994年开始,到2006年逐步建立了1∶250万、1∶50万、1∶25万、1∶20万、1∶5万数字地质图空间数据库、贵州省地质工作程度数据库、贵州省矿产地数据库、贵州省区域重力数据库、贵州省航磁数据库、贵州省区域地球化学数据库、贵州省自然重砂数据库、贵州省遥感影像数据库、贵州省地理底图数据库、贵州省同位素地质年龄数据库、二轮区划数据库、贵州省岩石地层数据库、贵州省区域地质调查管理数据库、贵州省1∶20万水文地质图空间数据库、贵州省地学信息元数据库。

贵州省矿产资源潜力评价项目由贵州省国土资源厅领导,贵州省地质调查院2007—2013年完成。项目组分为6个课题组:综合及管理课题组,成矿地质背景研究课题组,成矿规律与矿产预测课题组,物探、化探、遥感、自然重砂、综合信息评价课题组,综合信息集成课题组,煤炭资源潜力预测评价课题组。

综合信息集成课题的目标任务是建立和完善贵州省矿产资源潜力评价相关数据库,特别是成矿远景区的地学空间数据库,为今后开展矿产勘查的规划部署研究奠定扎实的信息基础。

"全国矿产资源潜力预测评价及综合"工作项目隶属于"全国矿产资源潜力评价"计划项目。综合信息集成课题为"全国矿产资源潜力预测评价及综合(项目编号:1212010633901)"计划项目之子项目"贵州省矿产资源潜力评价"的子课题。

所属计划项目:全国矿产资源潜力评价

承担单位:中国地质调查局

业务支撑单位:中国地质科学院矿产资源研究所、中国地质调查局发展研究中心

省级项目名称:贵州省矿产资源潜力评价

实施单位:贵州省地质调查院

参加单位:贵州省地质调查院,贵州省煤田地质局,贵州省有色地质勘查开发局,中化地质矿山总局贵州地质勘查院,贵州省地质矿产勘查开发局101队、102队、103队、104

队、105 队、106 队、113 队、115 队、117 队。

项目负责人：陶平

课题名称：贵州省矿产资源潜力评价综合信息集成

承担单位：贵州省地质调查院

课题负责人：王常微

起止时间：2007—2013 年

贵州省综合信息集成课题组完成的目标任务之一是调查贵州省基础地学数据库 2006 年底前的状况。

目标任务之二是对贵州省区域重力数据库、区域航磁数据库、区域化探数据库、地质工作程度数据库、矿产地数据库、自然重砂数据库、1∶50 万地质图空间数据库、1∶20 万地质图空间数据库、遥感影像数据库、地理底图数据库等基础地学数据库进行维护更新。

目标任务之三是基于 GIS 技术、数据库技术，依据矿产资源潜力评价数据模型及其配套软件（GeoMAG），开展贵州省矿产资源潜力评价数据库建设工作，总结一套适合贵州省矿产资源潜力评价专题数据库建设的工作方法和流程，为专题数据库建设提供方法和技术支撑。

目标任务之四是建立贵州省 21 种重要矿种的地质背景，成矿规律与预测，重力、磁法、化探、遥感、自然重砂等专题成果数据库。

目标任务之五是建立基于 GeoPEX 系统的省级汇总集成成果数据库运行环境，汇总贵州省矿产资源潜力评价成矿地质背景、成矿规律与矿产预测、重力、磁法、化探、遥感和自然重砂等各专题应用研究的数据库成果和相关文档资料。

任务完成情况见表 1。

《贵州省矿产资源潜力评价综合信息集成》由前言、相关地质数据库现状、相关地质数据库维护、矿产资源潜力评价专题属性数据库建设、矿产资源潜力评价成果集成数据库建设、成果应用与服务、结束语等组成。本书系统阐述了专题任务来源、任务目标、贵州省基础地学数据库现状和更新维护情况、潜力评价项目 GIS 技术支撑、专题成果数据库建设情况、贵州省潜力评价成果集成数据库建设情况和成果应用情况。

本书在贵州省矿产资源潜力评价项目成果的基础上编写而成，是集体劳动的成果。全书共分 6 章，主要由王常微、邓毅、邬晓芳编写完成。王常微负责前言、第五章、第六章的编写及全书的统稿；王常微、邓毅、王兴琴、包立新编写第一章、第二章及插图制作；王常微和邬晓芳编写第三章、第四章及附表；陈启飞参与全书的统稿；况忠参与编写遥感专题属性数据库具体工作部分；莫春虎参与编写自然重砂专题属性数据库具体工作部分；袁义生参与编写化探专题属性数据库具体工作部分；汪玉琼和姚炼参与编写重力、磁测专题属性数据库具体工作部分；范玉梅参与插图编制。

表 1 任务完成情况表

序号	完成数据库内容	完成单位	工作人员
1	贵州省矿产地数据库维护	贵州省地质调查院	张 朴　王兴琴　包立新　巩海亮　王常微　邓 毅　邬晓芳
2	贵州省地质工作程度数据库维护	贵州省地质调查院	张 朴　王兴琴　包立新　巩海亮　王常微　邬晓芳　邓 毅
3	贵州省区域地球化学数据库维护	贵州省地质调查院	袁义生　李雪莲
4	贵州省区域重力数据库维护	贵州省地质调查院	姚 炼　汪玉琼　杨胜发
5	贵州省区域航磁数据库维护	贵州省地质调查院	汪玉琼　姚 炼　杨胜发
6	贵州省遥感影像数据库维护	贵州省地质调查院	况 忠　黄欣欣
7	贵州省自然重砂数据库维护	贵州省地质调查院	莫春虎
8	贵州省1：20万数字地质图空间数据库维护	贵州省地质调查院	张 朴　王兴琴　包立新　巩海亮
9	贵州省1：50万数字地质图空间数据库维护	贵州省地质调查院	王常微　朱 勋　邓 毅　邬晓芳　张 朴　王兴琴　包立新　巩海亮
10	贵州省1：5万数字地质图空间数据库建设	贵州省地质调查院	张 朴　王兴琴　包立新　巩海亮
11	贵州省地理底图数据库维护	贵州省地质调查院	王常微　邓 毅　邬晓芳
12	省级地质背景图件数据库建设	贵州省地质调查院	王常微　邓 毅　邬晓芳
13	省级矿产数据库（贵州省区域成矿规律图、贵州省重要矿产预测成果图、贵州省重要金属矿产预测成果图、贵州省重要非金属矿产预测成果图、贵州省重要矿产勘查工作部署图）建设	贵州省地质调查院	王常微　陈启飞　范玉梅　刘 义　邓 毅　邬晓芳
14	重力、磁测专题图件数据库建设	贵州省地质调查院	汪玉琼　杨胜发　姚 炼　刘 义
15	化探专题图件数据库建设	贵州省地质调查院	袁义生　龙超林　李雪莲
16	遥感专题图件数据库建设	贵州省地质调查院	况 忠　黄欣欣　龙胜清
17	自然重砂专题图件数据库建设	贵州省地质调查院	莫春虎　李雪莲
18	汞矿矿产、地质背景专题图件数据库建设	贵州省有色金属和核工业地质勘查局一总队	侯江萍　傅江红　苏翠兰　李向军
19	铝土矿矿产、地质背景专题图件数据库建设	贵州省地质矿产勘查开发局115队、106队，贵州地质调查院	陈 华　叶德书　李 娟　罗荣杰　戴晓燕　蒋小庆　李 众　何炯玲　王常微　邓 毅　邬晓芳
20	铁矿矿产、地质背景专题图件数据库建设	贵州省地质矿产勘查开发局113队	胡思琴　何良伦　陈 星　池焕明　何 进　葛正枝　张正荣
21	硫铁矿矿产、地质背景专题图件数据库建设	中化地质矿山总局贵州地质勘查院、贵州省地质矿产勘查开发局105队	程玛莉　余敏华　苏 威　吴 丹　雷灵芳　王承波　董 毓　朱朋朋　易庆波
22	磷（稀土）矿产、地质背景专题图件数据库建设	中化地质矿山总局贵州地质勘查院、贵州省地质矿产勘查开发局115队	苏 威　潘自滔　余敏华　吴 丹　龙 会　陈 华
23	锑矿矿产、地质背景专题图件数据库建设	贵州省有色金属和核工业地质勘查局三总队	蔡小勤　仲麒维　黄明洁

续表1

序号	完成数据库内容	完成单位	工作人员
24	铅锌银矿矿产、地质背景专题图件数据库建设	贵州省地质矿产勘查开发局104队、贵州省有色金属和核工业地质勘查局地质矿产勘查院	左佳丽　罗彭欣
25	铜钨锡矿矿产、地质背景专题图件数据库建设	贵州省有色金属和核工业地质勘查局地质矿产勘查院	梁　琼　龙汉生　周　宇
26	金矿矿产、地质背景专题图件数据库建设	贵州省地质矿产勘查开发局117队、105队、101队	吴文明　鲍贤军　杨宏辉　杜　娟
27	镍钼钒矿矿产、地质背景专题图件数据库建设	贵州省地质矿产勘查开发局102队	李　瑶　董淑会
28	锰矿矿产、地质背景专题图件数据库建设	贵州省地质矿产勘查开发局103队、102队	张中福　石治均　董淑慧
29	萤石矿矿产、地质背景专题图件数据库建设	贵州省地质矿产勘查开发局103队	张中福　洪万华　余万泽　占朋才 彭晓春　覃智贵　潘昌红　冯开友
30	重晶石矿矿产、地质背景专题图件数据库建设	贵州省地质矿产勘查开发局103队	张中福　洪万华　吴自成　袁良军 侯兵德　占朋才　余万泽
31	冶镁白云岩矿矿产、地质背景专题图件数据库建设	中化地质矿山总局贵州地质勘查院	雷灵芳　吴　丹　余敏华　程玛莉 苏　威　董　毓　郭江波　潘国军 潘自滔　王承波
32	煤矿专题图件数据库建设	贵州省煤田地质局	张卫平　袁石坚
33	成果数据库检查、汇总	贵州省地质调查院	王常微　邓　毅　邬晓芳
34	成果集成数据库建设	贵州省地质调查院	王常微　邬晓芳　邓　毅

感谢中国地质调查局发展研究中心左群超老师、成都地质调查中心张建龙老师的指导,感谢所有参与贵州省矿产资源潜力评价工作的同事、老专家,感谢各相关单位的大力支持,这个项目是大家辛勤工作的成果。

由于编著者水平有限,书中难免存在不足之处,敬请读者提出宝贵意见。

目 录

第一章　相关地质数据库现状 ……………………………………………………………（1）

　　第一节　贵州省1∶250万数字地质图空间数据库 ……………………………………（1）

　　第二节　贵州省1∶50万数字地质图空间数据库 ………………………………………（4）

　　第三节　贵州省1∶25万数字地质图空间数据库 ………………………………………（6）

　　第四节　贵州省1∶20万数字地质图空间数据库 ………………………………………（7）

　　第五节　贵州省1∶5万数字地质图空间数据库 …………………………………………（9）

　　第六节　贵州省矿产地数据库 ……………………………………………………………（11）

　　第七节　贵州省区域重力数据库 …………………………………………………………（15）

　　第八节　贵州省航磁数据库 ………………………………………………………………（18）

　　第九节　贵州省遥感影像数据库 …………………………………………………………（20）

　　第十节　贵州省区域地球化学数据库 ……………………………………………………（21）

　　第十一节　贵州省1∶20万自然重砂数据库 ……………………………………………（24）

　　第十二节　贵州省地质工作程度数据库 …………………………………………………（27）

　　第十三节　二轮区划数据库 ………………………………………………………………（31）

　　第十四节　贵州省地理底图数据库 ………………………………………………………（34）

　　第十五节　贵州省同位素地质年龄数据库 ………………………………………………（36）

　　第十六节　贵州省1∶20万水文地质图空间数据库 ……………………………………（39）

　　第十七节　贵州省地学信息元数据库 ……………………………………………………（41）

　　第十八节　贵州省区域地质调查管理数据库 ……………………………………………（44）

　　第十九节　贵州省岩石地层数据库 ………………………………………………………（47）

第二章　相关地质数据库维护 ……………………………………………………………（49）

　　第一节　贵州省1∶50万数字地质图空间数据库 ………………………………………（49）

　　第二节　贵州省1∶25万数字地质图空间数据库 ………………………………………（52）

　　第三节　贵州省1∶20万数字地质图空间数据库 ………………………………………（52）

　　第四节　贵州省1∶5万数字地质图空间数据库 …………………………………………（55）

　　第五节　贵州省矿产地数据库 ……………………………………………………………（56）

第六节　贵州省区域重力数据库 …………………………………………………………（58）
　　第七节　贵州省航磁数据库 ………………………………………………………………（60）
　　第八节　贵州省遥感影像数据库 …………………………………………………………（62）
　　第九节　贵州省区域地球化学数据库 ……………………………………………………（63）
　　第十节　贵州省1∶20万自然重砂数据库 ………………………………………………（65）
　　第十一节　贵州省地质工作程度数据库 …………………………………………………（68）
　　第十二节　贵州省地理底图数据库 ………………………………………………………（70）
　　第十三节　贵州省地学信息元数据库 ……………………………………………………（71）

第三章　矿产资源潜力评价专题属性数据库建设 ………………………………………（74）

　　第一节　数据模型应用 ……………………………………………………………………（75）
　　第二节　技术方法及流程 …………………………………………………………………（82）
　　第三节　软件工具使用 ……………………………………………………………………（84）
　　第四节　专题属性数据库建设的具体工作 ………………………………………………（85）

第四章　矿产资源潜力评价成果集成数据库建设 ………………………………………（115）

　　第一节　贵州省集成数据库建设概况 ……………………………………………………（115）
　　第二节　贵州省资料性成果汇总 …………………………………………………………（115）
　　第三节　集成数据库组织模式、系统部署 ………………………………………………（116）
　　第四节　资料性成果集成建库具体实施工作 ……………………………………………（118）
　　第五节　集成数据库数据内容、质量评述 ………………………………………………（119）
　　第六节　集成数据库系统使用说明 ………………………………………………………（120）

第五章　矿产资源潜力评价成果应用与服务 ……………………………………………（134）

　　第一节　基础地学数据库的应用与服务 …………………………………………………（134）
　　第二节　省级基础编图及数据库的应用与服务 …………………………………………（135）
　　第三节　矿产资源潜力评价成果数据库的应用与服务 …………………………………（135）
　　第四节　集成数据库的应用前景 …………………………………………………………（137）

第六章　结束语 ……………………………………………………………………………（138）

主要参考文献 ………………………………………………………………………………（139）

第一章 相关地质数据库现状

自数字国土工程开展以来,贵州省地质调查院对几十年来积累的大量地质工作资料进行了数字化和数据库建设,基本建立了贵州省基础地学数据库系统。已经完成和正在建设的与矿产资源预测评价有关的全省性数据资源有:贵州省1∶250万、1∶50万、1∶25万(部分完成)、1∶20万、1∶5万(部分完成)数字地质图空间数据库,贵州省矿产地数据库,贵州省1∶20万自然重砂数据库,贵州省区域地球化学数据库,贵州省区域重力数据库,贵州省大中型矿床数据库(后合并到矿产地数据库中),贵州省地质工作程度数据库,贵州省岩石地层数据库,贵州省区域地质调查管理数据库,贵州省同位素地质年龄数据库,贵州省1∶20万水文地质图空间数据库,贵州省地学信息元数据库等。

中国国土资源部航空物探遥感中心在全国数据库基础上,分省提供与矿产资源潜力评价有关的数据库,包括贵州省航空磁测数据库、贵州省航空遥感影像数据库;中国地质调查局发展研究中心提供了贵州省1∶25万地理底图数据库;中国地质科学院矿产资源研究所提供了二轮区划数据库。

上述基础数据库资料截至时间为2006年12月。

第一节 贵州省1∶250万数字地质图空间数据库

全国1∶250万数字地质图空间数据库于2004年完成,是中国地质调查局聘请各省地质专家在各省完成的1∶50万地质图空间数据库基础上,经过检查修改并补充了2001—2002年10月完成的1∶5万地质图、1∶25万地质图及科研成果资料,按1∶250万地质图标准进行简化归并编制而成的。

贵州省1∶250万数字地质图空间数据库由地质图库和地理图库构成,其图层及内容基本与1∶50万地质图空间数据库一致(表1-1)。

表1-1 贵州省1∶250万数字地质图空间数据库现状情况

序号	现状大类	现状子类	填写现状内容
1	数据库基本情况	数据库名称	贵州省1∶250万数字地质图空间数据库
		数据库主要内容	数据库由地质图库和地理图库构成,其内容反映了本省近期区域地质研究程度和水平,涉及到水系、境界、地层、火山岩、侵入岩、断层、构造、钻孔、同位素年龄等相关信息
		数据库类型/形式(真正数据库、一般文件集合、数据库+一般文件集合的混合形式,或其他形式)	真正数据库
		数据库主要格式	MapGIS格式
		数据库建库标准	中国地质调查局《中华人民共和国1∶250万数字地质图空间数据库》

续表 1-1

序号	现状大类	现状子类	填写现状内容
1	数据库基本情况	采用元数据标准	中国地质调查局《地质信息元数据标准(2006)》
		数据量	共18个文件,总量147MB
		若为空间数据,其覆盖范围、比例尺、坐标参数(大地坐标系统、高程基准、地图椭球参数、地图投影类型)	覆盖全省(全国范围),1:250万,等角割圆锥投影、1980西安坐标系。第一纬度25°00′00″,第二纬度29°00′00″,原点经度107°00′00″,原点纬度24°30′00″
		数据密级(公开、秘密、机密、绝密)	秘密
		数据库数据覆盖专业名称(若覆盖多种专业,则全部列出)	地质
		数据库建设起止时间、负责人及主要技术人员	2004年完成,魏家庸等
		数据库维护历史记录、负责人及主要技术人员	
		数据库更新方式(突击式、日常式,或从未更新)	从未更新
		数据库数据或原始资料源头	在贵州省完成的1:50万地质图空间数据库基础上,经过检查修改并补充了2001—2002年10月完成的1:5万地质图、1:25万地质图及科研成果资料,按1:250万地质图标准进行简化归并编制而成的
		数据库管理具体单位(即归口管理单位)	中国地质调查局
		数据库存放具体单位(即物理存放单位)	贵州省地质调查院
		数据库的用户群(若有多种用户群,按重要层次列出)	中国地质调查局、省国土资源厅、各相关地勘单位
		数据库应用状况描述	编制跨省图件时使用,如黔东-湘西-鄂西成矿带
		数据库存在的主要问题描述	测绘和地质标准不统一;图幅之间未接边,内图框不重合;单图幅本身内图框不吻合;面状水系中存在陆地;原始数据属性错误或不全;原始数据矢量数据错误
		数据库其他情况描述	
2	数据库管理系统运行环境	数据库运行的硬件环境(服务器设备、网络设备、其他设备)	PⅢ 450以上台式计算机、笔记本计算机,内存256MB
		数据库运行的操作系统(包括操作系统名称、版本)	Microsoft Windows 98
		使用的数据库系统(包括数据库系统名称、版本)	中华人民共和国1:250万地质图挂图数据库系统(2003年)、中地数码公司MapGIS 6.X
		与其他相关应用系统的关系	与ARC/INFO兼容
3	数据库管理系统体系结构	数据库管理系统的体系结构图(框图表示)	见图1-1体系结构框图
		数据库管理系统的高层流程图(高层数据流图、高层控制流图)	见图1-2高层数据流图、图1-3高层控制流图
4	数据库管理系统功能	数据库管理系统的主要功能描述(逐一描述)	有空间范围检索(含图幅检索、行政区域检索)、地理要素检索、地质要素检索、图例检索、显示属性、生成图例等功能
5	数据库概念模型	数据库概念模型(用E-R图描述)	见图1-4数据库概念模型图

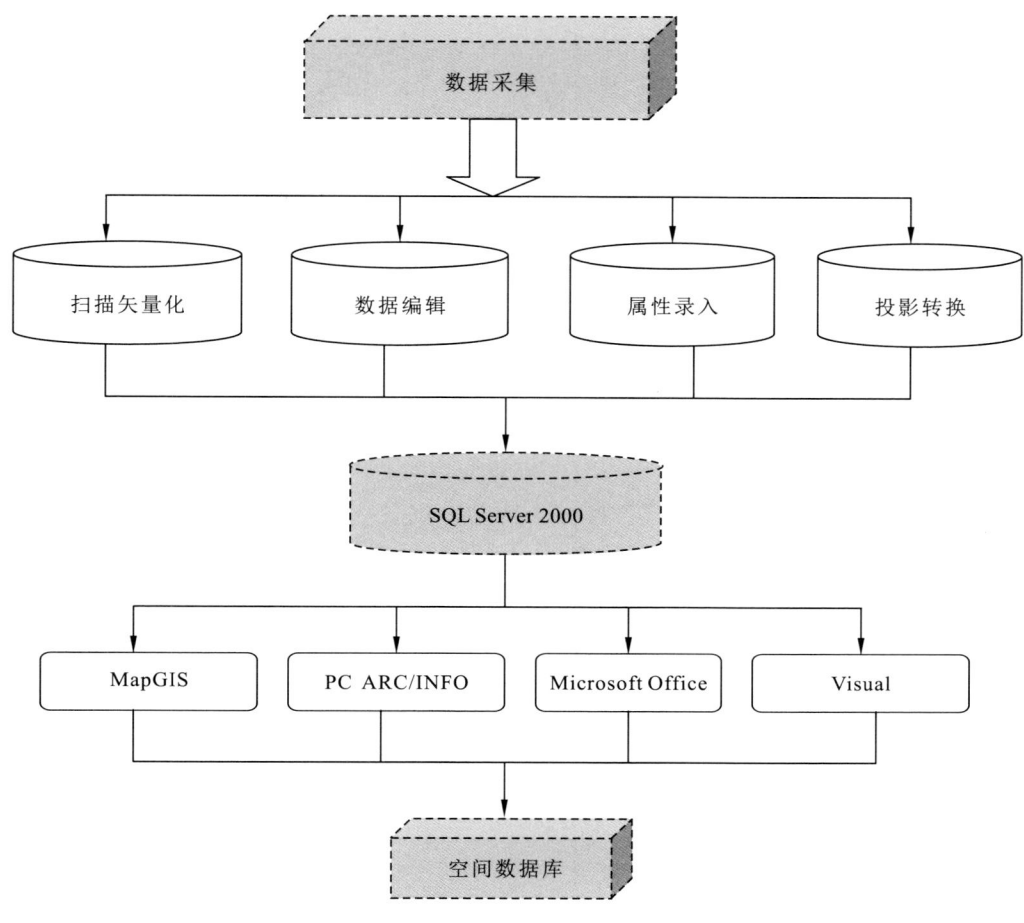

图 1-1 地质图数据库体系结构框图

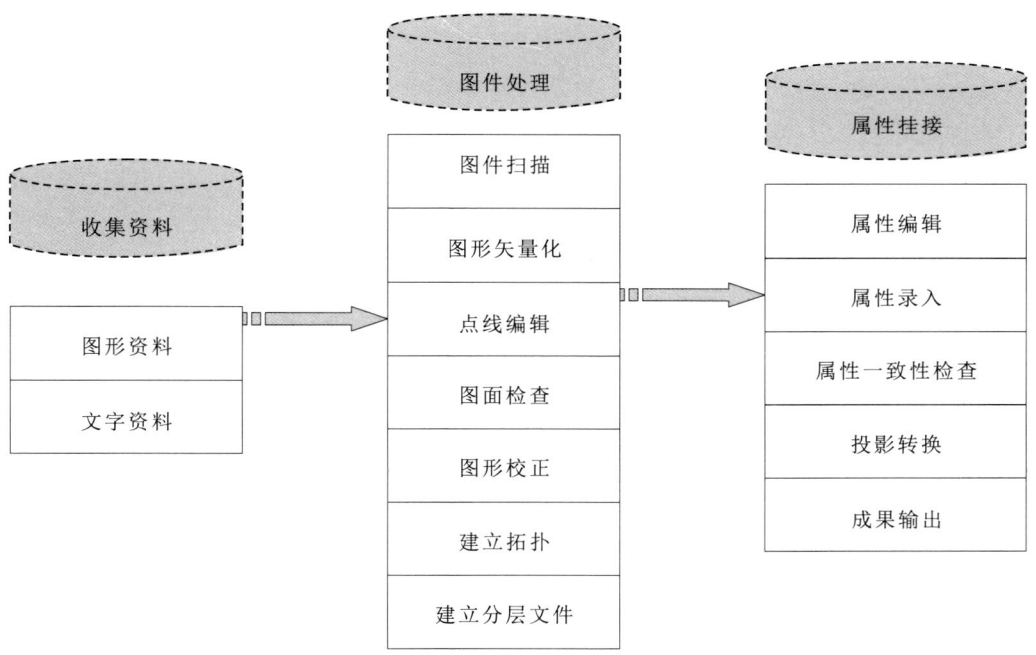

图 1-2 地质图数据库高层数据流图

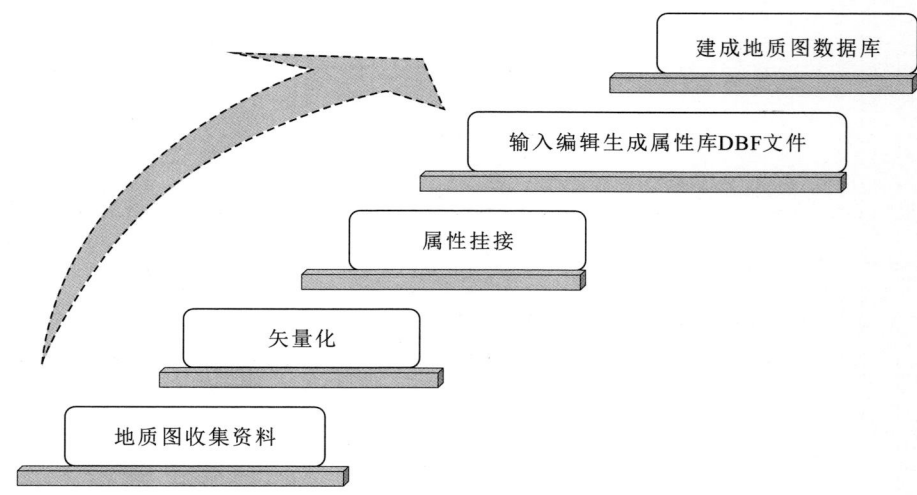

图1-3 地质图数据库高层控制流图

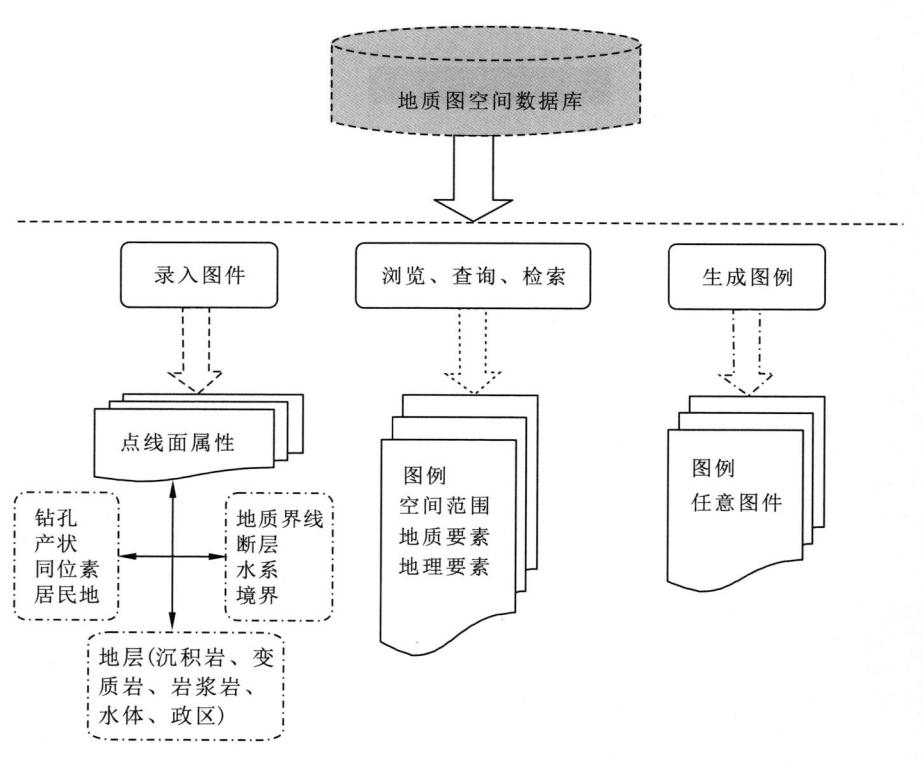

图1-4 地质图数据库概念模型图

第二节 贵州省1∶50万数字地质图空间数据库

贵州省1∶50万数据库为贵州省地质调查院于2001年建立,资料截至1999年底,是采用新的地质编图理论、概念和方法,按GIS应用的要求完成的第一个涵盖贵州全省的数字地质图空间数据库。

数据库由地质图库和地理图库构成,以已出版的贵州省1∶20万区域地质图和贵州省1∶50万地质图为基础资料,使用了贵州省岩石地层单位清理成果,补充使用了已完成的1∶5万区域地质调查资料、科研专题成果资料,较好地反映了贵州省近期区域地质研究程度和水平。

中国地质调查局为了更好地开发利用该数据库,开发了一套数据库管理系统。该管理系统提供按空间检索和按地质、地理属性检索的方式,并按国家标准规定的任意投影方式自动编图。能按照用户的需要检索出任意省、地区、县、全省版图内的1∶100万、1∶50万、1∶25万、1∶20万、1∶10万、1∶5万比例尺的任意标准图幅,全省版图内的任意多边形圈定的范围内的图件。

1∶50万数字地质图空间数据库可作为编制各种同比例尺专题图件的基础地质信息库,也可作为编制更小比例尺地质图的基础地质信息库,从而为贵州省各种小比例尺地质图及相应专题图编制的现代化提供了有力的支持,还可广泛地应用于地质矿产调查、管理、规划与经济建设工作(表1-2)。

表1-2 贵州省1∶50万数字地质图空间数据库现状情况

序号	现状大类	现状子类	填写现状内容
1	数据库基本情况	数据库名称	贵州省1∶50万数字地质图空间数据库
		数据库主要内容	数据库由地质图库和地理图库构成,其内容反映了贵州省近期区域地质研究程度和水平,涉及到水系、境界、地层、火山岩、侵入岩、断层、构造、钻孔、同位素年龄等相关信息
		数据库类型/形式(真正数据库、一般文件集合、数据库+一般文件集合的混合形式,或其他形式)	真正数据库
		数据库主要格式	MapGIS格式
		数据库建库标准	中国地质调查局《中华人民共和国1∶50万数字地质图空间数据库》
		采用元数据标准	中国地质调查局《地质信息元数据标准(2006)》
		数据量	共30个文件,总量273MB
		若为空间数据,其覆盖范围、比例尺、坐标参数(大地坐标系统、高程基准、地图椭球参数、地图投影类型)	覆盖全省,1∶50万等角割圆锥投影,1954北京坐标系、1985国家高程基准。第一纬度24°40′00″,第二纬度29°20′00″,原点经度107°00′00″,原点纬度24°30′00″;数据为经纬度坐标,放大200倍
		数据密级(公开、秘密、机密、绝密)	秘密
		数据库数据覆盖专业名称(若覆盖多种专业,则全部列出)	地质
		数据库建设起止时间、负责人及主要技术人员	2006年完成,张权莉、魏家庸、张朴等
		数据库维护历史记录、负责人及主要技术人员	
		数据库更新方式(突击式、日常式,或从未更新)	从未更新
		数据库数据或原始资料源头	贵州省1∶20万区调、1∶5万区调成果整理和归并而成
		数据库管理具体单位(即归口管理单位)	贵州省地质调查院
		数据库存放具体单位(即物理存放单位)	贵州省地质调查院
		数据库的用户群(若有多种用户群,按重要层次列出)	中国地质调查局、省国土资源厅、各相关地勘单位
		数据库应用状况描述	贵州省矿产资源潜力评价项目应用数据库为底图编制省级地质、物探、化探、遥感、重力、自然重砂、矿产图件及数据库
		数据库存在的主要问题描述	测绘和地质标准不统一;原始数据属性错误或不全;原始数据矢量数据错误
		数据库其他情况描述	

续表 1-2

序号	现状大类	现状子类	填写现状内容
2	数据库管理系统运行环境	数据库运行的硬件环境（服务器设备、网络设备、其他设备）	PⅢ 450 以上台式计算机、笔记本计算机，内存 256MB
		数据库运行的操作系统（包括操作系统名称、版本）	Microsoft Windows 98
		使用的数据库系统（包括数据系统名称、版本）	中华人民共和国 1∶50 万地质图数据库系统、中地数码公司 MapGIS 6.X
		与其他相关应用系统的关系	与 ARC/INFO 兼容
3	数据库管理系统体系结构	数据库管理系统的体系结构图（框图表示）	见图 1-1 体系结构框图
		数据库管理系统的高层流程图（高层数据流图、高层控制流图）	见图 1-2 高层数据流图、图 1-3 高层控制流图
4	数据库管理系统功能	数据库管理系统的主要功能描述（逐一描述）	有空间范围检索（含图幅检索、行政区域检索）、地理要素检索、地质要素检索、图例检索、显示属性、生成图例等功能
5	数据库概念模型	数据库概念模型（用 E-R 图描述）	见图 1-4 数据库概念模型图

第三节　贵州省 1∶25 万数字地质图空间数据库

贵州省现已完成 1∶25 万区调图幅 6 幅（毕节幅、遵义幅、铜仁幅、安顺幅、锦屏幅、安龙幅，其中安龙幅未建数据库，安顺幅原来建立的数据库已不适应现在数据库要求，锦屏、铜仁两幅于 2007 年底完成）。1∶25 万地质图数据库由贵州省地质调查院图文中心完成（表 1-3）。2012 年贵州省地质调查院完成贵州省国土资源厅下达的贵阳幅、独山幅区调任务，但任务书未要求建库。

表 1-3　贵州省 1∶25 万数字地质图空间数据库现状情况

序号	现状大类	现状子类	填写现状内容
1	数据库基本情况	数据库名称	贵州省 1∶25 万数字地质图空间数据库
		数据库主要内容	数据库由地质图库和地理图库构成，其内容反映了贵州省近期区域地质研究程度和水平，涉及到水系、境界、地层、火山岩、侵入岩、断层、构造、钻孔、同位素年龄等相关信息
		数据库类型/形式（真正数据库、一般文件集合、数据库＋一般文件集合的混合形式，或其他形式）	真正数据库
		数据库主要格式	MapGIS 格式
		数据库建库标准	中国地质调查局《地质图空间数据库标准》
		采用元数据标准	中国地质调查局《地质信息元数据标准（2006）》
		数据量	5 幅
		若为空间数据，其覆盖范围、比例尺、坐标参数（大地坐标系统、高程基准、地图椭球参数、地图投影类型）	覆盖全省，1∶25 万，平面直角坐标、1954 北京坐标系、1985 国家高程基准、高斯投影

续表 1-3

序号	现状大类	现状子类	填写现状内容
1	数据库基本情况	数据密级(公开、秘密、机密、绝密)	秘密
		数据库数据覆盖专业名称(若覆盖多种专业,则全部列出)	地质
		数据库建设起止时间、负责人及主要技术人员	2003—2006 年,张朴、王兴琴、包立新、巩海亮等
		数据库维护历史记录、负责人及主要技术人员	
		数据库更新方式(突击式、日常式,或从未更新)	从未更新
		数据库数据或原始资料源头	贵州省 1∶25 万修编、修测、区域地质调查资料
		数据库管理具体单位(即归口管理单位)	贵州省地质调查院
		数据库存放具体单位(即物理存放单位)	贵州省地质调查院
		数据库的用户群(若有多种用户群,按重要层次列出)	各相关地勘单位
		数据库应用状况描述	贵州省矿产资源潜力评价项目利用其编制 1∶25 万实际材料图、建造构造图及数据库;1∶5 万区调项目利用其成果
		数据库存在的主要问题描述	安顺幅原来的数据库建设要求已不适应现在的要求
		数据库其他情况描述	
2	数据库管理系统运行环境	数据库运行的硬件环境(服务器设备、网络设备、其他设备)	PⅢ 450 以上台式计算机、笔记本计算机,内存 256MB
		数据库运行的操作系统(包括操作系统名称、版本)	Microsoft Windows 98
		使用的数据库系统(包括数据库系统名称、版本)	中地数码公司 MapGIS 6.X
		与其他相关应用系统的关系	与 ARC/INFO 兼容
3	数据库管理系统体系结构	数据库管理系统的体系结构图(框图表示)	见图 1-1 体系结构框图
		数据库管理系统的高层流程图(高层数据流图、高层控制流图)	见图 1-2 高层数据流图、图 1-3 高层控制流图
4	数据库管理系统功能	数据库管理系统的主要功能描述(逐一描述)	图形处理、库管理(数据库管理、属性库管理、地图库管理、影像库管理)、空间分析、图像处理、实用服务
5	数据库概念模型	数据库概念模型(用 E-R 图描述)	见图 1-4 数据库概念模型图

第四节　贵州省 1∶20 万数字地质图空间数据库

贵州省 1∶20 万地质图空间数据库由贵州省地质调查院于 1997—2002 年建成,共完成 44 幅,覆盖全省,其中正安幅、湄潭幅、江口幅、毕节幅、息烽幅、瓮安幅、安顺幅、贵阳幅、都匀幅、剑河幅、兴仁幅 11 幅为完整图幅,其他如泸州幅、綦江幅、南川幅、酉阳幅、叙永幅、桐梓幅、沿河幅、吉首幅、昭通幅、镇雄幅、威信幅、遵义幅、芷江幅、鲁甸幅、威宁幅、镇远幅、会同幅、东川幅、水城幅、黎平幅、盘县幅、罗甸幅、独山幅、榕江幅、三江幅、罗平幅、安龙幅、乐业幅、南丹幅、罗城幅、丘北幅、西林幅、田林幅 33 幅完成了与邻省接边图幅的贵州省部分。图幅全部已按地层清理套改,经评审验收,其数据完整性、逻辑一致性、位置精度、属性精度、接缝精度均符合中国地质调查局有关技术规定和标准的要求。

建库基础资料是贵州省20世纪60～80年代完成的1∶20万区域地质调查和矿产调查资料,包括1∶20万区域地质图、区域地质调查报告及说明书、部分1∶20万区域矿产图、区域矿产调查报告及说明书等原始资料。该比例尺的地质图空间数据库是目前唯一覆盖全省的基础地质图库,是开展各项地质工作的基础。由于该数据库是我国第一次进行地质图空间数据库的建设成果,没有统一的建库标准,中国地质调查局在工作期间执行标准和技术要求发生过3次重大的调整,2001年最后一次调整技术要求是《地质图空间数据库工作指南2.0版》和其他相关标准,严格遵守和保持图幅内各类数据的独立性和原始性,除对个别错漏现象进行修正外,全部按照地层清理作了套改。

1∶20万数字地质图空间数据库反映了开展1∶20万区域地质调查工作所形成的水系、地层、火山岩、侵入岩、断层、构造、钻孔等相关信息,同时拥有光栅地质图、矢量化地质图、基于GIS的数字地质图和数字地质图空间数据库4种数据产品;含有扫描栅格文件、校正点文件、校正点控制文件、全要素图形数据及输出工程文件、图外整饰文件;提交的数据包括MapGIS、ARC/INFO图层文件和E00多种格式,空间数据坐标系统包括毫米单位的高斯投影和以度、秒为单位的无投影地理坐标系以及元数据、图示图例库等(表1-4)。

表1-4 贵州省1∶20万数字地质图空间数据库现状情况

序号	现状大类	现状子类	填写现状内容
1	数据库基本情况	数据库名称	贵州省1∶20万数字地质图空间数据库
		数据库主要内容	数据库由地质图库和地理图库构成,其内容反映了贵州省近期区域地质研究程度和水平,涉及到水系、境界、地层、火山岩、侵入岩、断层、构造、钻孔、同位素年龄等相关信息
		数据库类型/形式(真正数据库、一般文件集合、数据库＋一般文件集合的混合形式,或其他形式)	真正数据库
		数据库主要格式	MapGIS格式
		数据库建库标准	中国地质调查局《中华人民共和国1∶20万数字地质图空间数据库》
		采用元数据标准	中国地质调查局《地质信息元数据标准(2006)》
		数据量	44幅
		若为空间数据,其覆盖范围、比例尺、坐标参数(大地坐标系统、高程基准、地图椭球参数、地图投影类型)	覆盖全省,1∶20万,平面直角坐标、1954北京坐标系、1985国家高程基准、高斯投影
		数据密级(公开、秘密、机密、绝密)	秘密
		数据库数据覆盖专业名称(若覆盖多种专业,则全部列出)	地质
		数据库建设起止时间、负责人及主要技术人员	1997—2002年,负责人:张泽标。工作人员:张朴、张权莉、杜黔枫、汪玉琼、岳云茹、袁义生等
		数据库维护历史记录、负责人及主要技术人员	
		数据库更新方式(突击式、日常式,或从未更新)	从未更新
		数据库数据或原始资料源头	贵州省20世纪60～80年代完成的1∶20万区域地质调查和矿产调查资料
		数据库管理具体单位(即归口管理单位)	贵州省地质调查院

续表 1-4

序号	现状大类	现状子类	填写现状内容
1	数据库基本情况	数据库存放具体单位（即物理存放单位）	贵州省地质调查院
		数据库的用户群（若有多种用户群，按重要层次列出）	各相关地勘单位
		数据库应用状况描述	贵州省矿产资源潜力评价项目利用其编制1∶25万实际材料图、建造构造图及数据库；1∶25万、1∶5万区调项目均利用其成果
		数据库存在的主要问题描述	缺少部分地理图层（如等高线）；地层按照清理套改处理过，作过接边处理
		数据库其他情况描述	
2	数据库管理系统运行环境	数据库运行的硬件环境（服务器设备、网络设备、其他设备）	PⅢ 450以上台式计算机、笔记本计算机，内存256MB
		数据库运行的操作系统（包括操作系统名称、版本）	Microsoft Windows 98
		使用的数据库系统（包括数据库系统名称、版本）	中地数码公司 MapGIS 6.X
		与其他相关应用系统的关系	与 ARC/INFO 兼容
3	数据库管理系统体系结构	数据库管理系统的体系结构图（框图表示）	见图1-1体系结构框图
		数据库管理系统的高层流程图（高层数据流图、高层控制流图）	见图1-2高层数据流图、图1-3高层控制流图
4	数据库管理系统功能	数据库管理系统的主要功能描述（逐一描述）	图形处理、库管理（数据库管理、属性库管理、地图库管理、影像库管理）、空间分析、图像处理、实用服务
5	数据库概念模型	数据库概念模型（用E-R图描述）	见图1-4数据库概念模型图

第五节　贵州省1∶5万数字地质图空间数据库

贵州省1∶5万区域地质调查工作始于1981年，截至2003年共完成134个标准图幅，覆盖全省面积的37%。贵州省1∶5万地质图空间数据库由贵州省地质调查院建成，从2003年起逐年更新，至2007年已完成并提交验收的1∶5万区调数据库有28幅。2003年度完成4幅（白支落幅、高坎子幅、拖贝古幅、迤那幅）；2004年度完成10幅（大寨幅、二塘幅、治昆幅、猫场幅、清镇县幅、小猫场幅、以那架幅、织金县幅、珠藏幅、妈姑幅）；2005年度完成14幅（永宁镇幅、兔街子幅、碧痕营幅、关岭县幅、青山镇幅、晴隆县幅、普安县幅、归顺幅、老厂幅、兴仁幅、马岭幅、泥堡幅、万屯幅、百屯幅）；2006年度完成12幅（赫章县幅、巴铃幅、大山幅、花江幅、者相幅、贞丰县幅、野马川幅、安西镇幅、百打农场幅、罐子窑幅、坡坪幅、普坪幅）；2007年度完成24幅（乐运幅、沙子沟幅、鸡场幅、江龙幅、猫营幅、旧州幅、乐平幅、安顺幅、白层幅、长顺县幅、大观幅、渡邑幅、广顺幅、洛帆幅、平坝县幅、水塘幅、望谟幅、兴隆幅、丫他幅、镇宁县幅、紫云县幅、乐园幅、坡球幅、罗甸县幅）（表1-5）。

表 1-5　贵州省 1∶5 万数字地质图空间数据库现状情况

序号	现状大类	现状子类	填写现状内容
1	数据库基本情况	数据库名称	贵州省 1∶5 万数字地质图空间数据库
		数据库主要内容	数据库由地质图库和地理图库构成，其内容反映了贵州省近期区域地质研究程度和水平，涉及到水系、境界、地层、火山岩、侵入岩、断层、构造、钻孔、同位素年龄等相关信息
		数据库类型/形式（真正数据库、一般文件集合、数据库＋一般文件集合的混合形式，或其他形式）	真正数据库
		数据库主要格式	MapGIS 格式
		数据库建库标准	中国地质调查局《地质图空间数据库标准》
		采用元数据标准	中国地质调查局《地质信息元数据标准（2006）》
		数据量	28 幅
		若为空间数据，其覆盖范围、比例尺、坐标参数（大地坐标系统、高程基准、地图椭球参数、地图投影类型）	覆盖全省，1∶5 万，平面直角坐标、1954 北京坐标系、1985 国家高程基准、高斯投影
		数据密级（公开、秘密、机密、绝密）	机密
		数据库数据覆盖专业名称（若覆盖多种专业，则全部列出）	地质
		数据库建设起止时间、负责人及主要技术人员	2003—2006 年，张朴、包立新、王兴琴、巩海亮等
		数据库维护历史记录、负责人及主要技术人员	2004—2006 年，张朴、包立新、王兴琴、巩海亮等
		数据库更新方式（突击式、日常式，或从未更新）	日常式
		数据库数据或原始资料源头	贵州省 1∶5 万区域地质调查资料
		数据库管理具体单位（即归口管理单位）	贵州省地质调查院
		数据库存放具体单位（即物理存放单位）	贵州省地质调查院
		数据库的用户群（若有多种用户群，按重要层次列出）	各相关地勘单位
		数据库应用状况描述	贵州省矿产资源潜力评价项目利用其编制 1∶25 万实际材料图、建造构造图及数据库、预测区预测底图
		数据库存在的主要问题描述	
		数据库其他情况描述	
2	数据库管理系统运行环境	数据库运行的硬件环境（服务器设备、网络设备、其他设备）	PⅢ 450 以上台式计算机、笔记本计算机，内存 256MB
		数据库运行的操作系统（包括操作系统名称、版本）	Microsoft Windows 98
		使用的数据库系统（包括数据库系统名称、版本）	中地数码公司 MapGIS 6.X
		与其他相关应用系统的关系	
3	数据库管理系统体系结构	数据库管理系统的体系结构图（框图表示）	见图 1-1 体系结构框图
		数据库管理系统的高层流程图（高层数据流图、高层控制流图）	见图 1-2 高层数据流图、图 1-3 高层控制流图
4	数据库管理系统功能	数据库管理系统的主要功能描述（逐一描述）	图形处理、库管理（数据库管理、属性库管理、地图库管理、影像库管理）、空间分析、图像处理、实用服务
5	数据库概念模型	数据库概念模型（用 E-R 图描述）	见图 1-4 数据库概念模型图

第六节 贵州省矿产地数据库

贵州省矿产地数据库由贵州省地质调查院于1999—2002年建成,经对441份《矿产地数据库》《全国地质工作程度数据库(贵州省)》及12份地质报告的综合、整理、检查,共编写填制了地质矿产图数据资料卡片553份,其中金矿62份、银矿12份、铜矿84份、铝矿72份、锰矿32份、铅锌矿285份。根据以上采集的数据资料,经舍弃重复、无意义的点和对一地多点进行合并,按《矿产地数据库建设工作指南》矿产地数据表结构,共填写和录入矿产地及矿点、矿化点476个,其中金矿60个、银矿11个、铜矿83个、铝矿64个、锰矿29个、铅锌矿229个。数据库格式Microsoft Office Access 2000。

2003年专题维护工作中维护了矿产地数据库,新增加2002年底前发现的矿床、矿点、重要矿化点663个,矿产地数据资料收集、数据卡片填写、数据整理录入建库。入库信息有基本信息590条、技术经济评价430条、勘查工作情况590条、地质情况590条、矿体特征446条、煤矿特征144条、主要可采煤层特征表52条、开采技术条件552条。

原数据库中对资料不全的矿产地建立了未进库数据,在原有未进库数据中基本信息1643条、技术经济评价406条、矿产勘查工作概况1642条、矿产地地质1642条、矿体特征1408条、煤层特征258条、开采技术条件716条、矿床经济技术评价406条、矿产储量1323条(表1-6)。

表1-6 贵州省矿产地数据库现状情况

序号	现状大类	现状子类	填写现状内容
1	数据库基本情况	数据库名称	贵州省矿产地数据库
		数据库主要内容	录入2003年以前发现的大、中、小型矿床、矿点和矿化点信息,包括资源补偿费项目、地方专项和社会商业性项目有关的成果资料
		数据库类型/形式(真正数据库、一般文件集合、数据库+一般文件集合的混合形式,或其他形式)	真正数据库
		数据库主要格式	Microsoft Office Access 2000格式
		数据库建库标准	中国地质调查局《矿产地数据库建设工作指南》
		采用元数据标准	中国地质调查局《地质信息元数据标准(2006)》
		数据量	590条
		若为空间数据,其覆盖范围、比例尺、坐标参数(大地坐标系统、高程基准、地图椭球参数、地图投影类型)	填写文字描述
		数据密级(公开、秘密、机密、绝密)	绝密
		数据库数据覆盖专业名称(若覆盖多种专业,则全部列出)	矿产、地质
		数据库建设起止时间、负责人及主要技术人员	1999—2001年,张权莉等

续表 1-6

序号	现状大类	现状子类	填写现状内容
1	数据库基本情况	数据库维护历史记录、负责人及主要技术人员	2003 年维护,张权莉等
		数据库更新方式(突击式、日常式,或从未更新)	突击式
		数据库数据或原始资料源头	贵州省各地勘单位
		数据库管理具体单位(即归口管理单位)	贵州省地质调查院
		数据库存放具体单位(即物理存放单位)	贵州省地质调查院
		数据库的用户群(若有多种用户群,按重要层次列出)	省国土资源厅、各相关地勘单位
		数据库应用状况描述	贵州省矿产资源潜力评价项目利用该数据库编制矿产省级和预测区图件
		数据库存在的主要问题描述	部分数据的坐标不准确
		数据库其他情况描述	
2	数据库管理系统运行环境	数据库运行的硬件环境(服务器设备、网络设备、其他设备)	P 42.0G 以上台式计算机、笔记本计算机,内存 256MB
		数据库运行的操作系统(包括操作系统名称、版本)	全国矿产地数据库系统(20090115)、Microsoft Windows 2000
		使用的数据库系统(包括数据库系统名称、版本)	Microsoft Office Access 2000
		与其他相关应用系统的关系	与 MapGIS 系统兼容
3	数据库管理系统体系结构	数据库管理系统的体系结构图(框图表示)	见图 1-5 体系结构框图
		数据库管理系统的高层流程图(高层数据流图、高层控制流图)	见图 1-6 高层数据流图、图 1-7 高层控制流图
4	数据库管理系统功能	数据库管理系统的主要功能描述(逐一描述)	①数据库管理功能;②按用户需求建立的查询、检索系统;③空间分析功能,按一定数据格式将数据查询结果和进行简单空间分析结果的输出(数据报表和矿产分布示意图);④数据库动态编辑维护系统;⑤数据库查询结果输出功能;⑥建立用户档案、分级管理的使用权限系统及数据维护权限系统;⑦系统帮助功能;⑧多媒体演示功能
5	数据库概念模型	数据库概念模型(用 E-R 图描述)	见图 1-8 数据库概念模型图

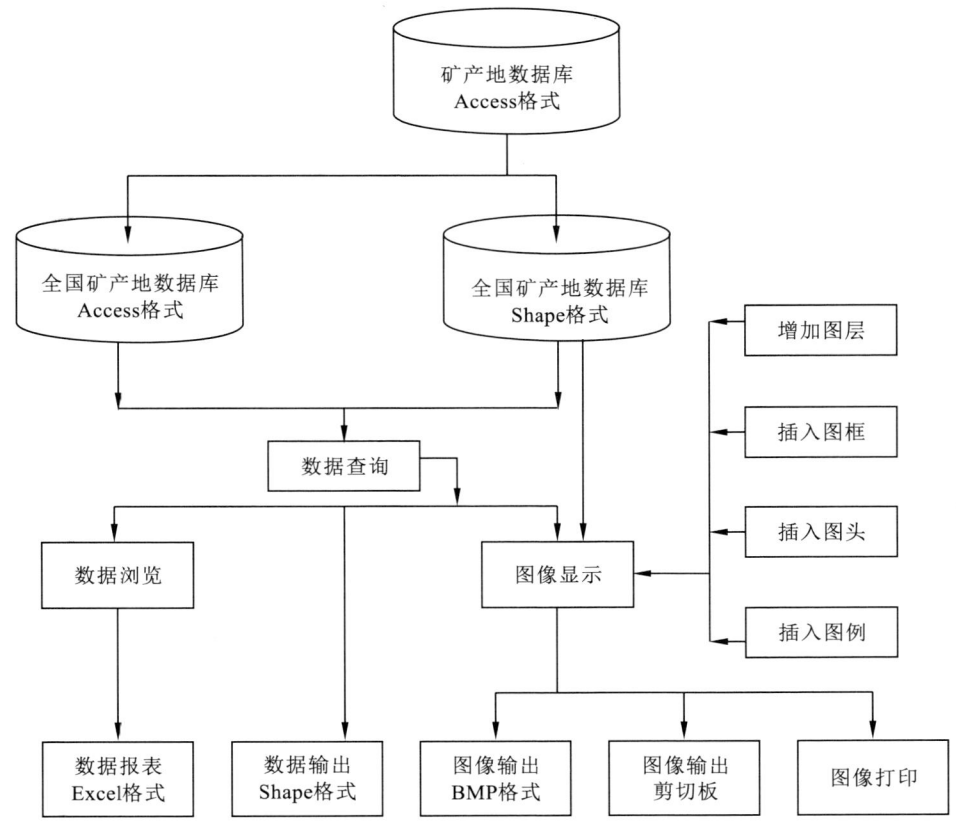

图 1-5 数据库管理系统体系结构框图
(据中国地质调查局《矿产地数据库建设工作指南》)

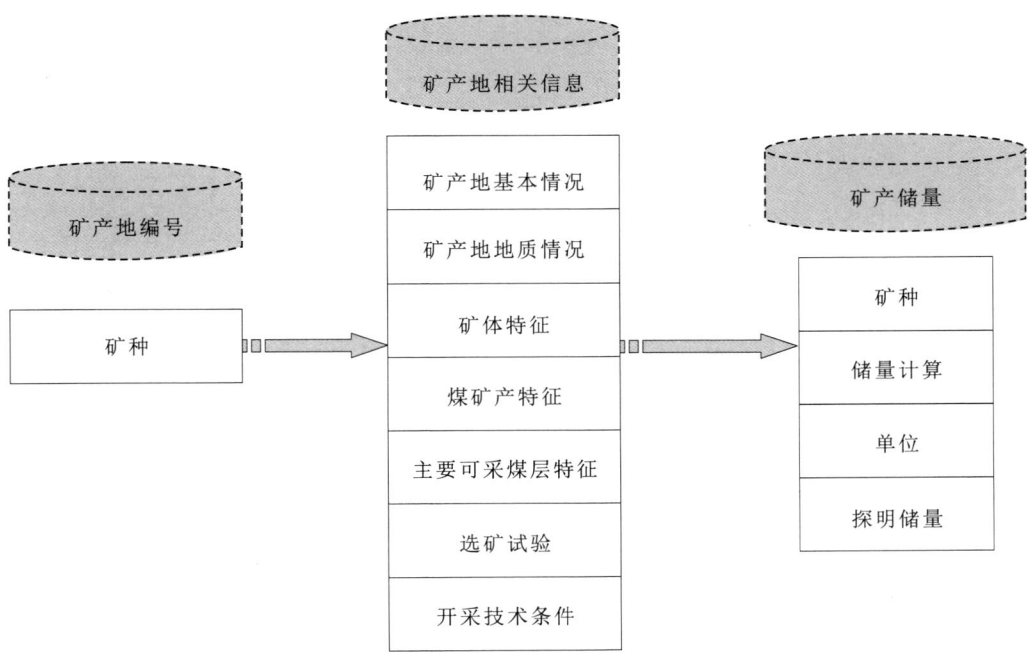

图 1-6 矿产地数据库高层数据流图

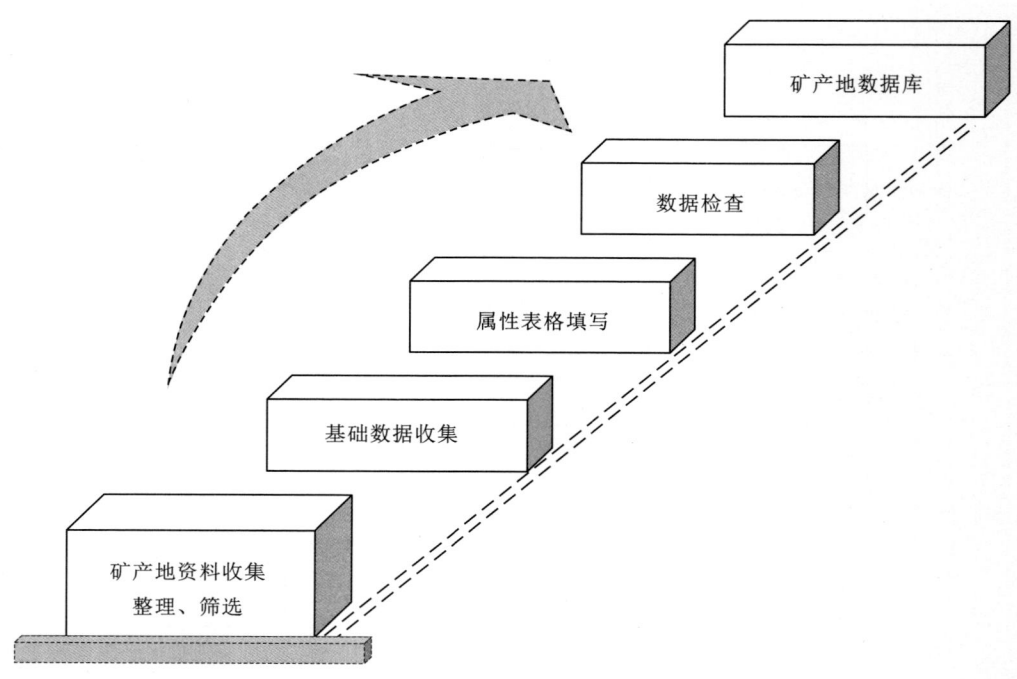

图 1-7 矿产地数据库高层控制流图

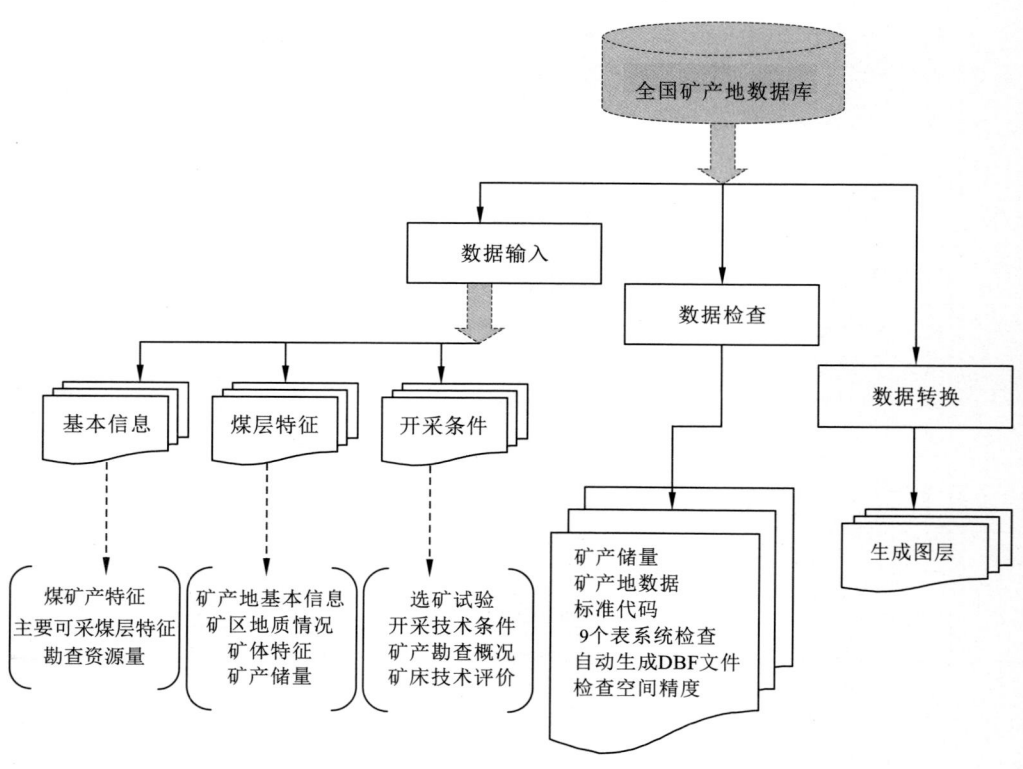

图 1-8 矿产地数据库概念模型图

第七节 贵州省区域重力数据库

贵州省从 1980 年开始进行 1∶20 万区域重力调查,至今已完成省内 32 个 1∶20 万图幅重力野外调查,面积约 $17 \times 10^4 km^2$,共完成重力测点约 3 万个,约占全省面积的 97%。其中,由于多方面原因,有 3 个图幅未作 0~2km 近中区地形改值,还有 3 个图幅仅作了 0~500m 地形改值,共有 12 个图幅未能采测岩(矿)石标本。贵州省一直未对重力资料入库。

全国区域重力数据库由中国地质调查局发展研究中心负责,于 2003 年提交使用,全面汇集了截至 1998 年地质矿产部系统完成的 1∶100 万、1∶50 万、1∶20 万区域重力调查数据,原地质矿产部各单位收集和积累的重力数据,以及中国地质调查局成立以来完成的大部分 1∶20 万和 1∶100 万区域重力调查成果数据。截至 2005 年,用于区域重力数据库建设、数据更新、数据库维护和数据处理的《全国区域重力数据库管理软件系统》(RGIS 2.0 系统)已经供全国 6 个大区和 16 个省区使用。贵州省区域重力数据库现状见表 1-7。

表 1-7 贵州省区域重力数据库现状情况

序号	现状大类	现状子类	填写现状内容
1	数据库基本情况	数据库名称	贵州省区域重力数据库
		数据库主要内容	包括重力基点网数据表、高程数据表、重力工区参数信息表、工区范围表、重力数据表等内容
		数据库类型/形式(真正数据库、一般文件集合、数据库+一般文件集合的混合形式,或其他形式)	真正数据库
		数据库主要格式	Microsoft Office Access 2000 格式
		数据库建库标准	中国地质调查局《区域重力调查规范》(DZ/T 0082-93)、《重力数据库建设工作指南》
		采用元数据标准	中国地质调查局《地质信息元数据标准(2006)》
		数据量	
		若为空间数据,其覆盖范围、比例尺、坐标参数(大地坐标系统、高程基准、地图椭球参数、地图投影类型)	1∶100 万、1∶50 万
		数据密级(公开、秘密、机密、绝密)	机密
		数据库数据覆盖专业名称(若覆盖多种专业,则全部列出)	重力
		数据库建设起止时间、负责人及主要技术人员	2001—2003 年,中国地质调查局发展研究中心负责,陕西省地勘局第二综合物探大队参与
		数据库维护历史记录、负责人及主要技术人员	2004—2005 年,中国地质调查局发展研究中心
		数据库更新方式(突击式、日常式,或从未更新)	日常式
		数据库数据或原始资料源头	贵州省地矿局地球物理地球化学勘查院、贵州省地质调查院实测

续表 1-7

序号	现状大类	现状子类	填写现状内容
1	数据库基本情况	数据库管理具体单位（即归口管理单位）	中国地质调查局发展研究中心
		数据库存放具体单位（即物理存放单位）	贵州省地质调查院
		数据库的用户群（若有多种用户群，按重要层次列出）	贵州省地质调查院、贵州省矿产资源潜力评价项目
		数据库应用状况描述	贵州省潜力评价项目应用重力数据生成相应工作区剩余重力异常图、布格重力异常图及推断构造图
		数据库存在的主要问题描述	有部分突变点，已剔除；部分重力数据工作时间较早，重力点分布不太均匀
		数据库其他情况描述	
2	数据库管理系统运行环境	数据库运行的硬件环境（服务器设备、网络设备、其他设备）	PⅢ 450 以上台式计算机，笔记本计算机，内存 1G
		数据库运行的操作系统（包括操作系统名称、版本）	Microsoft Windows XP、Microsoft Windows 2000
		使用的数据库系统（包括数据库系统名称、版本）	区域重力数据库信息系统 RGIS 2.0、Microsoft Office Access 2003
		与其他相关应用系统的关系	与 MapGIS 兼容
3	数据库管理系统体系结构	数据库管理系统的体系结构图（框图表示）	见图 1-9 体系结构框图
		数据库管理系统的高层流程图（高层数据流图、高层控制流图）	见图 1-10 高层数据流图、图 1-11 高层控制流图
4	数据库管理系统功能	数据库管理系统的主要功能描述（逐一描述）	具有数据入库、数据查询、专题图制作、数据输出及数据库维护等功能
5	数据库概念模型	数据库概念模型（用 E-R 图描述）	见图 1-12 数据库概念模型图

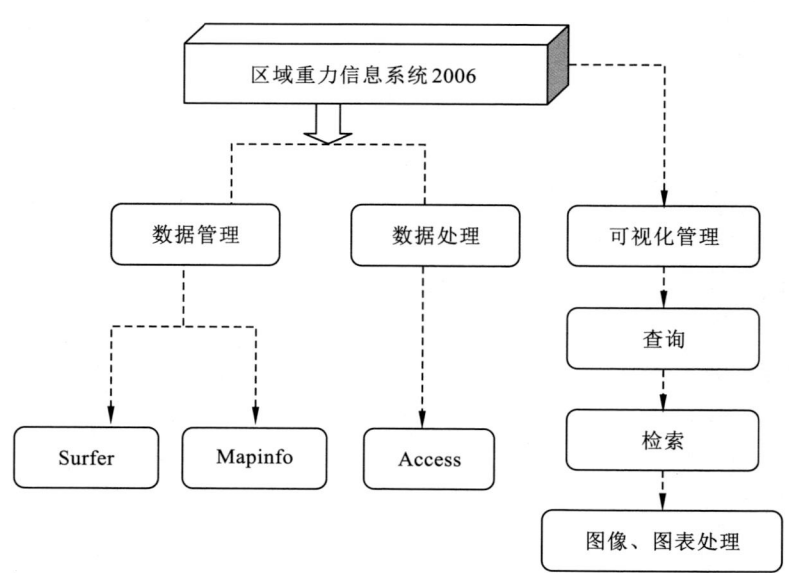

图 1-9　区域重力数据库体系结构图

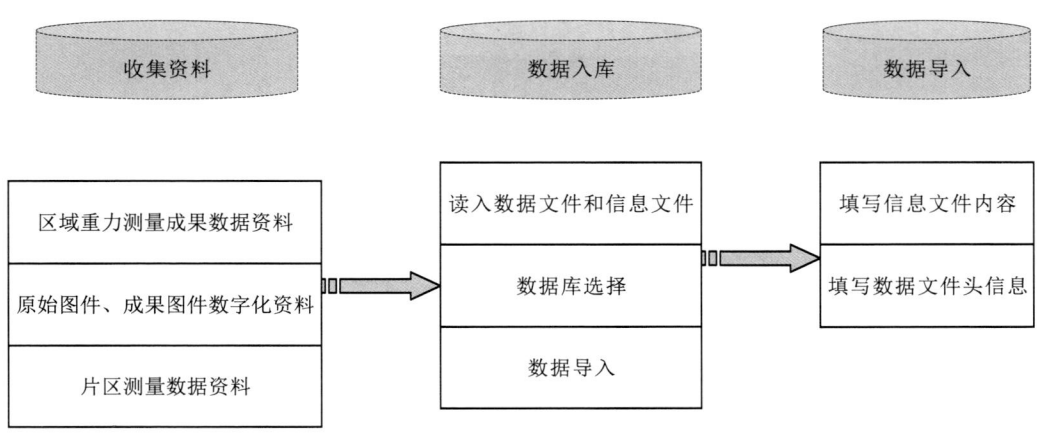

图 1-10　区域重力数据库高层数据流图

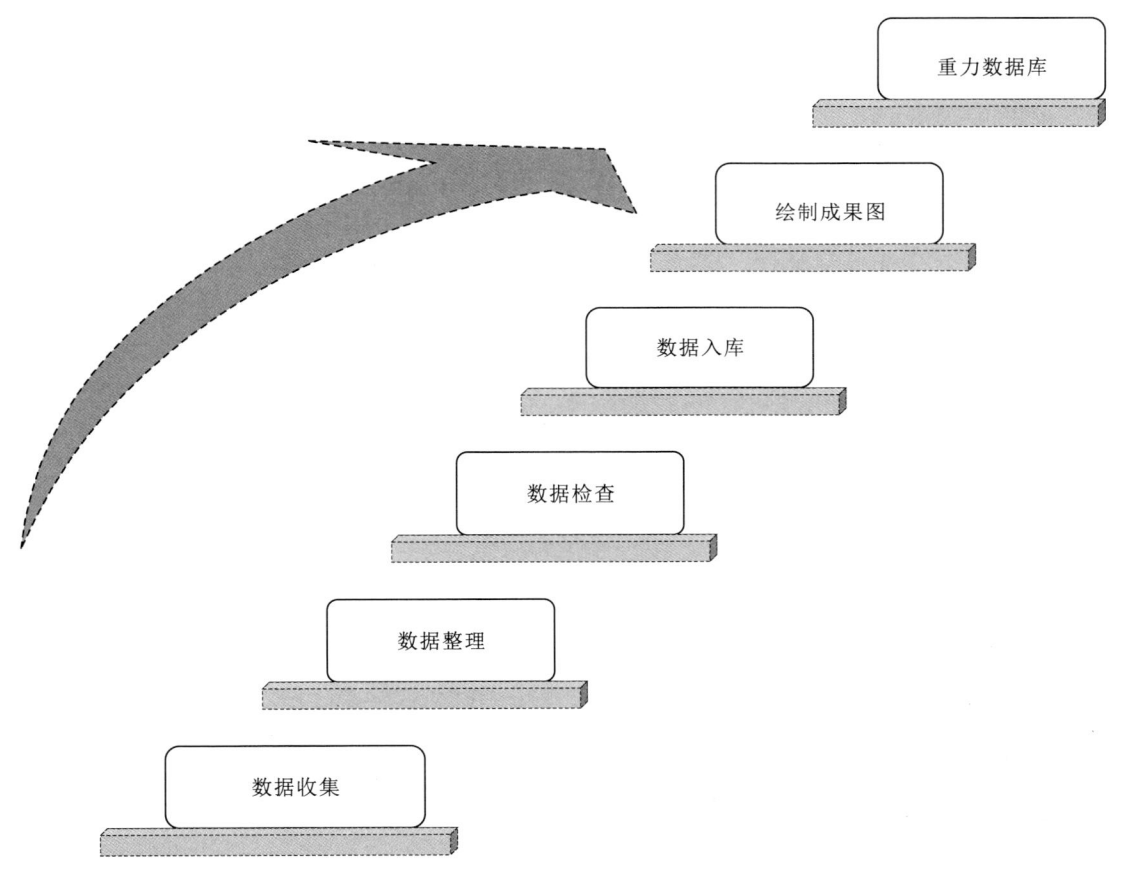

图 1-11　区域重力数据库高层控制流图

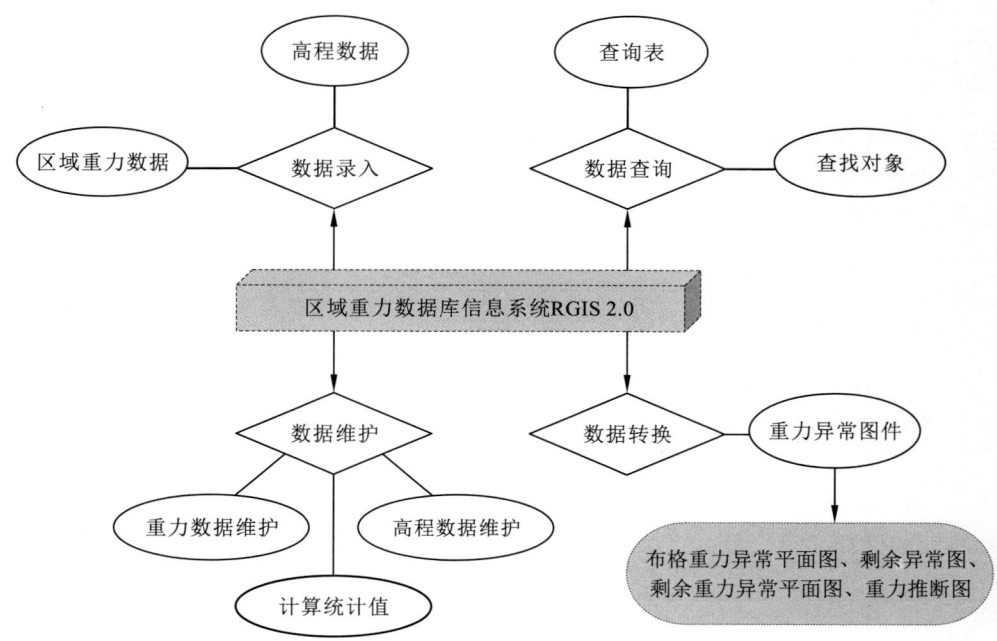

图 1-12 区域重力数据库概念模型图

第八节 贵州省航磁数据库

贵州省从 1957—1971 年以来做过 1∶2.5 万、1∶5 万、1∶10 万和 1∶20 万航空磁测及航空放射性测量工作,截至 2006 年底共有 1∶5 万磁测数据 4 幅,但贵州省未建立航磁数据库。全国航磁数据库由中国国土资源航空物探遥感中心于 2002 年开始建设,贵州省从该数据库提供的 2km×2km 网格数据中提取贵州省部分并根据本省实际维护后使用(表 1-8)。

表 1-8 贵州省航磁数据库现状情况

序号	现状大类	现状子类	填写现状内容
1	数据库基本情况	数据库名称	贵州省航磁数据库
		数据库主要内容	贵州省航磁 2km×2km 网格数据,主要内容包括坐标数据参数、磁力值、航磁工区参数信息等
		数据库类型/形式(真正数据库、一般文件集合、数据库+一般文件集合的混合形式,或其他形式)	一般文件集合
		数据库主要格式	*.XYZ、*.TXT 文件
		数据库建库标准	中国地质调查局《航磁数据库工作指南》
		采用元数据标准	中国地质调查局《地质信息元数据标准(2006)》
		数据量	12 个区,1 339 144 个航磁点

续表 1-8

序号	现状大类	现状子类	填写现状内容
1	数据库基本情况	若为空间数据,其覆盖范围、比例尺、坐标参数(大地坐标系统、高程基准、地图椭球参数、地图投影类型)	覆盖全省,1:100万,等角割圆锥投影,1954北京坐标系,第一纬度24°30′00″,第二纬度29°00′00″,原点经度107°00′00″,原点纬度25°00′00″
		数据密级(公开、秘密、机密、绝密)	秘密
		数据库数据覆盖专业名称(若覆盖多种专业,则全部列出)	磁测、地质
		数据库建设起止时间、负责人及主要技术人员	中国国土资源航空物探遥感中心2007年下发
		数据库维护历史记录、负责人及主要技术人员	
		数据库更新方式(突击式、日常式,或从未更新)	从未更新
		数据库数据或原始资料源头	中国国土资源航空物探遥感中心
		数据库管理具体单位(即归口管理单位)	中国国土资源航空物探遥感中心
		数据库存放具体单位(即物理存放单位)	贵州省地质调查院
		数据库的用户群(若有多种用户群,按重要层次列出)	贵州省地质调查院、贵州省矿产资源潜力评价项目
		数据库应用状况描述	贵州省矿产资源潜力评价项目使用
		数据库存在的主要问题描述	资料较老,比例尺较小
		数据库其他情况描述	
2	数据库管理系统运行环境	数据库运行的硬件环境(服务器设备、网络设备、其他设备)	PⅢ 450以上台式计算机、笔记本计算机,内存256MB
		数据库运行的操作系统(包括操作系统名称、版本)	Microsoft Windows XP,Microsoft Office Excel
		使用的数据库系统(包括数据库系统名称、版本)	中国国土资源航空物探遥感中心下发数据,数据库系统不详
		与其他相关应用系统的关系	与MapGIS系统兼容
3	数据库管理系统体系结构	数据库管理系统的体系结构图(框图表示)	中国国土资源航空物探遥感中心下发数据,数据库系统不详
		数据库管理系统的高层流程图(高层数据流图、高层控制流图)	中国国土资源航空物探遥感中心下发数据,数据库系统不详
4	数据库管理系统功能	数据库管理系统的主要功能描述(逐一描述)	中国国土资源航空物探遥感中心航测数据管理
5	数据库概念模型	数据库概念模型(用E-R图描述)	中国国土资源航空物探遥感中心下发数据,数据库系统不详

第九节 贵州省遥感影像数据库

全国1∶25万ETM影像图数据库由中国国土资源航空物探遥感中心于2002—2005年建成。采用的遥感影像地图由陆地卫星ETM图像制成,覆盖贵州省的21幅1∶25万遥感影像图,卫星图像数据共18景,时间跨度5年。地理信息采自1∶5万、1∶10万地形图,三色合成、色彩鲜艳、地学信息丰富,图件按国家标准1∶25万分幅编制。此外,数据库还提供1∶50万、1∶10万、1∶5万3种标准分幅影像地图和按成矿区(带)、矿集(矿田)、矿床编制的多种比例尺影像地图,以及多波段、按标准分幅、带地理编码的影像地图遥感数据,可以为各学科、各专业提供地质、生态环境、资源和灾害等信息支持;但还需做遥感图像解译工作。贵州省遥感影像数据库现状见表1-9。

表1-9 贵州省遥感影像数据库现状情况

序号	现状大类	现状子类	填写现状内容
1	数据库基本情况	数据库名称	贵州省遥感影像数据库
		数据库主要内容	数据库由遥感影像图库、遥感地质图库和地理图库构成,其内容反映了贵州省近期区域地质研究程度和水平,涉及到水系、境界、部分地层、火山岩、侵入岩、断裂构造、环形影像或环形构造等相关信息
		数据库类型/形式(真正数据库、一般文件集合、数据库+一般文件集合的混合形式,或其他形式)	一般文件集合
		数据库主要格式	MapGIS格式、GeoTIFF和TIFF格式
		数据库建库标准	
		采用元数据标准	中国地质调查局《地质信息元数据标准(2006)》
		数据量	18景,21幅
		若为空间数据,其覆盖范围、比例尺、坐标参数(大地坐标系统、高程基准、地图椭球参数、地图投影类型)	覆盖全省,1∶25万,1980西安坐标系
		数据密级(公开、秘密、机密、绝密)	秘密
		数据库数据覆盖专业名称(若覆盖多种专业,则全部列出)	遥感、地质
		数据库建设起止时间、负责人及主要技术人员	2002—2005年,中国国土资源航空物探遥感中心
		数据库维护历史记录、负责人及主要技术人员	
		数据库更新方式(突击式、日常式,或从未更新)	从未更新
		数据库数据或原始资料源头	中国国土资源航空物探遥感中心航测数据管理
		数据库管理具体单位(即归口管理单位)	中国国土资源航空物探遥感中心航测数据管理

续表 1-9

序号	现状大类	现状子类	填写现状内容
1	数据库基本情况	数据库存放具体单位（即物理存放单位）	贵州省地质调查院
		数据库的用户群（若有多种用户群，按重要层次列出）	贵州省地质调查院、贵州省矿产资源潜力评价项目
		数据库应用状况描述	贵州省矿产资源潜力评价项目利用遥感影像数据提取铁染异常图、羟基异常图和遥感解译图
		数据库存在的主要问题描述	比例尺较小
		数据库其他情况描述	
2	数据库管理系统运行环境	数据库运行的硬件环境（服务器设备、网络设备、其他设备）	PⅢ 450 以上台式计算机、笔记本计算机，内存 256MB
		数据库运行的操作系统（包括操作系统名称、版本）	Microsoft Windows XP
		使用的数据库系统（包括数据库系统名称、版本）	中地数码公司 MapGIS 6.7
		与其他相关应用系统的关系	也可用于 ERDAS 9.1、ENVI 4.8、PCI 9.1、ER Mapper、ArcGIS 9.1 应用系统
3	数据库管理系统体系结构	数据库管理系统的体系结构图（框图表示）	由中国国土资源航空物探遥感中心下发数据，数据库系统不详
		数据库管理系统的高层流程图（高层数据流图、高层控制流图）	由中国国土资源航空物探遥感中心下发数据，数据库系统不详
4	数据库管理系统功能	数据库管理系统的主要功能描述（逐一描述）	由中国国土资源航空物探遥感中心下发数据，数据库系统不详
5	数据库概念模型	数据库概念模型（用 E-R 图描述）	由中国国土资源航空物探遥感中心下发数据，数据库系统不详

第十节　贵州省区域地球化学数据库

1995 年贵州省地矿局地球物理地球化学勘查院在区域地球化学数据库管理系统（PGD 1.0）上建立了贵州省区域地球化学数据库，共收集全省 1∶20 万 41 个图幅（包括接边图幅）的数据，共入库 Ag、As、Au、B、Ba、Be、Bi、Cd、Co、Cr、Cu、F、Hg、La、Li、Mn、Mo、Nb、Ni、P、Pb、Sb、Sn、Sr、Th、Ti、U、V、W、Y、Zn、Zr 和 SiO_2、Al_2O_3、Fe_2O_3、K_2O、Na_2O、CaO、MgO 39 种元素或氧化物。其中 Ag、Au、Hg、Cd 单位为 $\times 10^{-9}$，K_2O、Na_2O、CaO、MgO、Al_2O_3、SiO_2、Fe_2O_3 等氧化物单位为‰，其他元素单位为 $\times 10^{-6}$。

贵州省入库有效数据为 46 004，空白区域数据填充－99，全省数据块高斯坐标范围 X2723—X3237，Y18361—Y19359，计 299 行 257 列，数据库记录 10.14 万条，文件长度 10.6MB（表 1-10）。

表1-10 贵州省区域地球化学数据库现状情况

序号	现状大类	现状子类	填写现状内容
1	数据库基本情况	数据库名称	贵州省区域地球化学数据库
		数据库主要内容	贵州省1:20万化探共分析了39种元素或氧化物,其中Ag、Au、Hg、Cd单位为$\times 10^{-9}$,氧化物单位为%,其他元素单位为$\times 10^{-6}$
		数据库类型/形式(真正数据库、一般文件集合、数据库+一般文件集合的混合形式,或其他形式)	一般文件集合
		数据库主要格式	Microsoft Office Access 2003格式
		数据库建库标准	中国地质调查局《化探数据库建设工作指南》
		采用元数据标准	中国地质调查局《地质信息元数据标准(2006)》
		数据量	1:20万化探入库有效数据为46 004条(41幅,39个元素)
		若为空间数据,其覆盖范围、比例尺、坐标参数(大地坐标系统、高程基准、地图椭球参数、地图投影类型)	空间数据覆盖范围:东经103.46°～109.58°,北纬24.59°～29.22°;比例尺为1:20万、1:5万;数据格式为1954北京坐标系、高斯投影
		数据密级(公开、秘密、机密、绝密)	秘密
		数据库数据覆盖专业名称(若覆盖多种专业,则全部列出)	化探、地质
		数据库建设起止时间、负责人及主要技术人员	1996年5月—2000年10月;项目负责人:何邵麟、冯济舟;主要技术人员:汪玉琼
		数据库维护历史记录、负责人及主要技术人员	
		数据库更新方式(突击式、日常式,或从未更新)	
		数据库数据或原始资料源头	贵州省各地勘单位
		数据库管理具体单位(即归口管理单位)	贵州省地质调查院
		数据库存放具体单位(即物理存放单位)	贵州省地质调查院
		数据库的用户群(若有多种用户群,按重要层次列出)	中国地质调查局、贵州省地质调查院
		数据库应用状况描述	利用贵州省1:20万、1:5万化探数据,完成与金、铅锌(银)、锑、铜钨锡、磷、锰、汞、硫铁矿、萤石、重晶石相关矿物的省级及各预测工作区异常圈定和找矿预测工作,并编制了《贵州省矿产资源潜力评价化探资料应用成果报告》
		数据库存在的主要问题描述	1:20万区域化探数据调平
		数据库其他情况描述	1:5万化探分析元素较少
2	数据库管理系统运行环境	数据库运行的硬件环境(服务器设备、网络设备、其他设备)	笔记本计算机,内存256MB
		数据库运行的操作系统(包括操作系统名称、版本)	Microsoft Windows 2000、Microsoft Windows XP
		使用的数据库系统(包括数据库系统名称、版本)	区域地球化学数据库管理系统(PGD 1.0)、Microsoft Access 2003
		与其他相关应用系统的关系	与MapGIS兼容

续表 1-10

序号	现状大类	现状子类	填写现状内容
3	数据库管理系统体系结构	数据库管理系统的体系结构图（框图表示）	见图 1-13 体系结构框图
		数据库管理系统的高层流程图（高层数据流图、高层控制流图）	见图 1-14 高层数据流图、图 1-15 高层控制流图
4	数据库管理系统功能	数据库管理系统的主要功能描述（逐一描述）	空间数据管理（区域化探数据管理、图形数据管理、数据检索和查询）、数据分析与转换、专题地球化学图件制作、系统管理（建立、设置、修改、删除）功能
5	数据库概念模型	数据库概念模型（用 E-R 图描述）	见图 1-16 数据库概念模型图

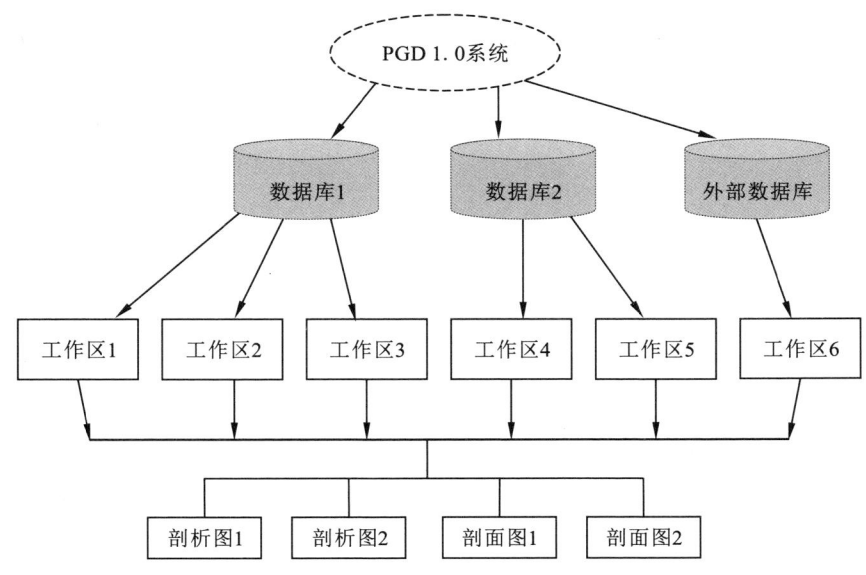

图 1-13 区域地球化学数据库体系结构框图

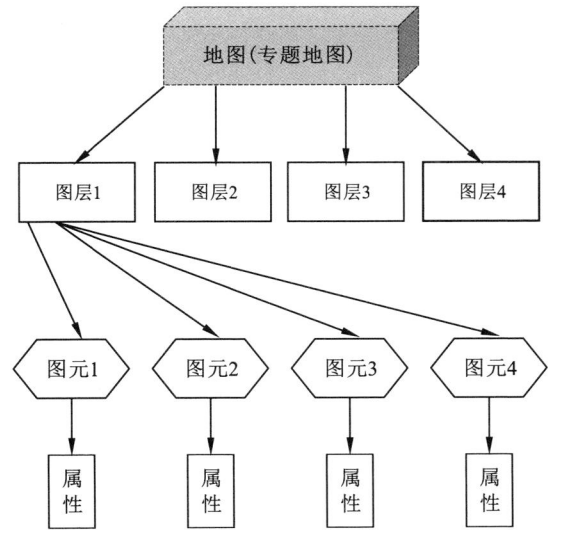

图 1-14 区域地球化学数据库高层数据流图

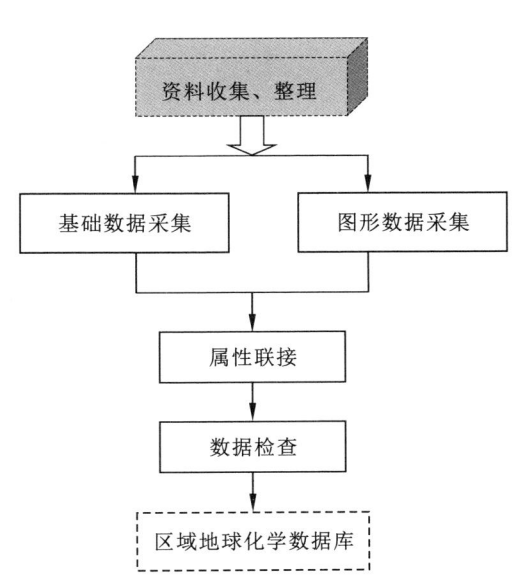

图 1-15 区域地球化学数据库高层控制流图

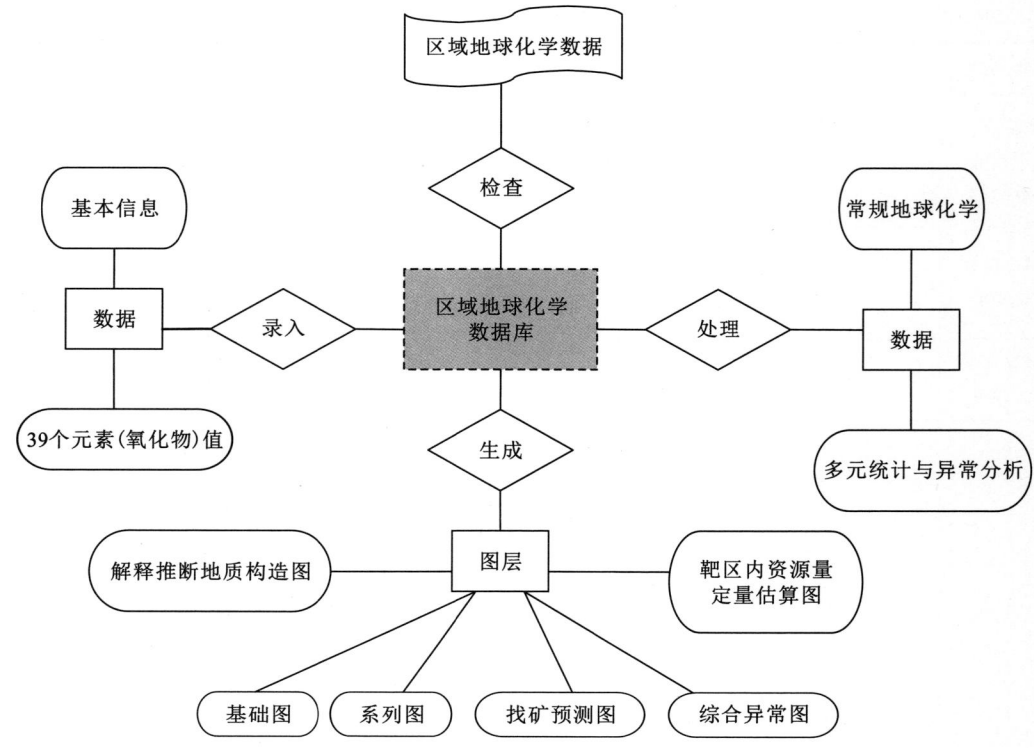

图 1-16 区域地球化学数据库概念模型图

第十一节 贵州省 1∶20 万自然重砂数据库

贵州省 1∶20 万自然重砂数据库由贵州省地质调查院于 2000—2003 年建成,数据截至 1985 年,近年来无新数据。图幅数 24 个(南川幅、桐梓幅、正安幅、沿河幅、江口幅、湄潭幅、遵义幅、威信幅、水城幅、毕节幅、安顺幅、息烽幅、贵阳幅、瓮安幅、都匀幅、镇远幅、剑河幅、黎平幅、榕江幅、独山幅、安龙幅、兴仁幅、盘县幅、罗甸幅),面积 176 325 km^2,占全省面积的 95% 以上;样品数 75 936,样品鉴定数 574 588。经评审验收,1∶20 万自然重砂数据库数据覆盖面广,数据采集质量可靠,数据库结构合理,管理系统功能齐全,界面友好,具有较强的数据管理和专业处理功能。另外,1∶5 万自然重砂数据库收集整理入库 5 幅(都江幅、平江幅、平永幅、雅灰幅、永乐幅),样品数 1774,样品鉴定数 4527(表 1-11)。

表 1-11 贵州省 1∶20 万自然重砂数据库现状情况

序号	现状大类	现状子类	填写现状内容
1	数据库基本情况	数据库名称	贵州省 1∶20 万自然重砂数据库
		数据库主要内容	样品采集信息、矿物鉴定信息
		数据库类型/形式(真正数据库、一般文件集合、数据库+一般文件集合的混合形式,或其他形式)	真正数据库
		数据库主要格式	Microsoft Office Access 2003 格式

续表 1-11

序号	现状大类	现状子类	填写现状内容
1	数据库基本情况	数据库建库标准	中国地质调查局《自然重砂数据库建设工作指南》
		采用元数据标准	中国地质调查局《地质信息元数据标准(2006)》
		数据量	1:20万自然重砂采样共75 936件(24幅);1:5万采样共1774件(5幅)
		若为空间数据,其覆盖范围、比例尺、坐标参数(大地坐标系统、高程基准、地图椭球参数、地图投影类型)	空间数据覆盖范围:东经103.51°～110.62°,北纬24.67°～29.25°;1:20万、1:5万;空间数据比例尺为1:20万;数据格式为1954北京坐标系、高斯投影
		数据密级(公开、秘密、机密、绝密)	秘密
		数据库数据覆盖专业名称(若覆盖多种专业,则全部列出)	地质、自然重砂
		数据库建设起止时间、负责人及主要技术人员	2000年7月—2003年7月;项目负责人:张泽标;主要技术人员:张权莉、易国贵、冯济舟等
		数据库维护历史记录、负责人及主要技术人员	
		数据库更新方式(突击式、日常式,或从未更新)	从未更新
		数据库数据或原始资料源头	贵州省地质矿产局区域地质调查大队
		数据库管理具体单位(即归口管理单位)	贵州省地质调查院
		数据库存放具体单位(即物理存放单位)	贵州省地质调查院
		数据库的用户群(若有多种用户群,按重要层次列出)	中国地质调查局、贵州省地质调查院
		数据库应用状况描述	利用贵州省自然重砂数据库,完成与铅锌、金、锑、铜钨锡、锰、汞、硫铁矿、萤石、重晶石相关矿物的异常圈定和矿产预测工作,并编制了《贵州省自然重砂应用成果报告》和《贵州省预测工作区自然重砂异常解释与评价报告》
		数据库存在的主要问题描述	矿物含量表示方法,有符号、百分比、克、粒等多种,含量单位不统一
		数据库其他情况描述	鉴定中常出现有命名不规范矿物,如磁赤铁矿、云母赤铁矿、纤维赤铁矿、硫铋锑铅矿、硫铋锑铅锌等矿物名称几十种,这些矿物命名在矿物学中无名称可查
2	数据库管理系统运行环境	数据库运行的硬件环境(服务器设备、网络设备、其他设备)	PⅢ 450以上台式计算机、笔记本计算机,内存256MB
		数据库运行的操作系统(包括操作系统名称、版本)	Microsoft Windows 2000、Microsoft Windows XP
		使用的数据库系统(包括数据库系统名称、版本)	自然重砂数据库系统(ZSAPS 1.0)、Microsoft Office Access 2003
		与其他相关应用系统的关系	基础数据库、自然重砂管理系统
3	数据库管理系统体系结构	数据库管理系统的体系结构图(框图表示)	见图1-17体系结构框图
		数据库管理系统的高层流程图(高层数据流图、高层控制流图)	见图1-18高层数据流图、图1-19高层控制流图

续表 1-11

序号	现状大类	现状子类	填写现状内容
4	数据库管理系统功能	数据库管理系统的主要功能描述（逐一描述）	①定义功能；②数据存取功能：检索、插入、修改和删除；③数据库运行管理功能：数据的安全性、完整性和并发控制等对数据库运行进行有效控制和管理，以确保数据正确有效；④建立和维护功能：初始数据的装入，数据库的转储、恢复、重组织，系统性能监视、分析等功能
5	数据库概念模型	数据库概念模型（用E-R图描述）	见图1-20 数据库概念模型图

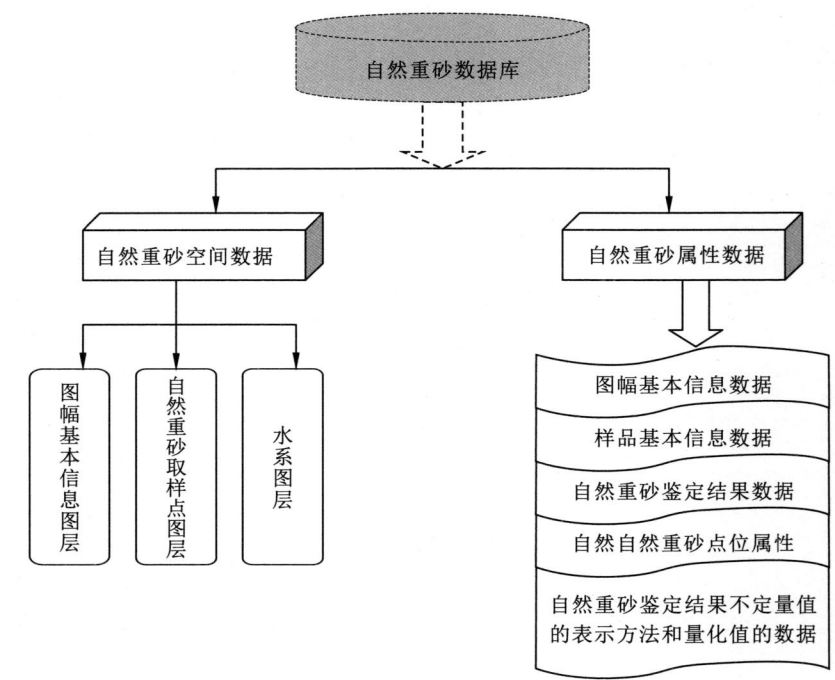

图 1-17 自然重砂数据库体系结构框图

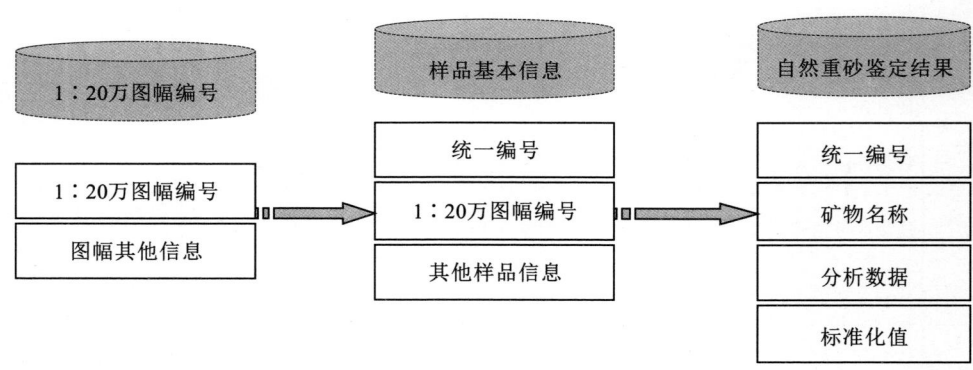

图 1-18 自然重砂数据库高层数据流图

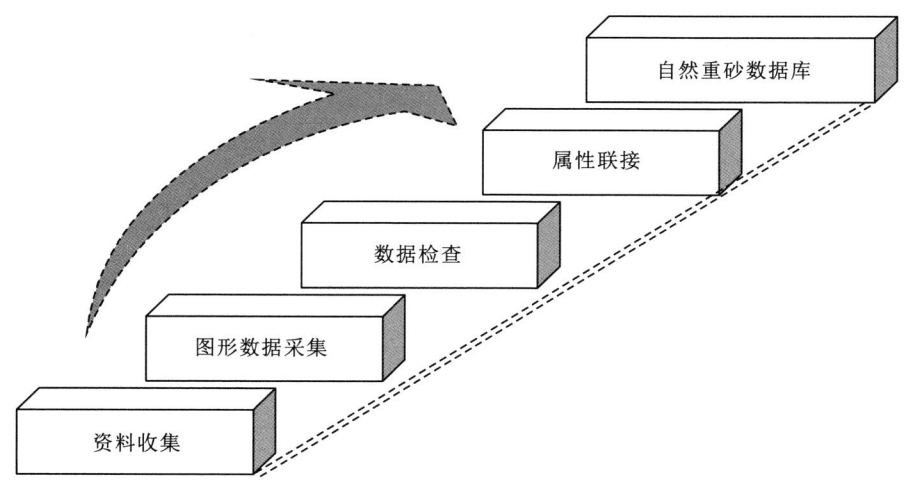

图 1-19 自然重砂数据库高层控制流图

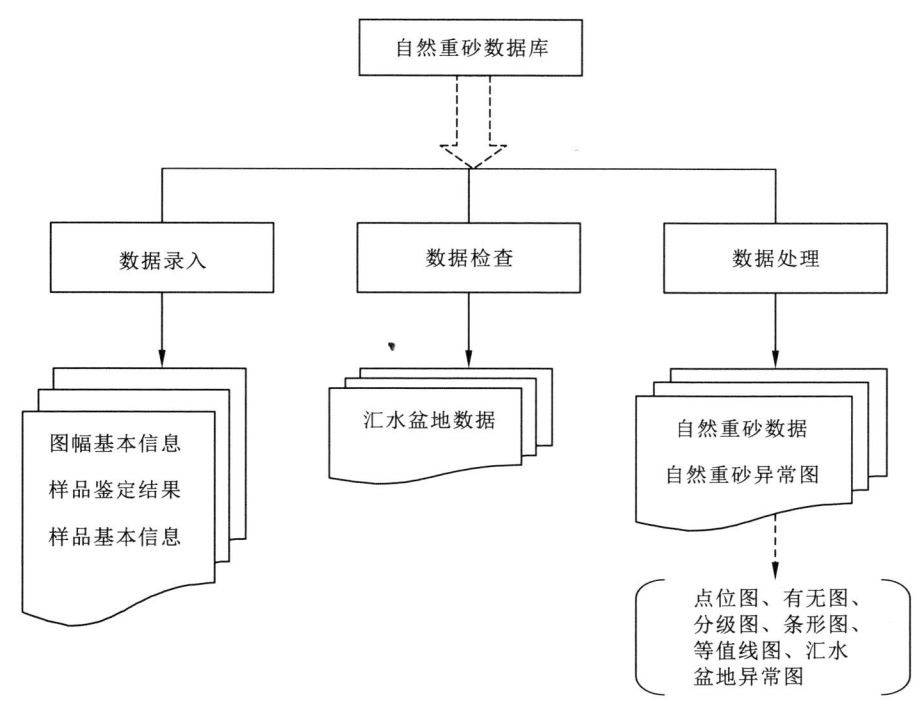

图 1-20 自然重砂数据库概念模型图

第十二节 贵州省地质工作程度数据库

由贵州省地质调查院 2002—2004 年完成的《中国地质调查工作程度数据库（贵州省）》，收集了 1949 年 1 月—2000 年 12 月由贵州省地矿系统各单位完成的各类地质工作资料，按照区域地质调查、矿产勘查、地球化学勘查、地球物理勘查、水文地质调查、环境地质调查、工程地质调查和海洋地质调查等专业系列，建立了属性数据库和空间数据库。其中区域性基础地质属性表 1700 项（1949 年前共 84 项；1949 年后地灾 13 项、矿产 1396 项、基础地质 146 项、物探化探遥感 103 项、水文 41 项）、矿产地图层属性表 1304 项、矿区工作情况表 4464 项（表 1-12）。

表1-12 贵州省地质工作程度数据库现状情况

序号	现状大类	现状子类	填写现状内容
1	数据库基本情况	数据库名称	贵州省地质工作程度数据库
		数据库主要内容	其内容反映了地质矿产及各行业成果资料
		数据库类型/形式(真正数据库、一般文件集合、数据库+一般文件集合的混合形式,或其他形式)	真正数据库
		数据库主要格式	Microsoft Office Access 2000 格式
		数据库建库标准	中国地质调查局《全国地质工作程度数据库建设工作指南》
		采用元数据标准	中国地质调查局《地质信息元数据标准(2006)》
		数据量	1700 份成果资料
		若为空间数据,其覆盖范围、比例尺、坐标参数(大地坐标系统、高程基准、地图椭球参数、地图投影类型)	覆盖全省
		数据密级(公开、秘密、机密、绝密)	公开
		数据库数据覆盖专业名称(若覆盖多种专业,则全部列出)	地质、矿产
		数据库建设起止时间、负责人及主要技术人员	2002—2004 年,张权莉等
		数据库维护历史记录、负责人及主要技术人员	2003 年维护,张权莉等
		数据库更新方式(突击式、日常式,或从未更新)	突击式
		数据库数据或原始资料源头	贵州省地质矿产勘查开发局所有相关资料
		数据库管理具体单位(即归口管理单位)	贵州省地质调查院
		数据库存放具体单位(即物理存放单位)	贵州省地质调查院
		数据库的用户群(若有多种用户群,按重要层次列出)	贵州省国土资源厅、各相关地勘单位
		数据库应用状况描述	贵州省矿产资源潜力评价项目利用该数据库查询相关资料
		数据库存在的主要问题描述	有重复的数据
		数据库其他情况描述	
2	数据库管理系统运行环境	数据库运行的硬件环境(服务器设备、网络设备、其他设备)	PⅢ 450 以上台式计算机、笔记本计算机,内存 256MB
		数据库运行的操作系统(包括操作系统名称、版本)	Microsoft Windows XP
		使用的数据库系统(包括数据库系统名称、版本)	全国地质工作程度数据库系统(2008 年 12 月修改)、Microsoft Office Access 2000
		与其他相关应用系统的关系	与 MapGIS 系统兼容
3	数据库管理系统体系结构	数据库管理系统的体系结构图(框图表示)	见图 1-21 体系结构框图
		数据库管理系统的高层流程图(高层数据流图、高层控制流图)	见图 1-22 高层数据流图、图 1-23 高层控制流图
4	数据库管理系统功能	数据库管理系统的主要功能描述(逐一描述)	①数据库管理功能;②按用户需求建立的查询、检索系统;③空间分析功能,按一定数据格式将数据查询结果和进行简单空间分析结果的输出(数据报表和矿产分布示意图);④数据库动态编辑维护系统;⑤数据库查询结果输出功能;⑥建立用户档案和分级管理的使用权限系统以及数据维护权限系统;⑦系统帮助功能;⑧多媒体演示功能
5	数据库概念模型	数据库概念模型(用 E-R 图描述)	见图 1-24 数据库概念模型图

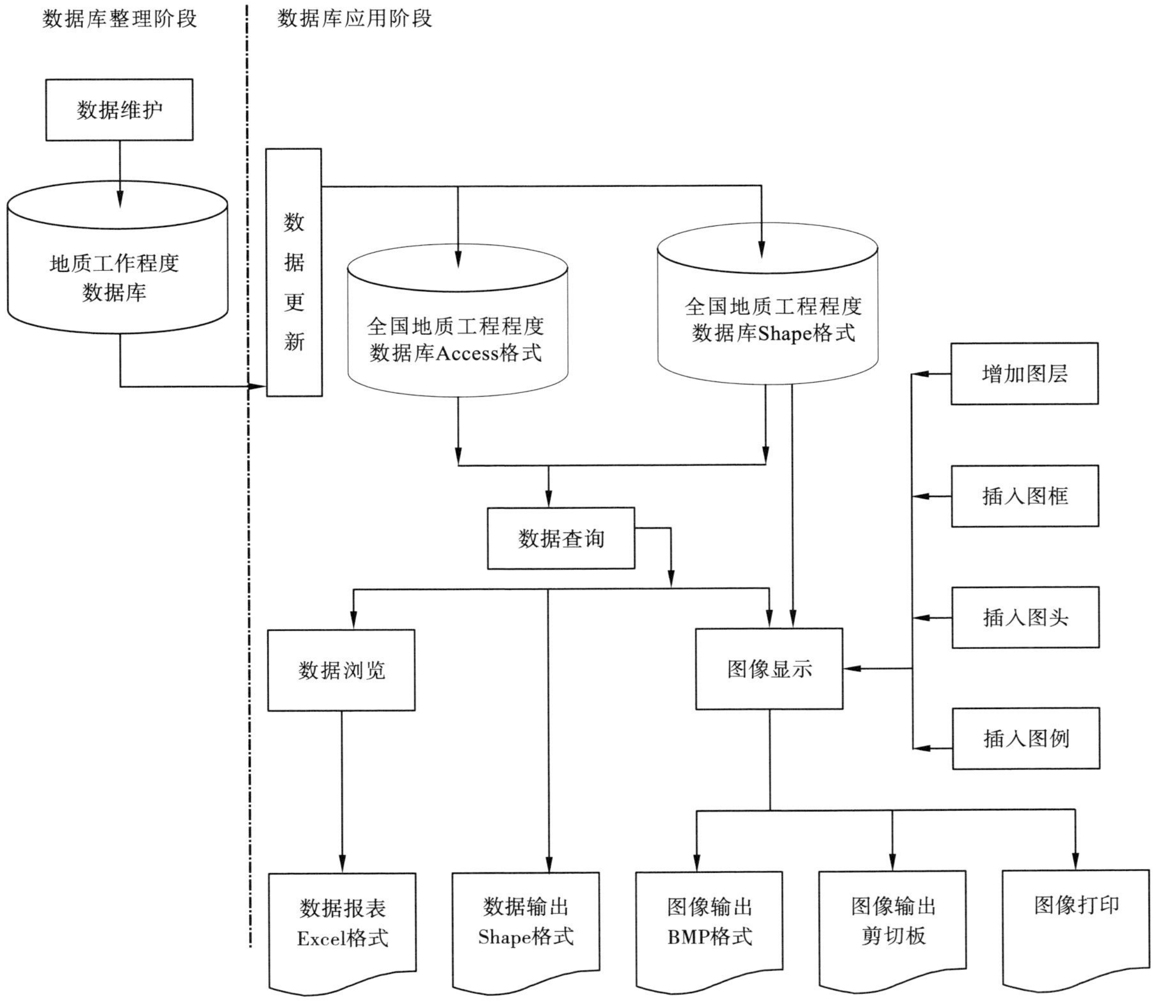

图 1-21 地质工作程度数据库体系结构框图
（据中国地质调查局《全国地质工作程度数据库建设工作指南》修改）

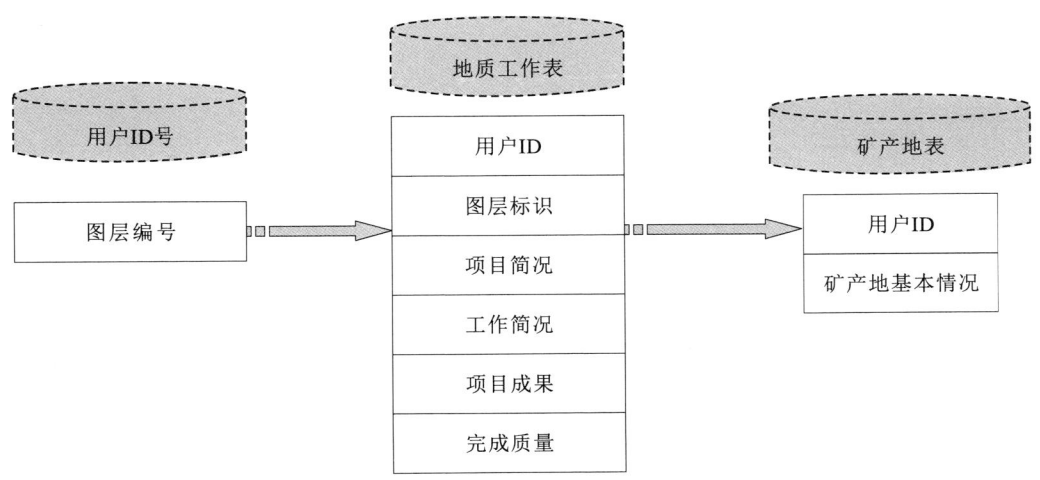

图 1-22 地质工作程度数据库高层数据流图

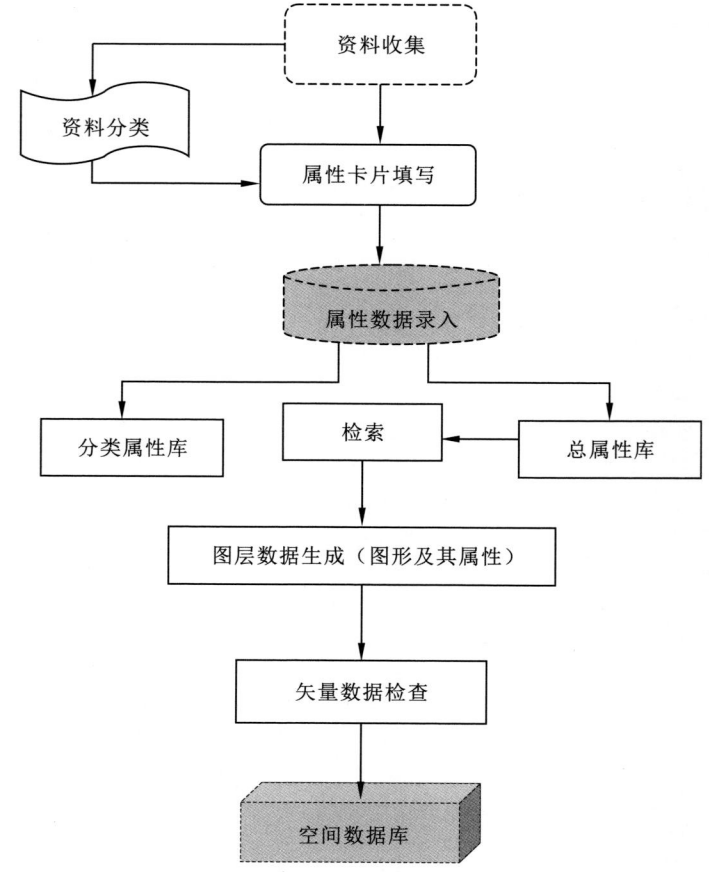

图 1-23 地质工作程度数据库高层控制流图

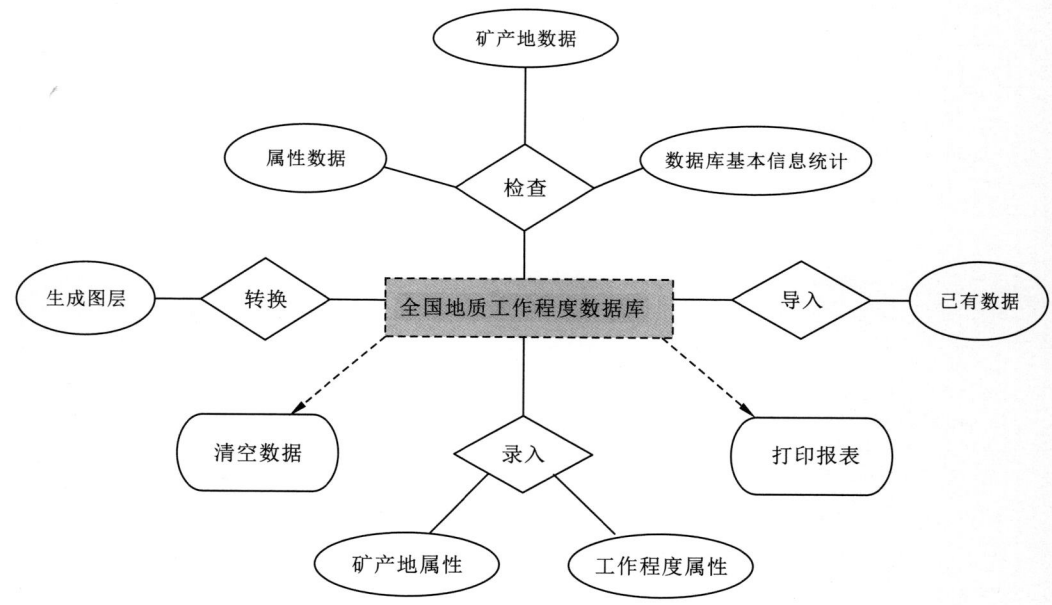

图 1-24 地质工作程度数据库概念模型图

第十三节 二轮区划数据库

二轮区划数据库由中国地质科学院矿产资源研究所区划室于2004年底初步建成,包含三部分全国性区划预测成果资料数据,即全国铁、铜、金、水泥灰岩总量预测成果资料,全国重点矿区和成矿区(带)中、大比例尺成矿预测成果资料,以及全国第二轮成矿远景区划成果资料。数据按地质要素类别分为不同图层分层存储,涉及不同级别成矿远景区及相关的地质、物探、化探、遥感、矿产数据。区划数据库成果图数据要素分为10类,即预测区带(区图元)、矿产分布(点图元)、化探成果(区图元)、自然重砂成果(区图元)、重力解译(线图元)、航磁解译(线图元)、遥感解译(线图元)、控矿构造(线图元)、工作部署(线图元)、工作程度(线图元)。二轮区划数据及总量预测数据涉及全部10个图层,中大比例尺预测数据无工作程度图层(表1-13)。

表1-13 二轮区划数据库现状情况

序号	现状大类	现状子类	填写现状内容
1	数据库基本情况	数据库名称	二轮区划数据库
		数据库主要内容	全国性区划预测成果资料数据,分为含预测区(带)、矿产分布、化探成果、自然重砂成果、重力解译、航磁解译、遥感解译、控矿构造、工作部署、工作程度
		数据库类型/形式(真正数据库、一般文件集合、数据库+一般文件集合的混合形式,或其他形式)	真正数据库
		数据库主要格式	MapGIS格式
		数据库建库标准	中国地质科学院矿产资源研究所《全国固体矿产资源区划数据库管理系统用户指南》
		采用元数据标准	中国地质调查局《地质信息元数据标准(2006)》
		数据量	
		若为空间数据,其覆盖范围、比例尺、坐标参数(大地坐标系统、高程基准、地图椭球参数、地图投影类型)	覆盖全省
		数据密级(公开、秘密、机密、绝密)	秘密
		数据库数据覆盖专业名称(若覆盖多种专业,则全部列出)	地质、矿产
		数据库建设起止时间、负责人及主要技术人员	2004年,中国地质科学院矿产资源研究所区划室
		数据库维护历史记录、负责人及主要技术人员	
		数据库更新方式(突击式、日常式,或从未更新)	从未更新
		数据库数据或原始资料源头	全国性区划预测成果资料数据
		数据库管理具体单位(即归口管理单位)	中国地质科学院矿产资源研究所区划室
		数据库存放具体单位(即物理存放单位)	中国地质科学院矿产资源研究所区划室
		数据库的用户群(若有多种用户群,按重要层次列出)	中国地质调查局、省国土资源厅、各相关地勘单位

续表 1-13

序号	现状大类	现状子类	填写现状内容
1	数据库基本情况	数据库应用状况描述	贵州省矿产资源潜力评价项目利用该数据库查询相关资料
		数据库存在的主要问题描述	属性内容较简单或不完整
		数据库其他情况描述	
2	数据库管理系统运行环境	数据库运行的硬件环境(服务器设备、网络设备、其他设备)	PⅢ 450 以上台式计算机、笔记本计算机,内存 256MB
		数据库运行的操作系统(包括操作系统名称、版本)	Microsoft Windows XP
		使用的数据库系统(包括数据库系统名称、版本)	全国二轮区划数据库管理系统(2006 年)
		与其他相关应用系统的关系	与 MapGIS 系统兼容
3	数据库管理系统体系结构	数据库管理系统的体系结构图(框图表示)	见图 1-25 体系结构框图
		数据库管理系统的高层流程图(高层数据流图、高层控制流图)	见图 1-26 高层数据流图、图 1-27 高层控制流图
4	数据库管理系统功能	数据库管理系统的主要功能描述(逐一描述)	工程管理、数据信息检索、中大比例尺浏览、区划数据要素检索、底图信息检索和图例生成、底图信息操作、属性信息操作、图形显示浏览、查看及帮助功能
5	数据库概念模型	数据库概念模型(用 E-R 图描述)	见图 1-28 数据库概念模型图

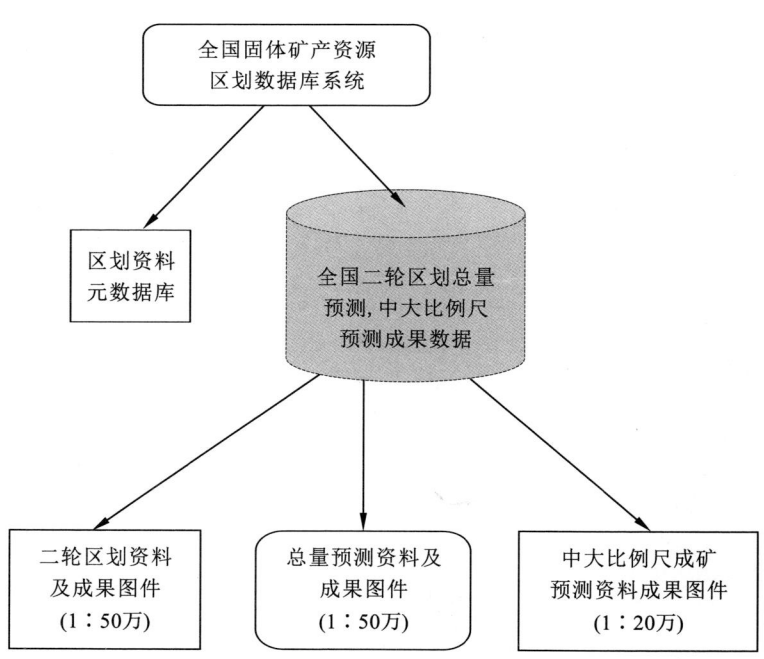

图 1-25 二轮区划数据库体系结构框图
(据中国地质科学院矿产资源研究所《全国固体矿产资源区划数据库管理系统用户指南》)

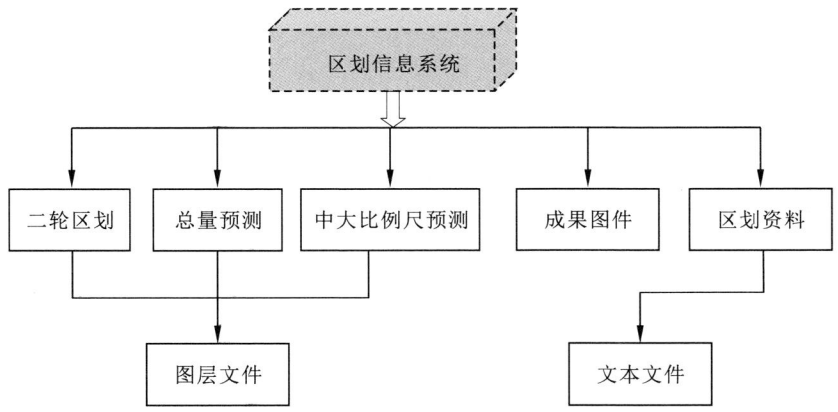

图1-26 二轮区划数据库高层数据流图

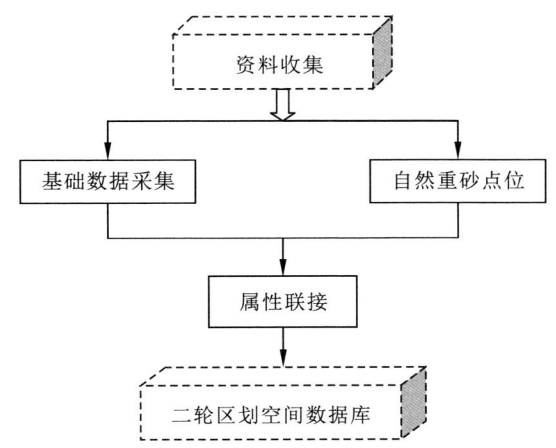

图1-27 二轮区划数据库高层控制流图

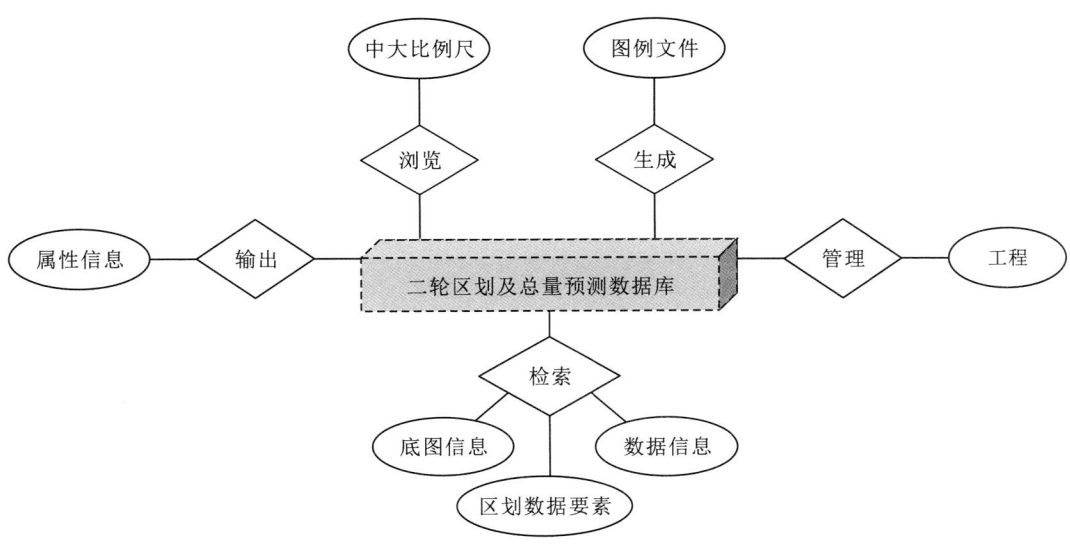

图1-28 二轮区划数据库概念模型图

第十四节 贵州省地理底图数据库

由于地理底图数据库直接发给各省使用,所以贵州省将按照《固体矿产预测评价方法技术》规定,参照地理数据库建库的技术要求对地理数据库进行维护。

1∶25万地理数据采用国家测绘局提供的2002年更新的数据库,该数据库是由国家测绘局于1995年组织,在国家基础地理信息中心建立而成的。经过更新,现势情况最低达到2000年底,有的资料现势性情况更好,达到2002年(表1-14)。

表1-14 贵州省地理底图数据库现状情况

序号	现状大类	现状子类	填写现状内容
1	数据库基本情况	数据库名称	贵州省地理底图数据库
		数据库主要内容	数据库地理图库构成,其内容反映了等高线、居民地、公路、铁路等相关信息
		数据库类型/形式(真正数据库、一般文件集合、数据库＋一般文件集合的混合形式,或其他形式)	真正数据库
		数据库主要格式	ArcGIS格式
		数据库建库标准	
		采用元数据标准	中国地质调查局《地质信息元数据标准(2006)》
		数据量	21幅地理底图
		若为空间数据,其覆盖范围、比例尺、坐标参数(大地坐标系统、高程基准、地图椭球参数、地图投影类型)	覆盖全省,1∶25万,1980西安坐标系,黄海高程系,高斯投影
		数据密级(公开、秘密、机密、绝密)	秘密
		数据库数据覆盖专业名称(若覆盖多种专业,则全部列出)	地理
		数据库建设起止时间、负责人及主要技术人员	国家测绘局提供
		数据库维护历史记录、负责人及主要技术人员	
		数据库更新方式(突击式、日常式,或从未更新)	突击式
		数据库数据或原始资料源头	贵州省1∶25万地理数据采用国家测绘局提供的2002年更新的最新数据库(格式为ArcGIS)
		数据库管理具体单位(即归口管理单位)	国家测绘局
		数据库存放具体单位(即物理存放单位)	贵州省地质调查院
		数据库的用户群(若有多种用户群,按重要层次列出)	各相关地勘单位
		数据库应用状况描述	贵州省矿产资源潜力评价项目、区调项目等使用
		数据库存在的主要问题描述	坐标系需要投影变换,因为平常使用的是1954北京坐标系
		数据库其他情况描述	填写文字描述

续表 1-14

序号	现状大类	现状子类	填写现状内容
2	数据库管理系统运行环境	数据库运行的硬件环境（服务器设备、网络设备、其他设备）	PⅢ 450 以上台式计算机、笔记本计算机，内存 256MB
		数据库运行的操作系统（包括操作系统名称、版本）	Microsoft Windows XP
		使用的数据库系统（包括数据库系统名称、版本）	ArcGIS 格式
		与其他相关应用系统的关系	与 MapGIS 系统兼容
3	数据库管理系统体系结构	数据库管理系统的体系结构图（框图表示）	见图 1-29 体系结构框图
		数据库管理系统的高层流程图（高层数据流图、高层控制流图）	见图 1-30 高层数据流图、图 1-31 高层控制流图
4	数据库管理系统功能	数据库管理系统的主要功能描述（逐一描述）	
5	数据库概念模型	数据库概念模型（用 E-R 图描述）	见图 1-32 数据库概念模型图

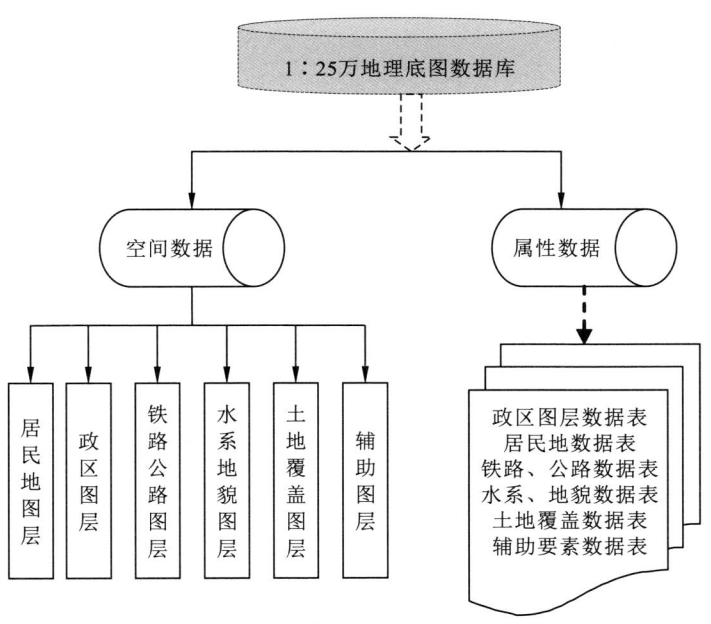

图 1-29 地理底图数据库体系结构框图

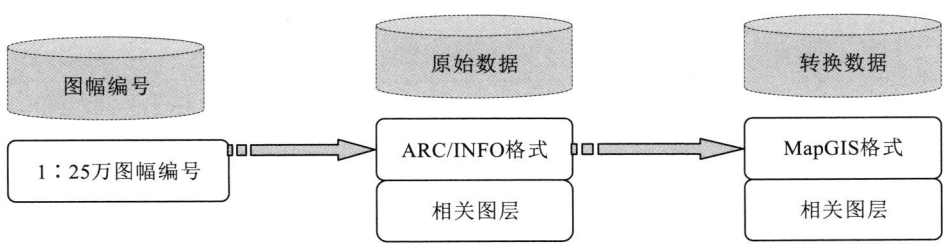

图 1-30 地理底图数据库高层数据流图

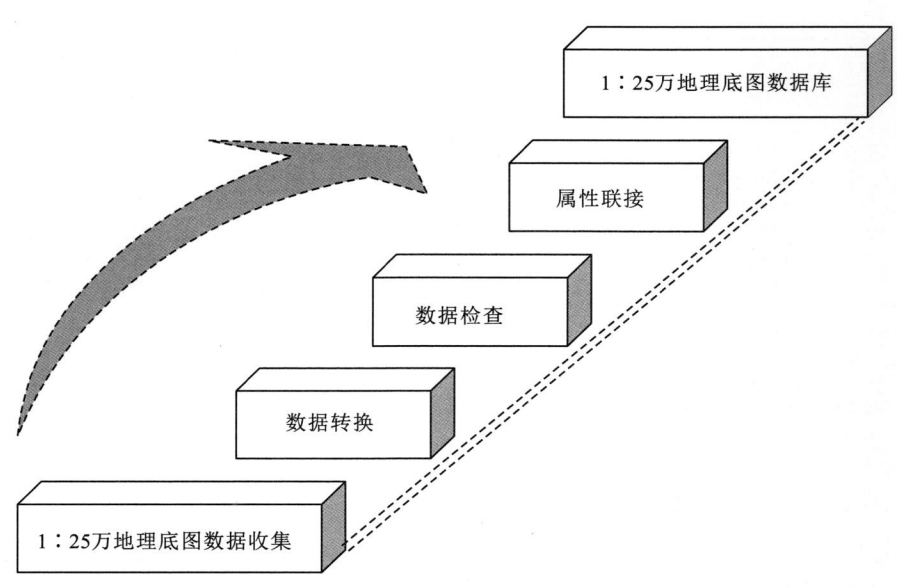

图 1-31 地理底图数据库高层控制流图

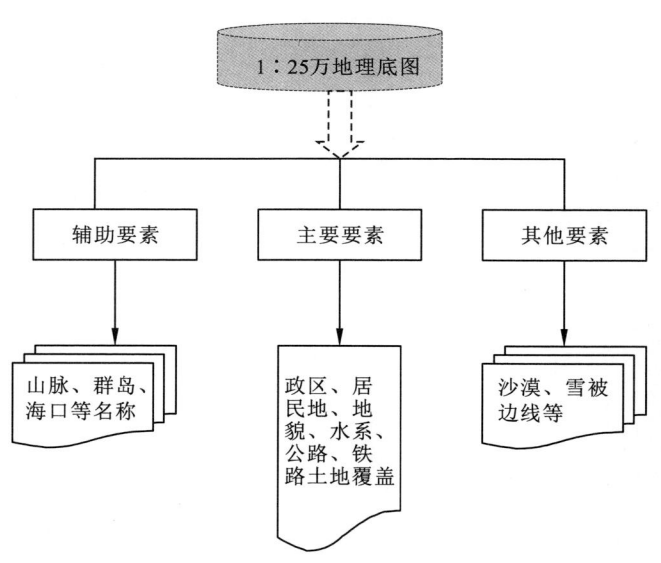

图 1-32 地理底图数据库概念模型图

第十五节 贵州省同位素地质年龄数据库

贵州省同位素地质年龄数据库于 2001 年由贵州省地质调查院完成,收集数据 295 件,其中 263 件虽经多方查找(如到原送样单位和原测试单位查找),始终找不到原始测试数据、原取样点位置(经度、纬度)或基本地质情况,不符合建库要求,未入库,最终入库数据 32 件,现势情况达到 2000 年。提交成果报告及 Microsoft Office Access 97 格式数据、DBF 数据、MapGIS 数据、ARC/INFO 数据各 1 份(表 1-15)。

表 1-15 贵州省同位素地质年龄数据库现状情况

序号	现状大类	现状子类	填写现状内容
1	数据库基本情况	数据库名称	贵州省同位素地质年龄数据库
		数据库主要内容	反映同位素测年点坐标、样品信息、测年方法、年龄、鉴定单位等
		数据库类型/形式(真正数据库、一般文件集合、数据库+一般文件集合的混合形式,或其他形式)	数据库+一般文件集合
		数据库主要格式	Microsoft Office Access 97 格式、DBF 格式、MapGIS 格式、ARC/INFO 格式
		数据库建库标准	中国地质调查局《同位素地质年龄数据库工作指南》《同位素地质测年数据库建设总体设计》
		采用元数据标准	中国地质调查局《地质信息元数据标准(2006)》
		数据量	32 件样品
		若为空间数据,其覆盖范围、比例尺、坐标参数(大地坐标系统、高程基准、地图椭球参数、地图投影类型)	全省范围
		数据密级(公开、秘密、机密、绝密)	公开
		数据库数据覆盖专业名称(若覆盖多种专业,则全部列出)	地质
		数据库建设起止时间、负责人及主要技术人员	2001 年,魏家庸、王常微、张朴、王秋菊等
		数据库维护历史记录、负责人及主要技术人员	
		数据库更新方式(突击式、日常式,或从未更新)	从未更新
		数据库数据或原始资料源头	贵州省区域地质调查、各科研项目等资料
		数据库管理具体单位(即归口管理单位)	贵州省地质调查院
		数据库存放具体单位(即物理存放单位)	贵州省地质调查院
		数据库的用户群(若有多种用户群,按重要层次列出)	各相关地勘单位
		数据库应用状况描述	贵州省矿产资源潜力评价项目、区调项目等使用
		数据库存在的主要问题描述	部分样品有测年数据,但无原始测试资料,不符合建库要求,不能入库
		数据库其他情况描述	
2	数据库管理系统运行环境	数据库运行的硬件环境(服务器设备、网络设备、其他设备)	PⅢ 450 以上台式计算机,笔记本计算机,内存 256MB
		数据库运行的操作系统(包括操作系统名称、版本)	Microsoft Office Windows XP
		使用的数据库系统(包括数据库系统名称、版本)	全国同位素数据库应用系统、Microsoft Office Access 97 系统、中地数码公司 MapGIS 软件
		与其他相关应用系统的关系	与 MapGIS 系统、ARC/INFO 系统兼容
3	数据库管理系统体系结构	数据库管理系统的体系结构图(框图表示)	见图 1-33 体系结构框图
		数据库管理系统的高层流程图(高层数据流图、高层控制流图)	见图 1-34 高层数据流图、图 1-35 高层控制流图
4	数据库管理系统功能	数据库管理系统的主要功能描述(逐一描述)	有录入、修改、查询等功能
5	数据库概念模型	数据库概念模型(用 E-R 图描述)	见图 1-36 数据库概念模型图

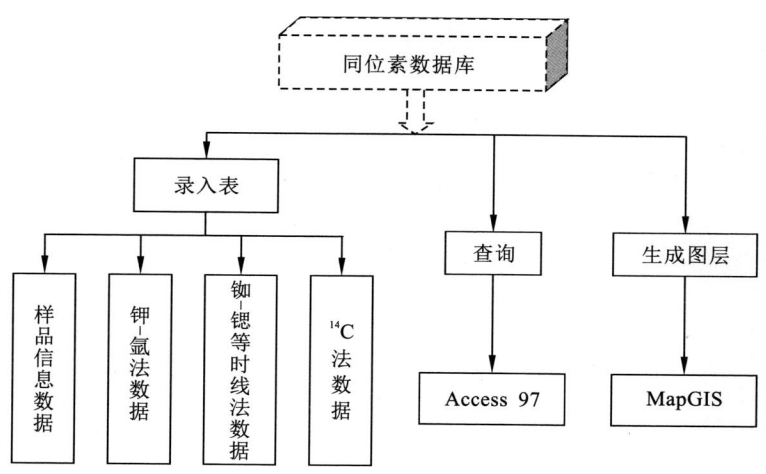

图 1-33 同位素数据库体系结构框图

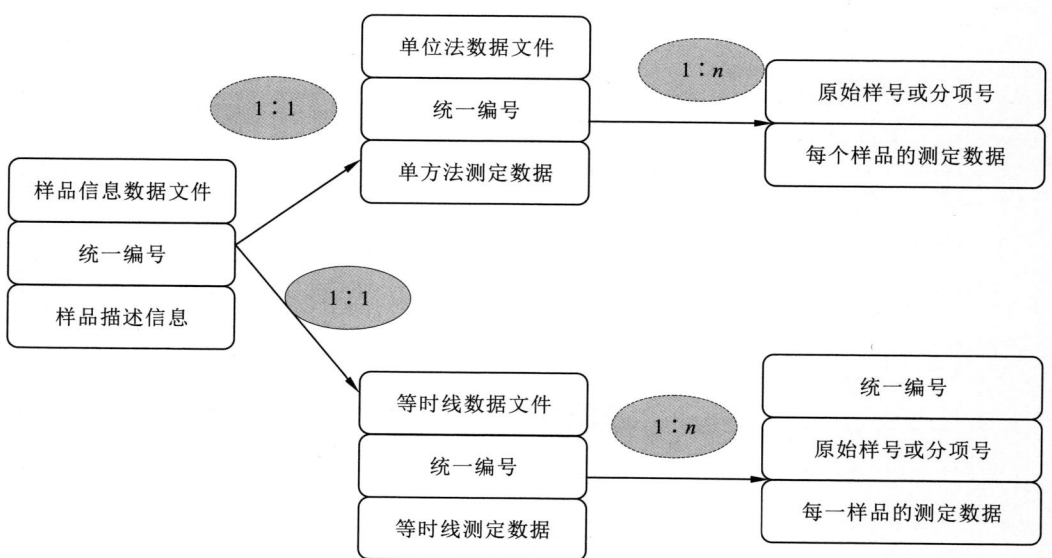

图 1-34 同位素数据库高层数据流图

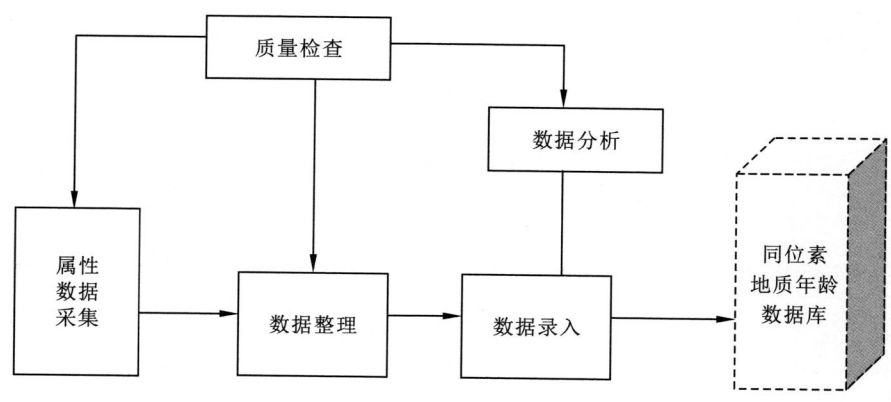

图 1-35 同位素数据库高层控制流图

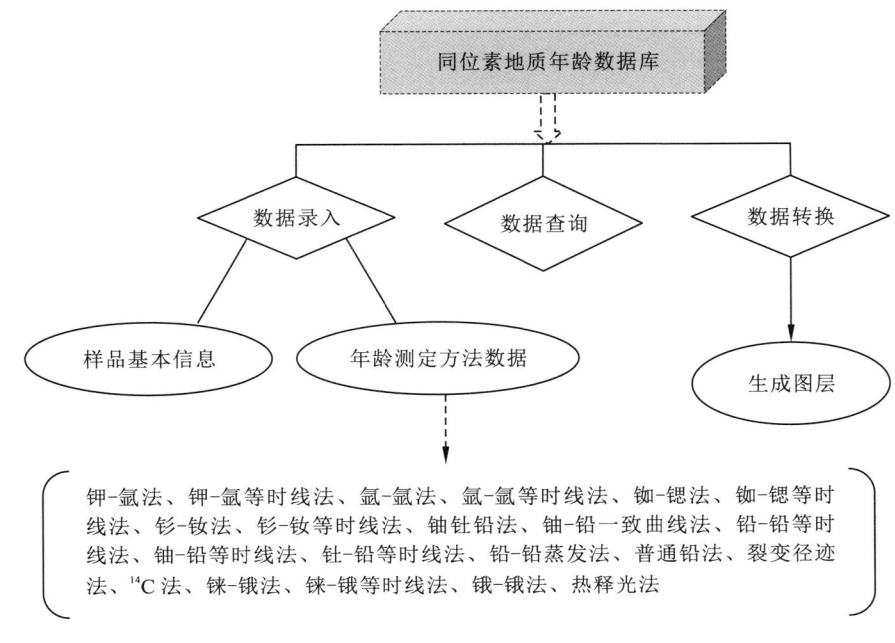

图 1-36 同位素数据库概念模型图

第十六节 贵州省 1 : 20 万水文地质图空间数据库

贵州省 1 : 20 万水文地质图空间数据库由贵州省地质调查院水工环调查部于 2005 年建成,图幅数共 29 幅,含泸州幅、南川幅、西阳幅、桐梓幅、正安幅、吉首幅、遵义幅、湄潭幅、江口幅、芷江幅、威宁幅、毕节幅、息烽幅、瓮安幅、镇远幅、水城幅、安顺幅、贵阳幅、都匀幅、剑河幅、盘县幅、兴仁幅、罗甸幅、独山幅、榕江幅、罗平幅、安龙幅、乐业幅、南丹幅,占全省面积的 95% 以上(表 1-16)。

表 1-16 贵州省 1 : 20 万水文地质图空间数据库现状情况

序号	现状大类	现状子类	填写现状内容
1	数据库基本情况	数据库名称	贵州省 1 : 20 万水文地质图空间数据库
		数据库主要内容	数据库由图幅基本信息、水文地质、地理底图信息、基础地质和水文地质专题图构成,其内容涉及地下水类型、地下水富水性、地下水径流模数、水化学类型、矿化度分区、水文地质特征点、水文地质特征界线、地下水利用规划、地层和断层、产状等相关信息
		数据库类型/形式(真正数据库、一般文件集合、数据库+一般文件集合的混合形式,或其他形式)	真正数据库
		数据库主要格式	MapGIS 格式、ARC/INFO 格式
		数据库建库标准	中国地质调查局《中华人民共和国 1 : 20 万数字地质图空间数据库》《1 : 20 万水文地质图空间数据库图层及属性文件格式》
		采用元数据标准	中国地质调查局《地质信息元数据标准(2006)》
		数据量	29 幅

续表 1-16

序号	现状大类	现状子类	填写现状内容
1	数据库基本情况	若为空间数据,其覆盖范围、比例尺、坐标参数(大地坐标系统、高程基准、地图椭球参数、地图投影类型)	覆盖全省,1:20万,平面直角坐标、1954北京坐标系、1985国家高程基准、高斯投影
		数据密级(公开、秘密、机密、绝密)	秘密
		数据库数据覆盖专业名称(若覆盖多种专业,则全部列出)	水文、地质
		数据库建设起止时间、负责人及主要技术人员	2001—2006年,王明章、杜黔枫、岳云茹、李小青、罗太近、王琰、覃信秀、张伟、刘志菊、刘彧、周义英、车晓兴等
		数据库维护历史记录、负责人及主要技术人员	
		数据库更新方式(突击式、日常式,或从未更新)	从未更新
		数据库数据或原始资料源头	贵州省完成的1:20万综合水文地质调查资料
		数据库管理具体单位(即归口管理单位)	贵州省地质调查院
		数据库存放具体单位(即物理存放单位)	贵州省地质调查院
		数据库的用户群(若有多种用户群,按重要层次列出)	各相关地勘单位
		数据库应用状况描述	地下水调查、大比例尺水文地质调查等项目利用其成果
		数据库存在的主要问题描述	地层分区、地下水富水性、地下水径流模数、地下水水质等图层由于原始资料查不到相关数据,存在许多错误和遗漏;在水文特征点、水文特征线、地貌类型及地下水开发利用规划图层中有的图元代码无法查到
		数据库其他情况描述	
2	数据库管理系统运行环境	数据库运行的硬件环境(服务器设备、网络设备、其他设备)	PⅢ 450以上台式计算机、笔记本计算机,内存256MB
		数据库运行的操作系统(包括操作系统名称、版本)	Microsoft Windows 98
		使用的数据库系统(包括数据库系统名称、版本)	中地数码公司 MapGIS 6.X
		与其他相关应用系统的关系	与 ARC/INFO 兼容
3	数据库管理系统体系结构	数据库管理系统的体系结构图(框图表示)	见图1-1体系结构框图
		数据库管理系统的高层流程图(高层数据流图、高层控制流图)	见图1-2高层数据流图、图1-3高层控制流图
4	数据库管理系统功能	数据库管理系统的主要功能描述(逐一描述)	图形处理、库管理(数据库管理、属性库管理、地图库管理、影像库管理)、空间分析、图像处理、实用服务等
5	数据库概念模型	数据库概念模型(用E-R图描述)	见图1-37数据库概念模型图

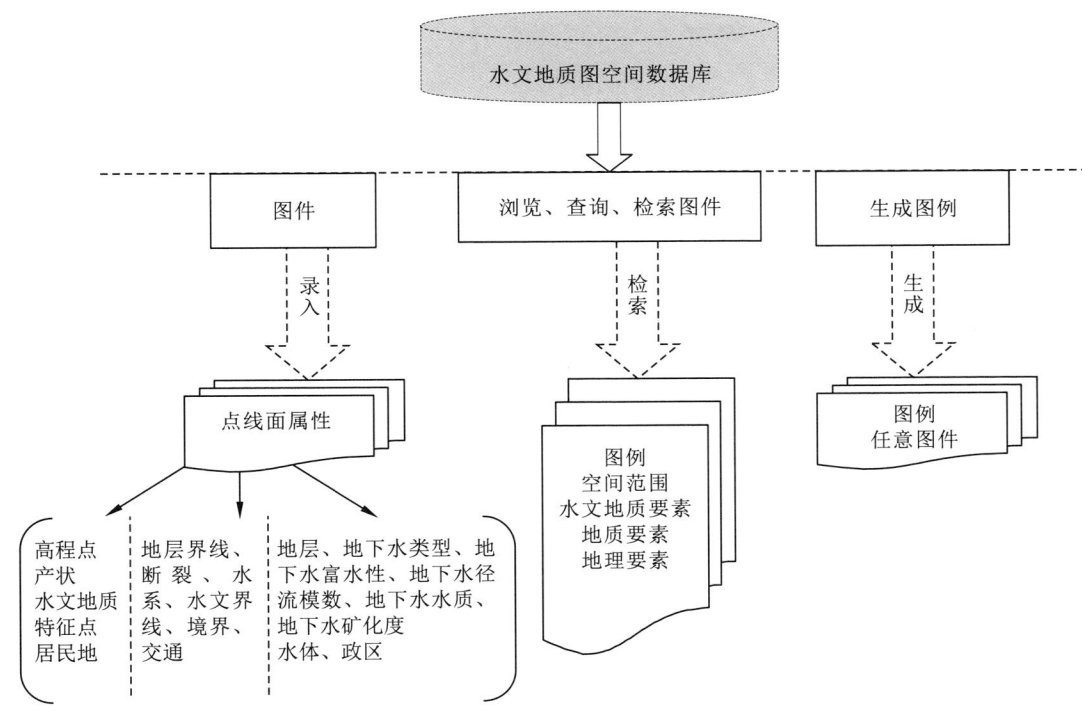

图 1-37 水文地质图空间数据库概念模型图

第十七节 贵州省地学信息元数据库

贵州省地学信息元数据库由贵州省地质调查院于 2005 年建成,收集整理了贵州省 1∶5 万地质图空间数据库元数据 25 幅、1∶20 万地质图空间数据库元数据 44 幅、1∶20 万水文地质图数据库元数据 27 幅、贵州省地质工作程度数据库元数据、贵州省矿产地数据库元数据、贵州省同位素地质年龄数据库元数据、贵州省自然重砂数据库元数据等(表 1-17)。

表 1-17 贵州省地学信息元数据库现状情况

序号	现状大类	现状子类	填写现状内容
1	数据库基本情况	数据库名称	贵州省地学信息元数据库
		数据库主要内容	数据库由基本信息、标识信息、数据质量信息、空间参照系信息、内容信息、分发信息、引用和负责单位联系信息组成
		数据库类型/形式(真正数据库、一般文件集合、数据库+一般文件集合的混合形式,或其他形式)	一般文件集合
		数据库主要格式	*.XML、*.TXT 格式
		数据库建库标准	中国地质调查局《地质调查元数据内容与结构标准(2001)》
		采用元数据标准	中国地质调查局《地质调查元数据内容与结构标准(2001)》
		数据量	103 条

续表 1-17

序号	现状大类	现状子类	填写现状内容
1	数据库基本情况	若为空间数据,其覆盖范围、比例尺、坐标参数(大地坐标系统、高程基准、地图椭球参数、地图投影类型)	
		数据密级(公开、秘密、机密、绝密)	公开
		数据库数据覆盖专业名称(若覆盖多种专业,则全部列出)	水文、地质、自然重砂、矿产、同位素
		数据库建设起止时间、负责人及主要技术人员	2005年,张朴、王兴琴、包立新、巩海亮等
		数据库维护历史记录、负责人及主要技术人员	
		数据库更新方式(突击式、日常式,或从未更新)	从未更新
		数据库数据或原始资料源头	贵州省完成的地质、水文地质、自然重砂、矿产地、工作程度、同位素数据库资料
		数据库管理具体单位(即归口管理单位)	贵州省地质调查院
		数据库存放具体单位(即物理存放单位)	贵州省地质调查院
		数据库的用户群(若有多种用户群,按重要层次列出)	各相关地勘单位
		数据库应用状况描述	
		数据库存在的主要问题描述	还有部分专业的数据库未纳入
		数据库其他情况描述	
2	数据库管理系统运行环境	数据库运行的硬件环境(服务器设备、网络设备、其他设备)	PⅢ 450以上台式计算机、笔记本计算机,内存256MB
		数据库运行的操作系统(包括操作系统名称、版本)	Microsoft Windows 2000
		使用的数据库系统(包括数据库系统名称、版本)	地质信息元数据采集器(网络版),Ver1.0 Release 0.1
		与其他相关应用系统的关系	
3	数据库管理系统体系结构	数据库管理系统的体系结构图(框图表示)	见图1-38体系结构框图
		数据库管理系统的高层流程图(高层数据流图、高层控制流图)	见图1-39高层数据流图、图1-40高层控制流图
4	数据库管理系统功能	数据库管理系统的主要功能描述(逐一描述)	具有打开集合、创建集合、删除集合、注册模式、注销模式、浏览、编辑、添加、提交、导入、导出、批量导入等功能
5	数据库概念模型	数据库概念模型(用E-R图描述)	见图1-41数据库概念模型图

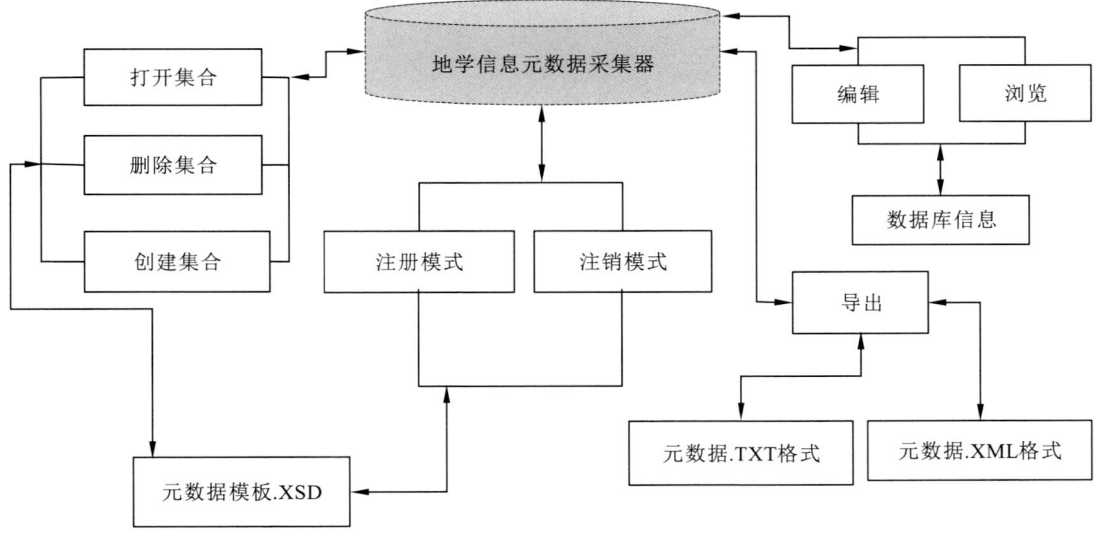

图 1-38　地学信息元数据库体系结构框图

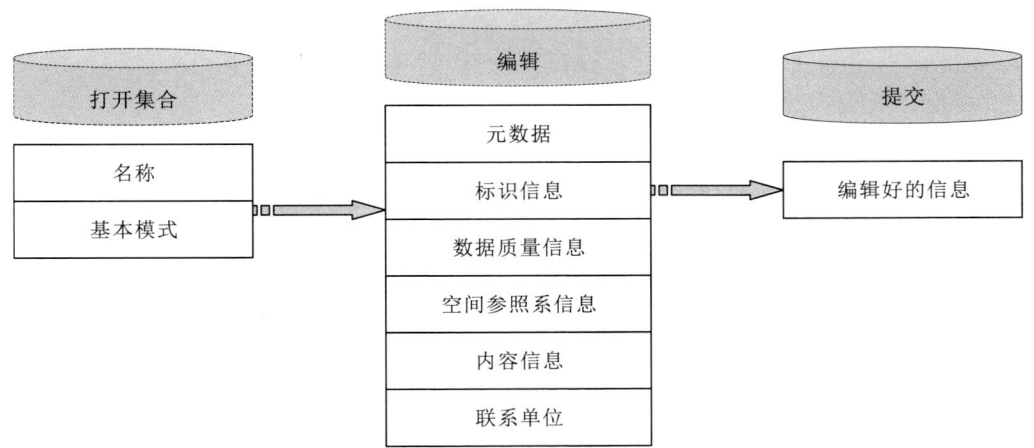

图 1-39　地学信息元数据库高层数据流图

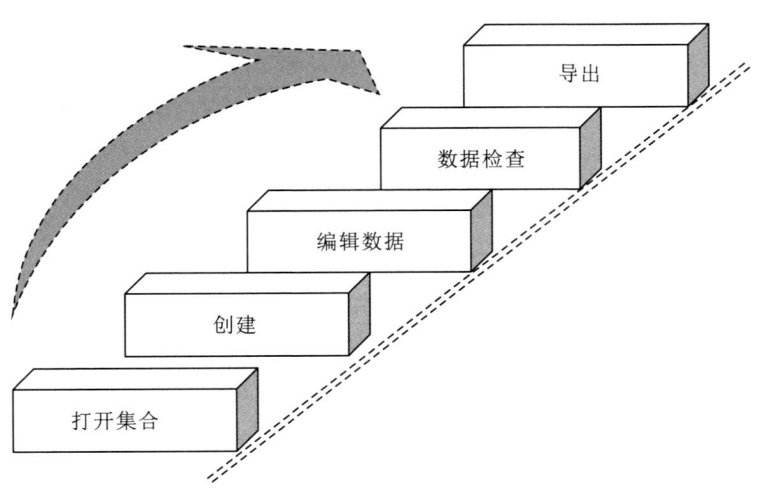

图 1-40　地学信息元数据库高层控制流图

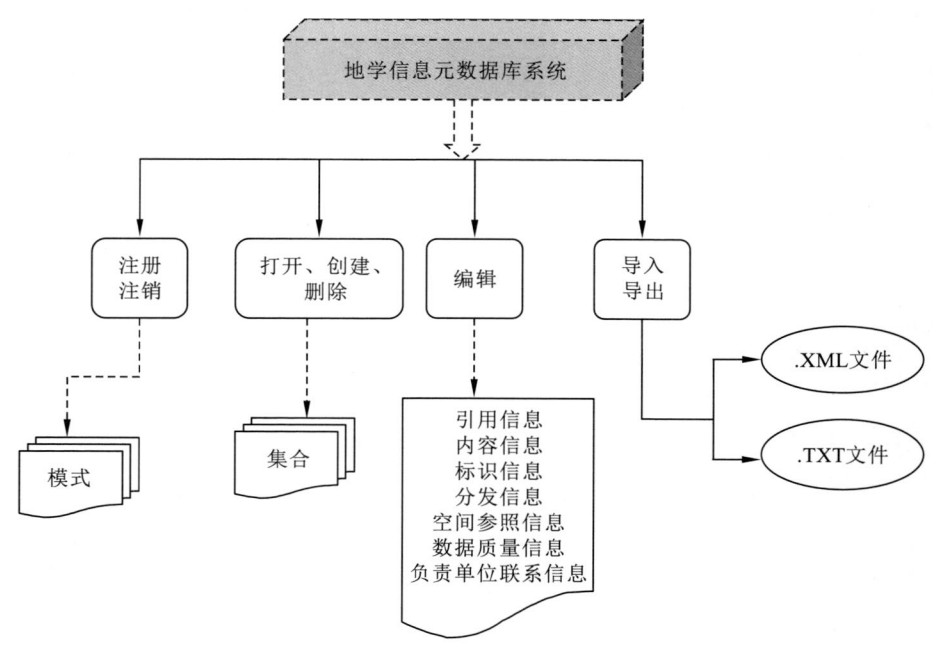

图 1-41 地学信息元数据库概念模型图

第十八节 贵州省区域地质调查管理数据库

贵州省区域地质调查管理数据库由贵州省地质调查院于1999—2003年建成,收集整理了1∶5万118幅(安底幅、巴岭幅、白市幅、边阳幅、岑巩幅、大稼幅、大山幅、大寨幅、丹寨幅、都匀幅、二塘幅、福泉幅、甘溪幅、谷洞幅、谷陇幅、挂丁幅、关岭幅、罐子窑幅、归顺幅、赫章幅、花江幅、花桥幅、江龙幅、旧州幅、凯里幅、老厂幅、乐平幅、乐运幅、隆里幅、罗甸幅、妈姑幅、麻江幅、马场坪幅、猫场幅、孟溪幅、沫阳幅、南皋幅、泥堡幅、牛场幅、泮水幅、坡球幅、普安幅、普安县幅、普觉幅、青溪幅、晴隆幅、仁怀幅、三都幅、沙子沟幅、沙子哨幅、施洞口幅、石阡幅、水田幅、松林幅、天柱幅、铜仁幅、瓮安幅、小猫场幅、兴仁幅、鸭溪幅、沿河幅、野马川幅、以那架幅、永宁镇幅、者相幅、贞丰幅、镇远幅、织金幅、治昆幅、中枢镇幅、重新幅、珠藏幅、遵义市幅、遵义县幅、安顺市幅、安西镇幅、白层幅、百屯幅、摆金幅、碧痕营幅、大观幅、都江幅、渡邑幅、高坡场幅、广顺幅、贵定幅、贵阳幅、花溪幅、黄丝幅、惠水幅、九阡幅、乐园幅、龙昌堡幅、龙洞堡幅、龙里幅、洛帆幅、马岭幅、茂兰幅、泥堡幅、平坝幅、平江幅、平永幅、坡坪幅、普坪幅、青山镇幅、水塘幅、兔街子幅、万屯幅、望谟幅、兴隆幅、丫他幅、雅灰幅、燕楼幅、永乐幅、长顺幅、镇宁县幅、紫云幅),1∶20万9幅(安龙幅、毕节幅、贵阳幅、桐梓幅、息烽幅、兴仁幅、沿河幅、正安幅、遵义幅),区域地质调查项目成果数据见表1-18。

表 1-18 贵州省区域地质调查管理数据库现状情况

序号	现状大类	现状子类	填写现状内容
1	数据库基本情况	数据库名称	贵州省区域地质调查管理数据库
		数据库主要内容	基本情况、设计初审、设计审查与复审、设计审查认定、野外质量检查、野外验收与补充、成果报告初审、成果报告评审与复审、成果报告认定、成果资料汇交等相关信息
		数据库类型/形式(真正数据库、一般文件集合、数据库+一般文件集合的混合形式,或其他形式)	一般文件集合

续表 1-18

序号	现状大类	现状子类	填写现状内容
1	数据库基本情况	数据库主要格式	DBF 格式
		数据库建库标准	
		采用元数据标准	
		数据量	1∶5万118幅,1∶20万9幅
		若为空间数据,其覆盖范围、比例尺、坐标参数(大地坐标系统、高程基准、地图椭球参数、地图投影类型)	
		数据密级(公开、秘密、机密、绝密)	公开
		数据库数据覆盖专业名称(若覆盖多种专业,则全部列出)	区域地质调查
		数据库建设起止时间、负责人及主要技术人员	1999—2003年,张朴、王常微、包立新等
		数据库维护历史记录、负责人及主要技术人员	
		数据库更新方式(突击式、日常式,或从未更新)	从未更新
		数据库数据或原始资料源头	贵州省1∶5万、1∶20万区域地质调查资料
		数据库管理具体单位(即归口管理单位)	贵州省地质调查院
		数据库存放具体单位(即物理存放单位)	贵州省地质调查院
		数据库的用户群(若有多种用户群,按重要层次列出)	省国土资源厅、各相关地勘单位
		数据库应用状况描述	区调管理
		数据库存在的主要问题描述	部分区调项目的相关资料不齐
		数据库其他情况描述	
2	数据库管理系统运行环境	数据库运行的硬件环境(服务器设备、网络设备、其他设备)	PⅢ 450以上台式计算机、笔记本计算机,内存256MB
		数据库运行的操作系统(包括操作系统名称、版本)	Microsoft Windows 2000
		使用的数据库系统(包括数据库系统名称、版本)	全国区域地质调查管理数据库系统
		与其他相关应用系统的关系	
3	数据库管理系统体系结构	数据库管理系统的体系结构图(框图表示)	见图1-42体系结构框图
		数据库管理系统的高层流程图(高层数据流图、高层控制流图)	见图1-43高层数据流图、图1-44高层控制流图
4	数据库管理系统功能	数据库管理系统的主要功能描述(逐一描述)	具有清空数据、数据录入(基本情况、设计初审、设计审查与复审、设计审查认定、野外质量检查、野外验收与补充、成果报告初审、成果报告评审与复审、成果报告认定、成果资料汇交)、查询、帮助(系统使用说明、用户ID编码方案)等功能
5	数据库概念模型	数据库概念模型(用E-R图描述)	见图1-45数据库概念模型图

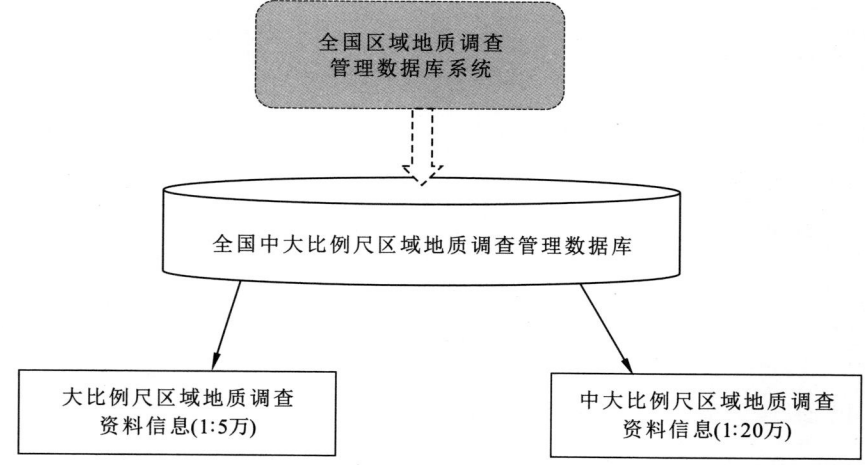

图 1-42 区域地质调查管理数据库体系结构框图

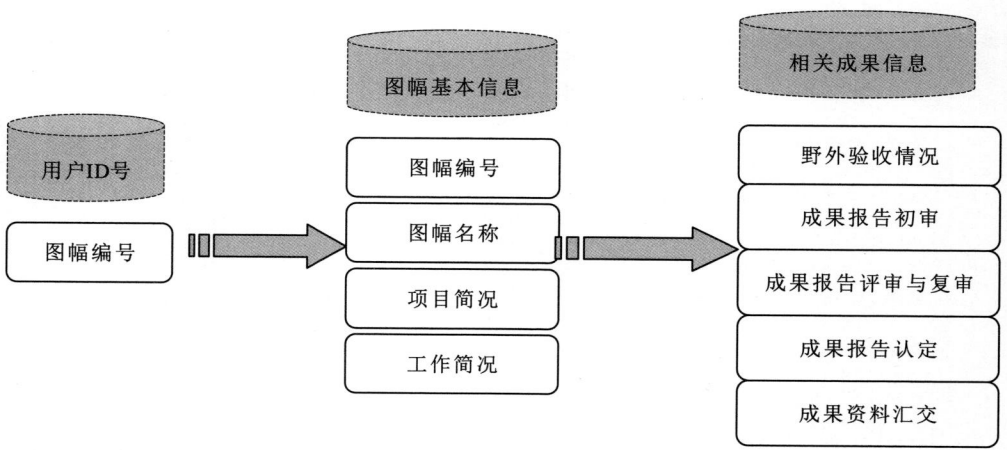

图 1-43 区域地质调查管理数据库高层数据流图

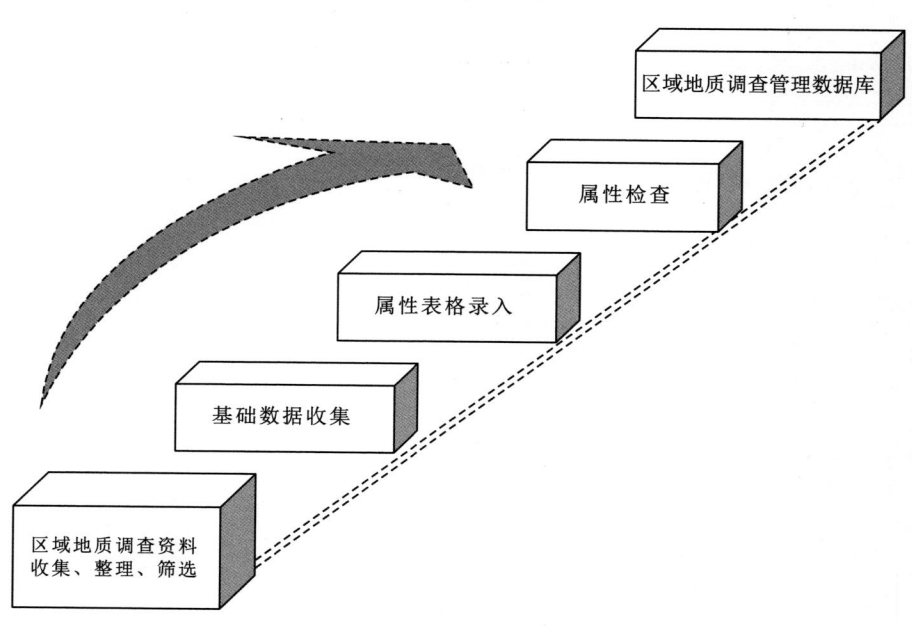

图 1-44 区域地质调查管理数据库高层控制流图

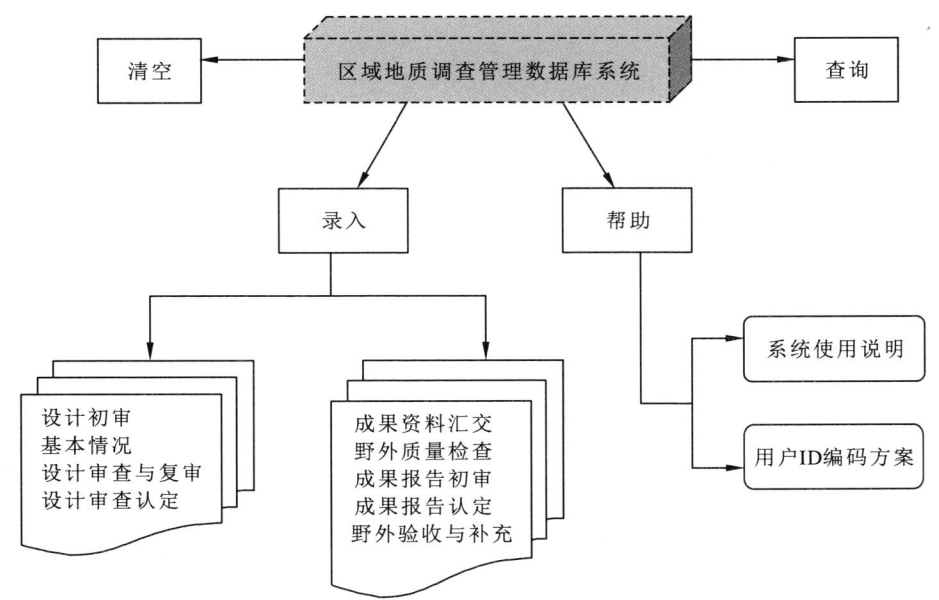

图 1-45 区域地质调查管理数据库概念模型图

第十九节 贵州省岩石地层数据库

贵州省岩石地层数据库由贵州省地质矿产局区域地质调查研究院于 1994 年建成,共录入经清理的地层单位 397 个,包括建议使用的地层单位 184 个,其中前震旦系 26 个、震旦系 11 个、寒武系 22 个、奥陶系 11 个、志留系 10 个、泥盆系 22 个、石炭系 17 个、二叠系 16 个、三叠系 28 个、侏罗系 10 个、白垩系 8 个、古近系 3 个;建议不使用的岩石地层单位 213 个(表 1-19)。

表 1-19 贵州省岩石地层数据库现状情况

序号	现状大类	现状子类	填写现状内容
1	数据库基本情况	数据库名称	贵州省岩石地层数据库
		数据库主要内容	含岩石地层单位、层型剖面等相关信息
		数据库类型/形式(真正数据库、一般文件集合、数据库+一般文件集合的混合形式,或其他形式)	一般文件集合
		数据库主要格式	DBF 格式
		数据库建库标准	
		采用元数据标准	
		数据量	地层单位 397 个
		若为空间数据,其覆盖范围、比例尺、坐标参数(大地坐标系统、高程基准、地图椭球参数、地图投影类型)	
		数据密级(公开、秘密、机密、绝密)	公开
		数据库数据覆盖专业名称(若覆盖多种专业,则全部列出)	地质

续表 1-19

序号	现状大类	现状子类	填写现状内容
1	数据库基本情况	数据库建设起止时间、负责人及主要技术人员	1994年,负责人:许昊,工作人员:王红梅、孙亚莉、王秋菊、姚元惠等
		数据库维护历史记录、负责人及主要技术人员	
		数据库更新方式(突击式、日常式,或从未更新)	从未更新
		数据库数据或原始资料源头	贵州省1:5万、1:20万区域地质调查资料、岩石地层清理资料
		数据库管理具体单位(即归口管理单位)	贵州省地质调查院
		数据库存放具体单位(即物理存放单位)	贵州省地质调查院
		数据库的用户群(若有多种用户群,按重要层次列出)	省国土资源厅、各相关地勘单位
		数据库应用状况描述	现已无法使用
		数据库存在的主要问题描述	现已无法使用
		数据库其他情况描述	
2	数据库管理系统运行环境	数据库运行的硬件环境(服务器设备、网络设备、其他设备)	286以上主机
		数据库运行的操作系统(包括操作系统名称、版本)	Microsoft Windows 3.1
		使用的数据库系统(包括数据系统名称、版本)	岩石地层数据库管理系统
		与其他相关应用系统的关系	
3	数据库管理系统体系结构	数据库管理系统的体系结构图(框图表示)	现已无法打开
		数据库管理系统的高层流程图(高层数据流图、高层控制流图)	现已无法打开
4	数据库管理系统功能	数据库管理系统的主要功能描述(逐一描述)	由数据采集系统(原始数据录入、编辑、查错及地层信息检索、字典查询、文献检索、数据文件管理)、数据处理系统(输出、查询检索及汇总制表、岩石地层单位的监控)组成
5	数据库概念模型	数据库概念模型(用E-R图描述)	现已无法打开

第二章 相关地质数据库维护

利用最新地质调查成果（2007—2012 年，1∶5 万地质图成果至 2015 年），完成 1∶50 万数字地质图空间数据库、1∶25 万数字地质图空间数据库、1∶20 万数字地质图空间数据库、1∶5 万数字地质图空间数据库、矿产地数据库、区域重力数据库、航磁数据库、遥感影像数据库、区域地球化学数据库、自然重砂数据库、地质工作程度数据库、地理底图数据库和地学信息元数据库的更新和维护，使数据库始终能够反映地质调查工作的最新成果和最高水平。

因任务书未要求或潜力评价工作中未利用，部分数据库未作维护，如贵州省 1∶250 万数字地质图空间数据库、贵州省同位素地质年龄数据库、贵州省 1∶20 万水文地质图空间数据库、贵州省区域地质调查管理数据库、贵州省岩石地层数据库；由于二轮区划数据库成果直接由全国项目办发给各省使用，不需要各省进行更新和补充数据。

第一节 贵州省 1∶50 万数字地质图空间数据库

以 2001 年建成的 1∶50 万地质图空间数据库为基础，补充各种新资料及重要的科研新成果；尽可能地采用国内和国际上通用的制图与空间分析的计算机软件进行计算机辅助制图，必要时开发研制少量专用软件；努力做到标准化和数字化，尽可能利用已有的标准，包括国标、行标作为本次维护的技术基础；按照统一标准与技术要求和编码的原则及方法，使用统一的文件格式提交给大区办，再由大区办汇编成大区图并汇集成全国的 1∶50 万数字地质图及地质图数据库；地质信息和地理信息的各种数据要准确，要符合精度要求，要具有权威性，为今后 1∶50 万地质图和数据库的不断更新和维护，以及进一步开展科学研究奠定良好的基础。

2008 年对 2001 年建成的贵州省 1∶50 万地质图数据库地层代号、系统库按照潜力评价项目使用要求进行了调整和修改，供矿产资源潜力评价项目使用。资料截至时间为 2006 年底，补充了 6 幅 1∶25 万和 134 幅 1∶5 万区域地质调查新增资料。

2013 年贵州省地质调查院《贵州省区域地质志》修编项目组完成贵州省全新的 1∶50 万数字地质图数据库（表 2-1）。

表 2-1 贵州省 1∶50 万数字地质图空间数据库维护情况

序号	维护大类	维护子类	填写维护情况内容
1	数据库维护基本情况	数据库名称	贵州省 1∶50 万数字地质图空间数据库
		数据库维护主要内容	坐标系投影变换、系统库更新、地质代号更新

续表 2-1

序号	维护大类	维护子类	填写维护情况内容
1	数据库维护基本情况	数据库维护技术要求	补充各种新资料及重要的科研新成果；做到标准化和数字化，尽可能利用已有的标准，包括国标、行标作为本次维护的基础；按照统一标准与技术要求和编码的原则及方法，使用统一的文件格式
		元数据维护情况	无
		维护前数量	共 30 个文件，总量 273MB
		维护后数量	共 30 个文件，总量 273MB
		新增数量	无
		若为空间数据，其覆盖范围、比例尺、坐标参数（大地坐标系统、高程基准、地图椭球参数、地图投影类型）	覆盖全省，1∶50 万，等角割圆锥投影，投影平面直角坐标、1954 北京坐标系、1985 国家高程基准，第一纬度 24°30′00″，第二纬度 29°00′00″，原点经度 107°00′00″，原点纬度 25°00′00″
		数据库维护负责人及主要技术人员	王常微、张朴、朱勋等
		数据库维护资料来源	贵州地质调查院新增 1∶25 万、1∶5 万地质图
		数据库维护存在的主要问题描述	潜力评价项目使用的是在 2001 年建立的数据库基础上修改、更新的数据库，而贵州省地质调查院 2012 年新建的数据库还未正式使用，两者之间多有不同
		数据库其他情况描述	希望将来潜力评价成果库维护更新时能考虑使用 2012 年的最新成果
2	数据库概念模型维护情况	数据库概念模型变化情况	无变化
3	数据库维护后地质工作程度略图	地质数据库附工作程度略图	
4	数据库维护工作流程	数据库维护工作流程框图	见图 2-1 维护工作流程框图
5	数据库维护验收情况	数据库维护工作完成情况	已完成

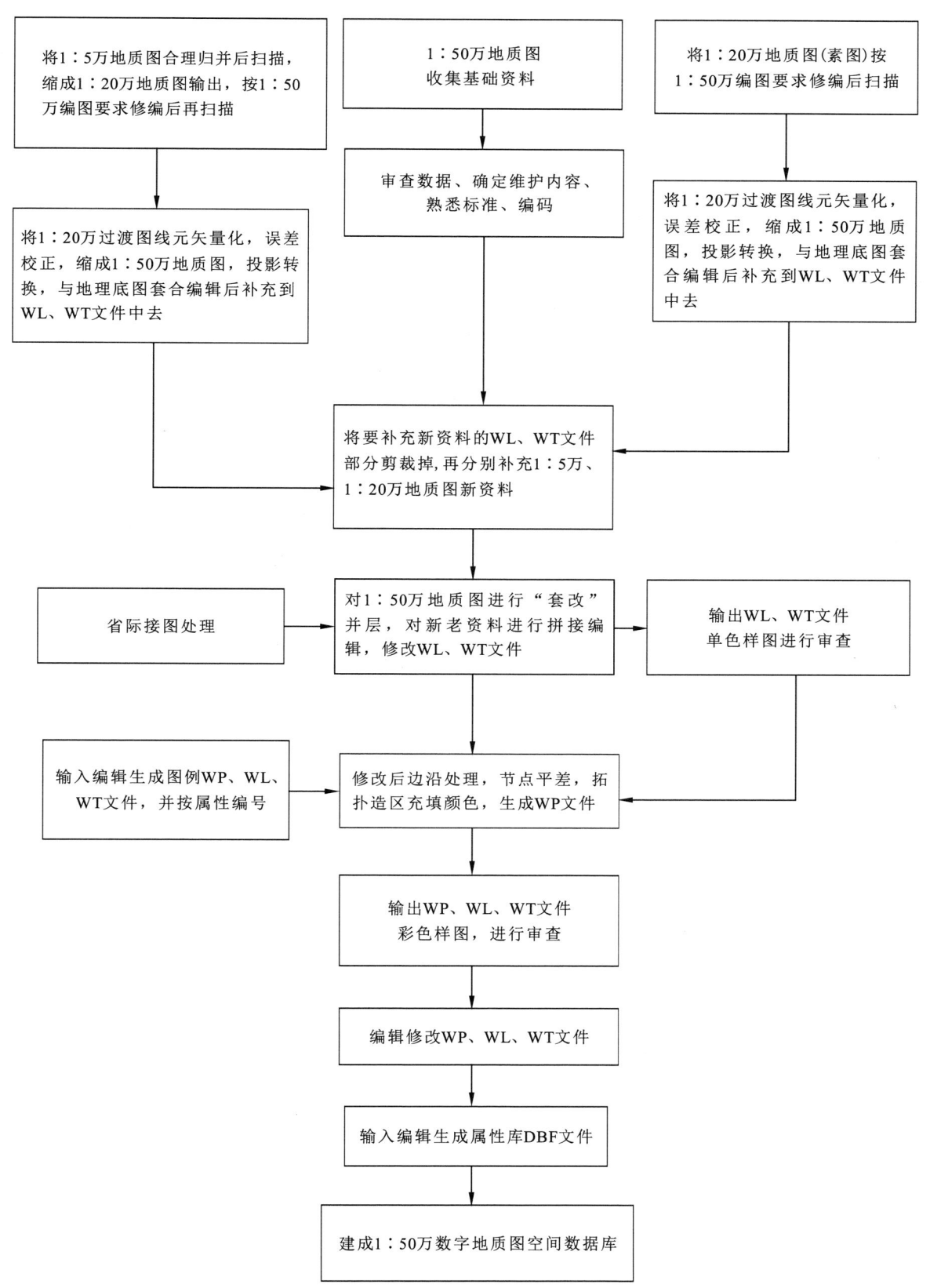

图 2-1 贵州省 1∶50 万数字地质图空间数据库维护工作流程框图
(据《全国 1∶50 万数字地质图数据库建设地质编图技术报告》)

第二节 贵州省1∶25万数字地质图空间数据库

贵州省地质调查院2012年完成贵阳市幅、独山幅区域地质调查工作,但未要求建库。其他已建好的库也未更新。1∶25万数字地质图空间数据库工作程度图见图2-2。

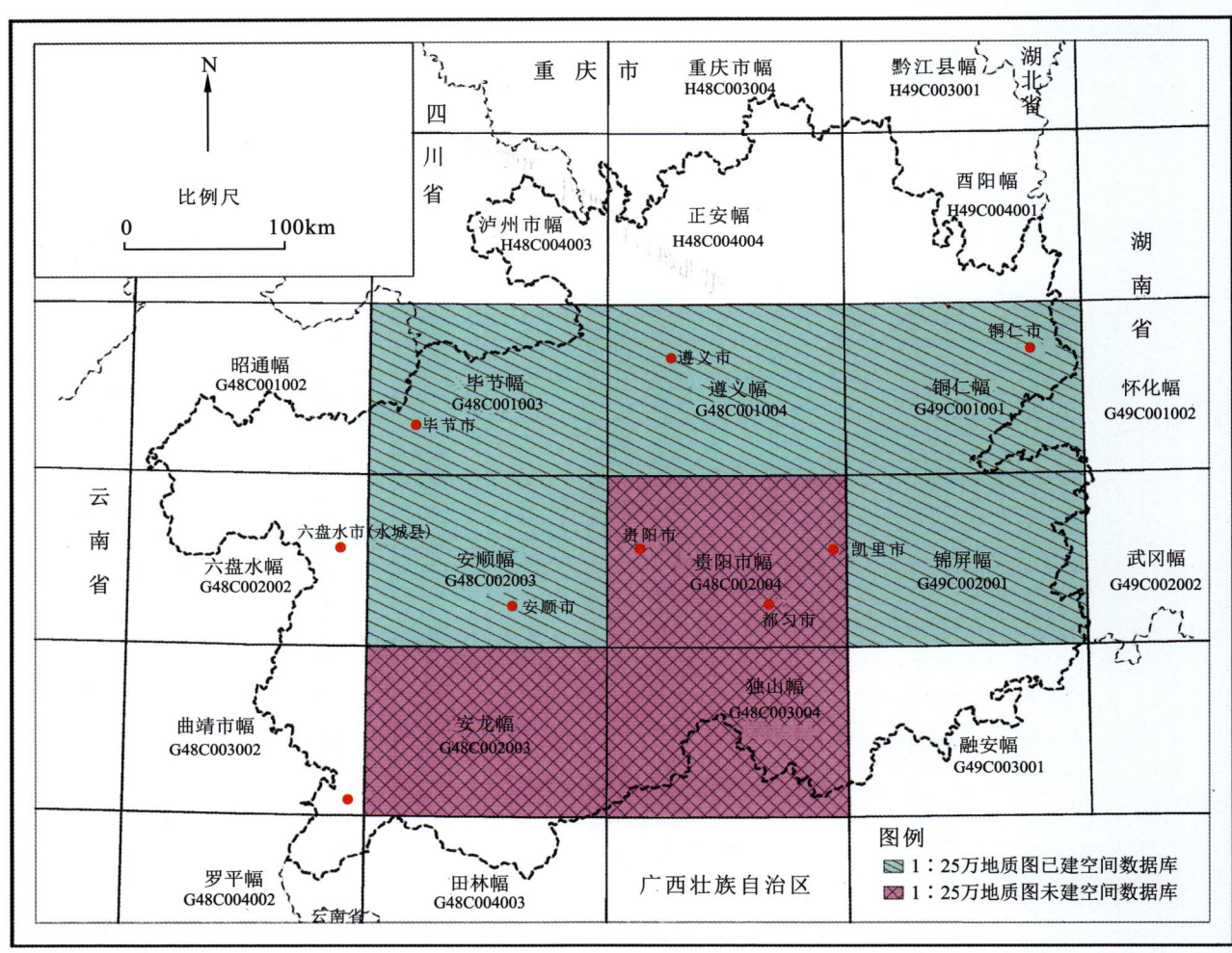

图2-2 贵州省1∶25万地质图空间数据库工作程度图

第三节 贵州省1∶20万数字地质图空间数据库

数据库维护要求:已作清理套改的图幅,要求按照"原汁原味"的原则进行重新建库。

2008—2012年维护:依据《地质图空间数据库建设工作指南2.0版》对全省44幅1∶20万地质图数据库全部按照"原汁原味"的原则进行重新建库(表2-2)。

表 2-2 贵州省 1∶20 万数字地质图空间数据库维护情况

序号	维护大类	维护子类	填写维护情况内容
1	数据库维护基本情况	数据库名称	贵州省 1∶20 万数字地质图空间数据库
		数据库维护主要内容	按照"原汁原味"的原则重新建立数据库
		数据库维护技术要求	中国地质调查局《地质图空间数据库建设工作指南 2.0 版》
		元数据维护情况	对数据库的维护内容和数据量进行更改
		维护前数量	44 幅
		维护后数量	44 幅
		新增数量	增加图幅地理图层
		若为空间数据,其覆盖范围、比例尺、坐标参数(大地坐标系统、高程基准、地图椭球参数、地图投影类型)	覆盖全省,1∶20 万,投影直角坐标、1954 北京坐标系、1985 国家高程基准、高斯投影
		数据库维护负责人及主要技术人员	张朴、王兴琴、包立新、巩海亮
		数据库维护资料来源	1∶20 万区域地质调查成果
		数据库维护存在的主要问题描述	工作量较大(因原数据库全部清理套改过,现在是"原汁原味"重建)
		数据库其他情况描述	
2	数据库概念模型维护情况	数据库概念模型变化情况	没有变化
3	数据库维护后地质工作程度略图	地质数据库附工作程度略图	见图 2-3 工作程度略图
4	数据库维护工作流程	数据库维护工作流程框图	见图 2-4 维护工作流程框图
5	数据库维护验收情况	数据库维护工作完成情况	已完成
		数据库维护工作验收情况	未验收

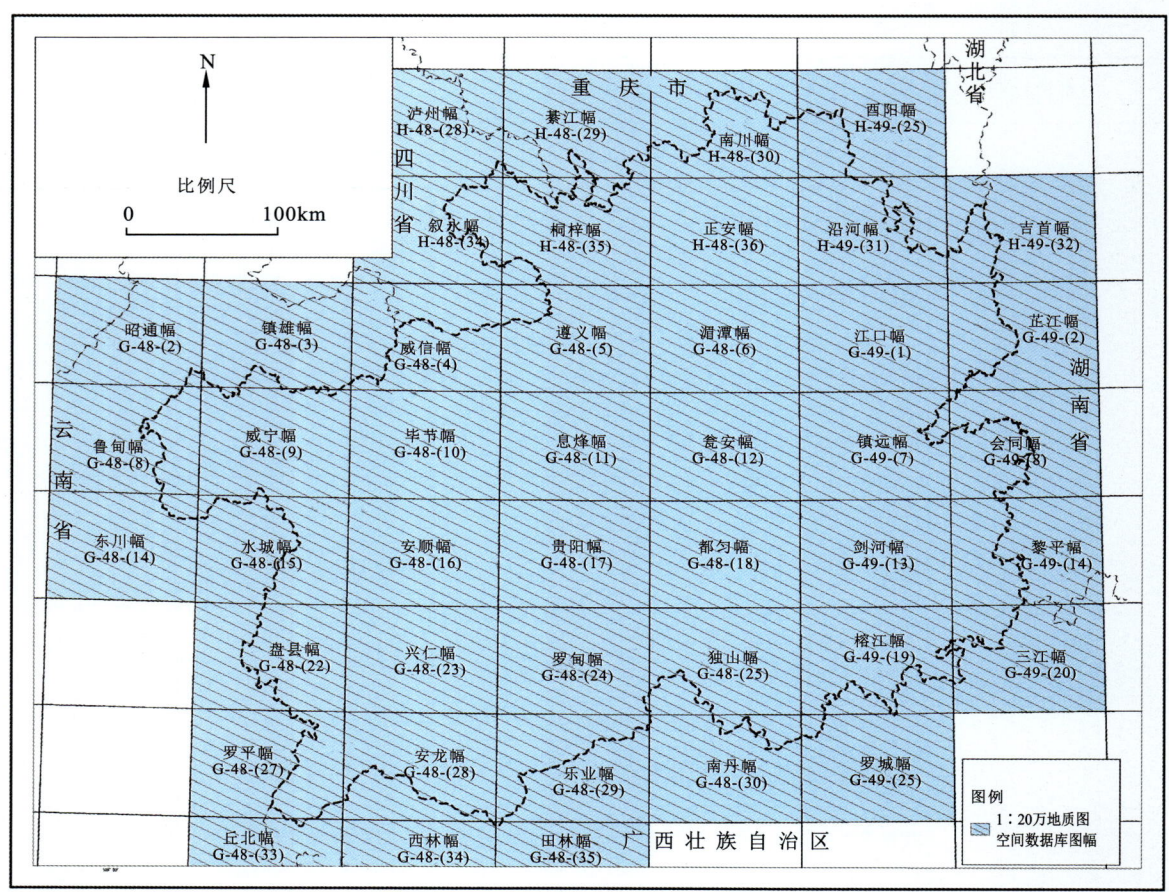

图 2-3 贵州省 1∶20 万地质图空间数据库工作程度图

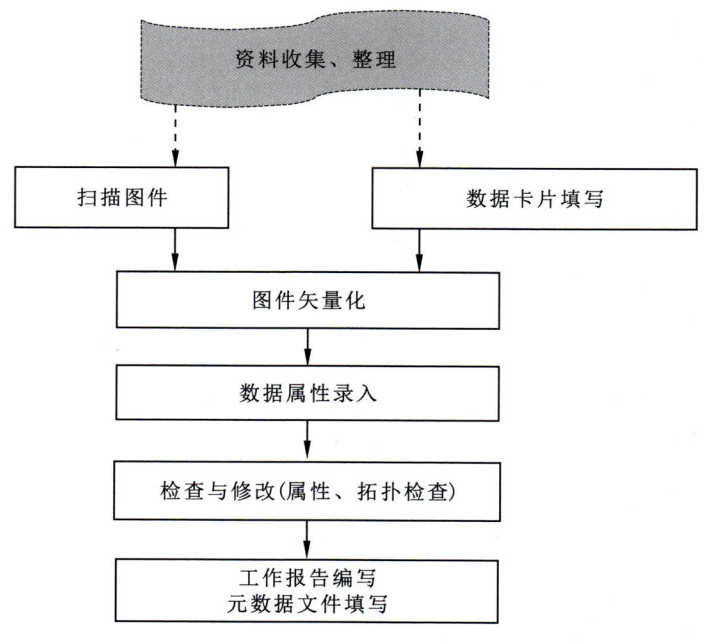

图 2-4 地质图空间数据库维护工作流程框图
（据中国地质调查局《地质图空间数据库建设工作指南》修改）

第五节 贵州省矿产地数据库

数据库维护要求:补充与本次矿产资源潜力评价有关的25个矿种的大、中、小型矿床、矿点和矿化点信息(资料截至2005年底);省级矿产地数据库维护的主要工作内容为:按照《矿产地数据库建设工作指南》和相关技术要求,进一步补充完善原矿产地数据库,收集整理贵州省矿产资源潜力预测评价有关的25个矿种(煤炭、铀、铁、铜、铝、铅、锌、锰、镍、钨、锡、钾、金、铬、钼、锑、稀土、银、硼、锂、磷、硫、萤石、菱镁矿、重晶石)的大、中、小型矿床、矿点和矿化点信息(资料截至2005年底),包括贵州省全行业的大调查、资源补偿费项目、地方专项,以及社会商业性项目有关成果资料。补充完善贵州省原来的矿产地数据库,完成矿产地数据库的更新。在此基础上,完成全国矿产地数据库的更新和维护工作(资料截至2005年底),为矿产资源潜力评价提供直接信息。

对全国项目办下发的贵州省矿产地数据库进行核查。首先要核查哪些矿产地是重复的、哪些矿产地是错的、哪些矿产地尚未入库;然后检查数据库中的数据。

2008年维护:资料截至2007年底,最终汇总后的矿产地为770处,全国项目办下发的590处,新增加矿产地180处。汇总后入库信息有矿产地基本情况表770个、矿区地质情况表770个、矿体特征表556个、煤矿产特征表232个、主要可采煤层特征表130个、勘查区(井田)资源量表79个、矿产储量表192个、选矿试验表17个、开采技术条件表718个、矿产勘查工作概况表770个、技术经济评价表93个。

2011年维护:通过对原矿产地数据库的核查、补充,建立了贵州省矿产地数据库,资料现势性至2010年底。对已有1973条记录的矿产地数据库进行了检查,对矿种、矿产地编号、地理坐标、矿产地名称完全相同的数据进行了再次检查修改,新增42条矿产地信息,其中金矿6条、磷矿5条、铅锌矿8条、铝土矿2条、铁矿8条、锰矿1条、硫铁矿8条、萤石4条。汇总后,截至2011年末贵州省矿产地数据库共记录了贵金属矿产地、有色金属矿产地、黑色金属矿产地、稀有金属矿产地、稀土金属矿产地、放射性元素矿产地、燃料矿产地、冶金辅助原料、非金属矿产地、化工原料非金属矿产地、建筑材料非金属矿产地、其他非金属矿产地、水气矿产地等信息1991条,其中特大型矿产地103处、大型矿产地345处、中型矿产地351处、小型矿产地1146处、矿点、矿化点共46处,现势性至2010年底(表2-4)。

表2-4 贵州省矿产地数据库维护情况

序号	维护大类	维护子类	填写维护情况内容
1	数据库维护基本情况	数据库名称	贵州省矿产地数据库
		数据库维护主要内容	收集整理贵州省未入库的矿产地数据资料,特别是收集整理与矿产资源潜力评价有关的25个矿种的大、中、小型矿床、矿点和矿化点信息,包括贵州省全行业的大调查、资源补偿费项目、地方专项,以及社会商业性项目有关成果资料
		数据库维护技术要求	中国地质调查局《矿产地数据库建设工作指南》《数据库维护技术手册》之《省级矿产地数据库维护要求》
		元数据维护情况	修改及增加数据情况
		维护前数量	590条
		维护后数量	2008年:770条;2011年:1991条

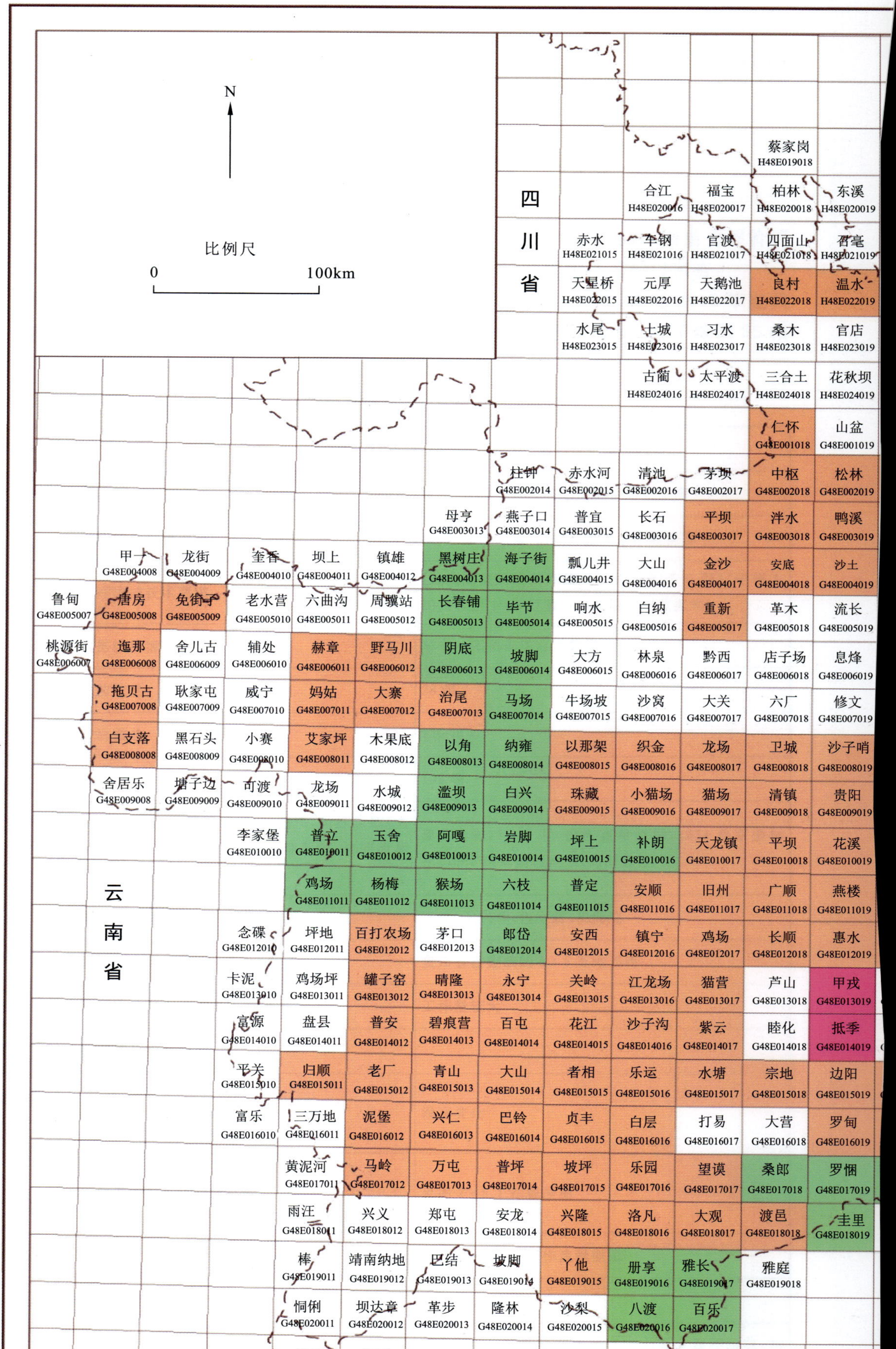

图2-5 贵州省1:5万数字地质

图空间数据库工作程度图

图 例
- 1:5万回溯性建成数据库
- 2015年度数据库整合与转换工作区
- 1:5万数字填图建成数据库
- 1:5万数字填图工作区

续表 2-4

序号	维护大类	维护子类	填写维护情况内容
1	数据库维护基本情况	新增数量	2008年:180条;2011年:1221条
		若为空间数据,其覆盖范围、比例尺、坐标参数(大地坐标系统、高程基准、地图椭球参数、地图投影类型)	全省范围
		数据库维护负责人及主要技术人员	2008年维护:王常微、张朴、邓毅、邹晓芳等 2011年维护:张朴、王兴琴、包立新、巩海亮
		数据库维护资料来源	贵州省地质资料馆、贵州省地质调查院资料
		数据库维护存在的主要问题描述	贵州省六枝特区、盘县无行政区划代码;铅锌矿矿种代码"3080"库内无代码;矿产地数据库经检查软件,原库中有175处矿产地地理位置与地理底图所示地理位置存在异地现象,且大部分处于两县交界处,由于原始资料存于各野外队,查对难度大,未一一修改
		数据库其他情况描述	
2	数据库概念模型维护情况	数据库概念模型变化情况	无变化
3	数据库维护后地质工作程度略图	地质数据库附工作程度略图	
4	数据库维护工作流程	数据库维护工作流程框图	见图2-6维护工作流程框图
5	数据库维护验收情况	数据库维护工作完成情况	已完成
		数据库维护工作验收情况	2009年中国地质调查局及成都地质调查中心验收,获得优秀

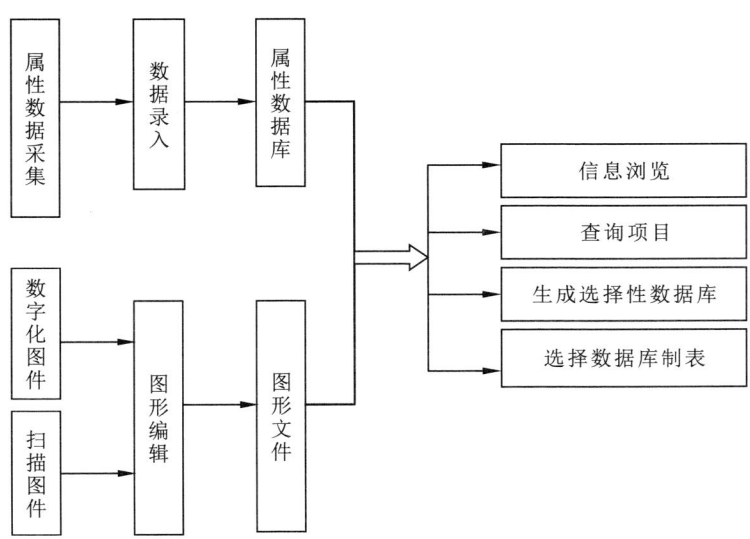

图 2-6 矿产地数据库维护工作流程框图
(据中国地质调查局《省级矿产地数据库维护要求》)

第六节 贵州省区域重力数据库

数据库维护要求:对现有的区域重力调查数据进行检查、更新和完善,完成全国已验收的1:20万、1:50万和1:100万的区域重力数据的收集整理和入库(数据截至2005年底);收集拥有的1:5万、1:10万重力资料,对数据进行检查、整理入库。主要工作内容包括数据汇集、数据核查、数据整理、数据入库、数据质量检查、维护成果汇总。

通过此次对原数据的核查和数据补充,建立了贵州省区域重力数据库(资料截至2005年底)。本次数据库维护的数据主要来源于贵州省地质矿产勘查开发局从1980—2005年进行的1:20万图幅区域重力调查资料。贵州省区域重力数据库维护工作由贵州省地质调查院承担。

2008年维护:完成1:20万威宁幅、水城幅、盘县幅、罗平幅、毕节幅、安顺幅、兴仁幅、安龙幅、息烽幅、贵阳幅、罗甸幅、乐业幅、瓮安幅、都匀幅、独山幅、南丹幅、遵义幅、湄潭幅、镇远幅、剑河幅、榕江幅、罗城幅、会同幅、黎平幅、三江幅、江口幅、沿河幅、吉首幅共28幅(重力测点共30 789个)数据录入工作。

贵州省区域重力数据库进行维护及数据采集时,主要按照原始五项数据进行录入:X坐标、Y坐标、高程值、重力值、0~2km近区地形改值。最终根据数据库计算结果,按每个1:20万图幅区域重力调查成果入库。新增入库1:20万水城幅、盘县幅(续作省外部分)重力点1831个,另增补原下发数据库未录入的重力测点339个。最终录入数据为贵州省1:20万图幅28幅28 274个重力点五项原始数据、14万多个数据进行了录入检查、计算,剔除重力异常突变点50个,最终入库重力点28 224个(310 464个数据)(表2-5)。

表2-5 贵州省区域重力数据库维护情况

序号	维护大类	维护子类	填写维护情况内容
1	数据库维护基本情况	数据库名称	贵州省区域重力数据库
		数据库维护主要内容	根据技术要求,对贵州省区域重力数据进行汇集、检查、整理、入库、提供利用,并将维护更新的数据库成果向全国区域重力数据库进行汇交,实现全国重力数据库的更新维护
		数据库维护技术要求	中国地质调查局《区域重力数据库信息系统使用手册》
		元数据维护情况	无
		维护前数量	无
		维护后数量	28幅,重力点28 224个
		新增数量	28幅,重力点28 224个
		若为空间数据,其覆盖范围、比例尺、坐标参数(大地坐标系统、高程基准、地图椭球参数、地图投影类型)	覆盖全省,1:20万
		数据库维护负责人及主要技术人员	负责人:范祥发、朱大友;主要技术人员:姚炼、王亮、范祥发、朱大友
		数据库维护资料来源	贵州省地质矿产勘查开发局从1980—2005年进行的1:20万图幅区域重力调查资料
		数据库维护存在的主要问题描述	
		数据库其他情况描述	

续表 2-5

序号	维护大类	维护子类	填写维护情况内容
2	数据库概念模型维护情况	数据库概念模型变化情况	无
3	数据库维护后地质工作程度略图	地质数据库附工作程度略图	见图 2-7 工作程度图
4	数据库维护工作流程	数据库维护工作流程框图	见图 2-8 维护工作流程框图
5	数据库维护验收情况	数据库维护工作完成情况	已完成
		数据库维护工作验收情况	2009 年中国地质调查局及成都地质调查中心验收，获得优秀

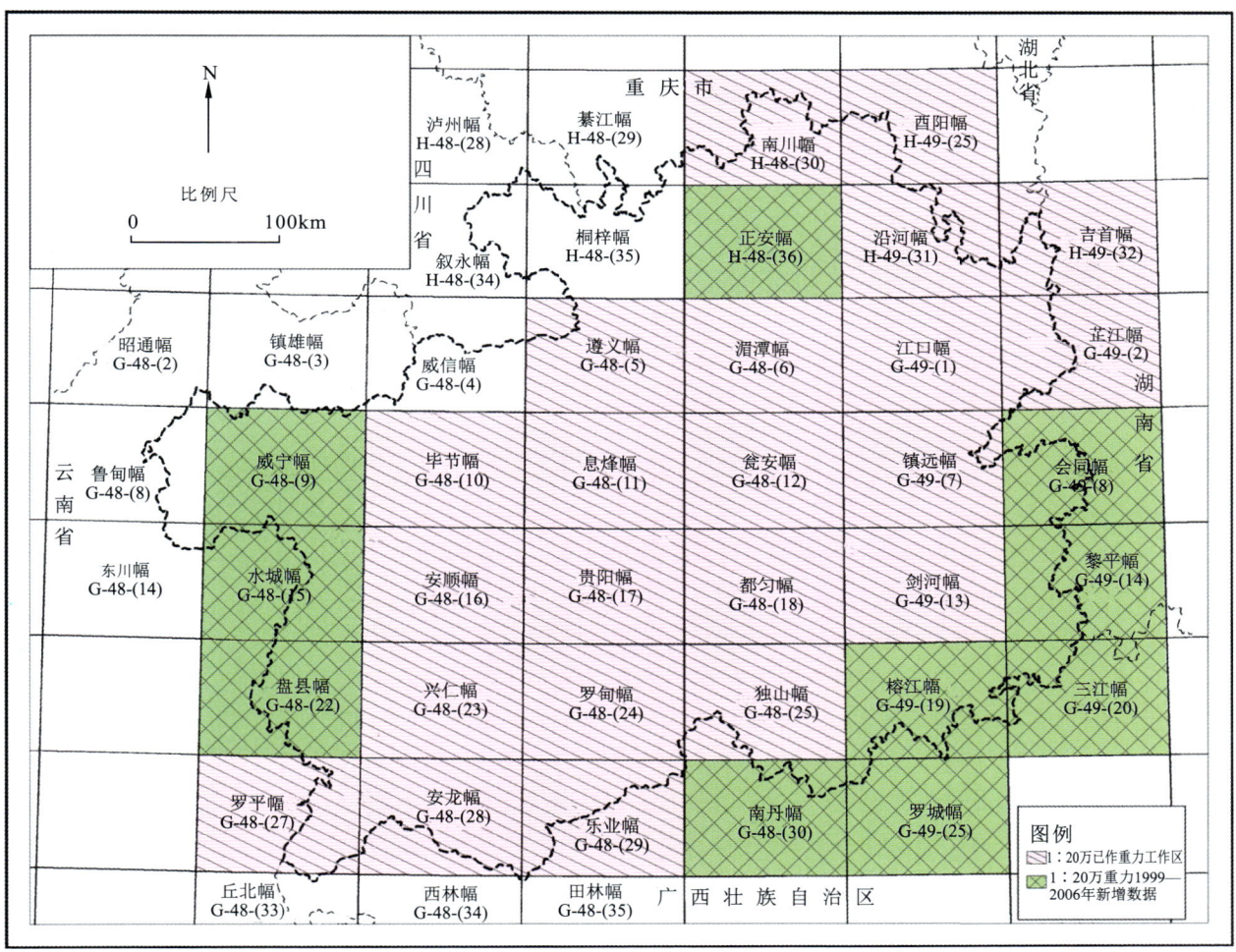

图 2-7 区域重力数据库工作程度图

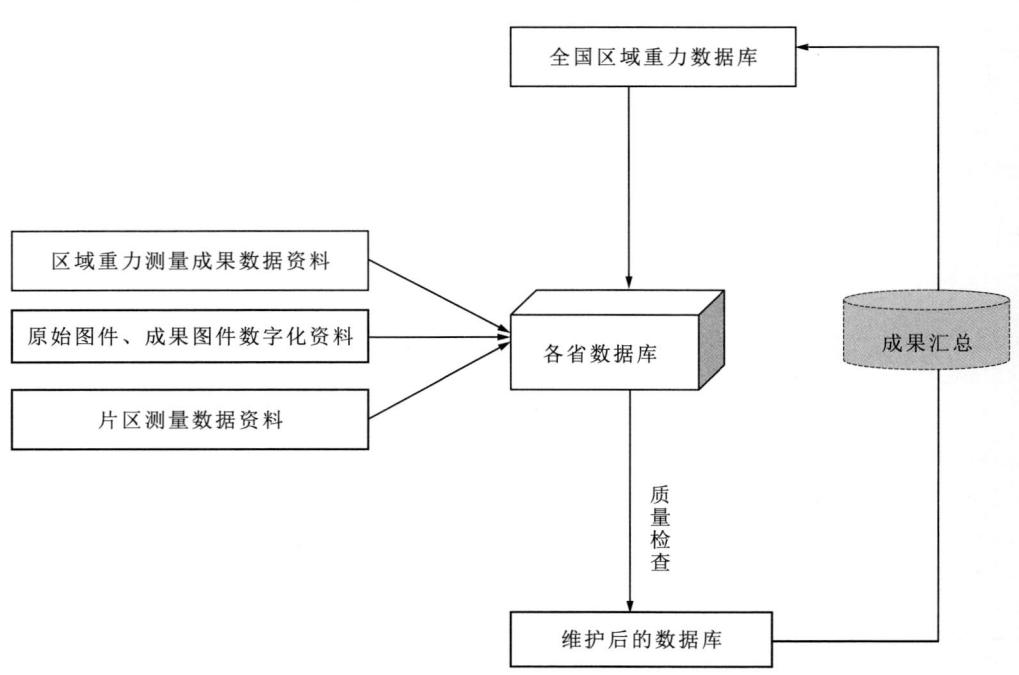

图 2-8 区域重力数据库维护工作流程框图
(据中国地质调查局《区域重力数据库信息系统使用手册》修改)

第七节 贵州省航磁数据库

数据库维护要求：按照航磁数据库建设要求，收集整理贵州省 1∶5 万、1∶20 万、1∶100 万航磁数据（资料截至 2006 年底），补充完善原来的航磁数据库，完成贵州省航磁数据库的更新，供本次工作使用。

2008 年维护：根据不同比例尺的磁测数据，分别建立研究区磁测数据库和省级磁测数据库。研究区数据库主要采用 1∶5 万或大于 1∶5 万的磁测数据及相应解译成果。省级数据库主要采用 1∶20 万、1∶50 万、1∶100 万数据及相应解译成果，原则上优先使用精度更高、比例尺更大的数据和成果图。主要按以下几个方面进行维护：

(1) 检查现有航磁数据库在贵州省内的覆盖范围。

(2) 利用相关软件以现有航磁数据库的数据为基础绘制等值线图，与原始资料的等值线图进行对比，检查异常形态、幅值是否一致，据此判别数据库是否存在系统误差及错误，并修改库中存在的错误。

(3) 抽查现有航磁数据库的数据与原始记录中点号、坐标位置、航磁测量值的一致性。

(4) 结合预测评价的要求，根据掌握的数据资料情况，对比现有数据库数据覆盖的范围、航磁施测单位、数据获取时的比例尺精度等内容，落实航磁数据库需补充的内容并进行更新。

(5) 检查拟补充的航磁数据资料与现行航磁数据库中的数据格式存在的差异，据此制订拟补充的航磁数据资料的整理方案。

(6) 修改现有航磁数据库中存在的错误，完成对下发数据的检查工作(表 2-6)。

表 2-6　贵州省航磁数据库维护情况

序号	维护大类	维护子类	填写维护情况内容
1	数据库维护基本情况	数据库名称	贵州省航磁数据库
		数据库维护主要内容	检查现有航磁数据库在贵州省内的覆盖范围；检查异常形态、幅值是否一致；抽查现有航磁数据库的数据与原始记录中点号、坐标位置、航磁测量值的一致性；结合预测评价的要求，根据掌握的数据资料情况，对比现有数据库数据覆盖的范围、航磁施测单位、数据获取时的比例尺精度等内容；检查拟补充的航磁数据资料与现行航磁数据库中的数据格式存在的差异；修改现有航磁数据库中存在的错误
		数据库维护技术要求	中国地质调查局《航磁数据库工作指南》
		元数据维护情况	无
		维护前数量	12 个区，1 339 144 个航磁点
		维护后数量	12 个区，1 339 144 个航磁点
		新增数量	无
		若为空间数据，其覆盖范围、比例尺、坐标参数（大地坐标系统、高程基准、地图椭球参数、地图投影类型）	覆盖全省，1∶100 万，等角割圆锥投影，1954 北京坐标系，第一纬度 25°00′00″，第二纬度 29°00′00″，原点经度 107°00′00″，原点纬度 24°30′00″
		数据库维护负责人及主要技术人员	负责人：朱大友；维护：姚炼、汪玉琼
		数据库维护资料来源	中国国土资源航空物探遥感中心
		数据库维护存在的主要问题描述	比例尺较小
		数据库其他情况描述	
2	数据库概念模型维护情况	数据库概念模型变化情况	无
3	数据库维护后地质工作程度略图	地质数据库附工作程度略图	
4	数据库维护工作流程	数据库维护工作流程框图	
5	数据库维护验收情况	数据库维护工作完成情况	已完成
		数据库维护工作验收情况	未验收

第八节 贵州省遥感影像数据库

数据库维护要求:鉴于 2004 年验收的 1:25 万 ETM 影像图数据库基本上能满足本次工作需要,本次主要对重点地区进一步补充其他卫星遥感和航空遥感数据,补充原有数据的不足,根据解译成果建立贵州省遥感影像数据库。

2008 年维护:本次数据库维护前对贵州省内的 ETM 数据进行了校正,镶嵌并完成了贵州省 1:50 万遥感影像(RGB),并对贵州省所涉及的 18 景数据进行了以主成分分析方法为主的蚀变信息提取,完成了贵州省 1:25 万遥感地质特征解译图 21 幅(表 2-7)。

表 2-7 贵州省遥感影像数据库维护情况

序号	维护大类	维护子类	填写维护情况内容
1	数据库维护基本情况	数据库名称	贵州省遥感影像数据库
		数据库维护主要内容	对 ETM 数据进行校正,镶嵌并完成贵州省 1:50 万遥感影像(RGB),并对贵州省所涉及的 18 景数据进行了以主成分分析方法为主的蚀变信息提取
		数据库维护技术要求	中国地质调查局《遥感数据库建设工作指南》
		元数据维护情况	无
		维护前数量	18 景
		维护后数量	18 景,1:25 万 21 幅,1:50 万 1 幅
		新增数量	1:50 万 1 幅
		若为空间数据,其覆盖范围、比例尺、坐标参数(大地坐标系统、高程基准、地图椭球参数、地图投影类型)	覆盖全省,1:50 万,等角割圆锥投影,1954 北京坐标系,第一纬度 24°30′00″,第二纬度 29°00′00″,原点经度 107°00′00″,原点纬度 25°00′00″;1:25 万
		数据库维护负责人及主要技术人员	负责人:况忠,技术人员:黄欣欣
		数据库维护资料来源	中国国土资源航空物探遥感中心
		数据库维护存在的主要问题描述	
		数据库其他情况描述	
2	数据库概念模型维护情况	数据库概念模型变化情况	无
3	数据库维护后地质工作程度略图	地质数据库附工作程度略图	见图 2-9 工作程度图
4	数据库维护工作流程	数据库维护工作流程框图	
5	数据库维护验收情况	数据库维护工作完成情况	已完成
		数据库维护工作验收情况	2009 年中国地质调查局及成都地质调查中心验收,获得优秀

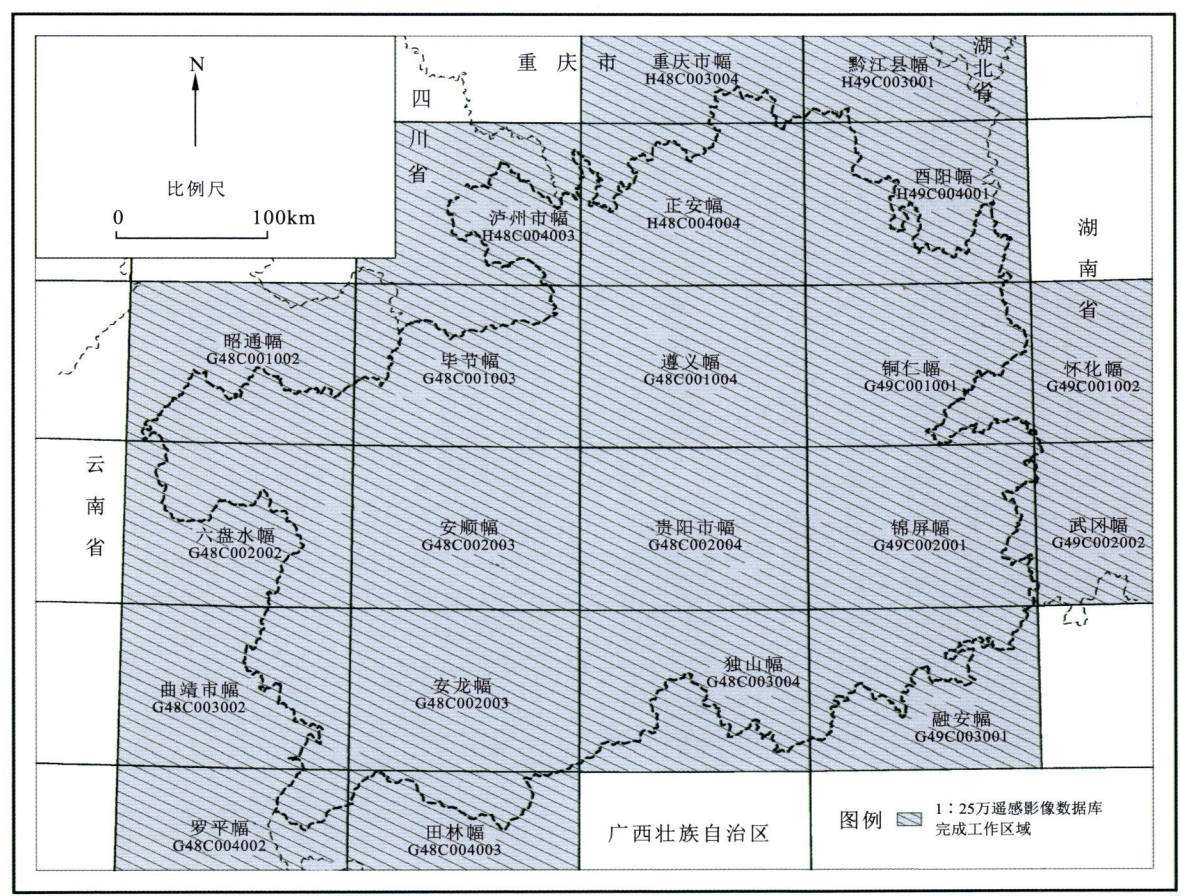

图 2-9 遥感影像数据库工作程度图

第九节 贵州省区域地球化学数据库

数据库维护要求：按照相关数据库建设要求，收集整理贵州省 2002—2006 年 12 月的 1∶20 万、1∶50 万水系沉积物测量数据，对原数据库数据进行维护和更新。检查数据库中存在的部分数据点重叠、数据项错误，整理原数据库，对发现的错误进行修改、补充，为矿产资源潜力评价工作提供直接找矿信息。

数据库维护内容：①区域化探数据检查；②区域化探数据处理，包括常规地球化学数据处理、多元统计与异常分析；③区域化探成果图件，包括地球化学基础图件（工作程度图、地球化学景观图）、地球化学系列图（单元素地球化学图、多元素组合异常图、数据处理参量图）、地球化学解释推断地质构造图、地球化学综合异常图、地球化学找矿预测图、靶区内资源量定量估算。

2008 年维护：完成对 1∶20 万 41 幅图的数据检查工作，及 1∶5 万 30 幅化探数据整理入库（艾家坪幅、木果底幅、龙场幅、水城幅、以那架幅、织金幅、珠藏幅、小猫场幅、坪上幅、白市幅、远口幅、威宁幅、耿家屯幅、普立幅、玉舍幅、鸡场幅、杨梅幅、坪地幅、百打农场幅、拖贝古幅、白支落幅、黑石头幅、舍居乐幅、塘子边幅、岑巩幅、玉屏幅、青溪幅、凉伞幅等），化探数据录入 277 061 条（表 2-8）。

表 2-8 贵州省区域地球化学数据库维护情况

序号	维护大类	维护子类	填写维护情况内容
1	数据库维护基本情况	数据库名称	贵州省区域地球化学数据库
		数据库维护主要内容	维护原1:20万区域地球化学数据库,在此基础上对1:5万化探的30幅图进行资料收集、整理、数据录入工作
		数据库维护技术要求	《化探数据库建设工作指南》《数据库维护技术手册》之《全国区域地球化学数据库维护要求》
		元数据维护情况	无
		维护前数量	1:20万41幅图 141 400条
		维护后数量	1:20万41幅图 141 400条、1:5万30幅图 277 061条
		新增数量	1:5万30幅 277 061条
		若为空间数据,其覆盖范围、比例尺、坐标参数(大地坐标系统、高程基准、地图椭球参数、地图投影类型)	1:5万、1:20万
		数据库维护负责人及主要技术人员	袁义生
		数据库维护资料来源	贵州省区域化探调查资料
		数据库维护存在的主要问题描述	1:5万化探分析元素较少
		数据库其他情况描述	
2	数据库概念模型维护情况	数据库概念模型变化情况	无
3	数据库维护后地质工作程度略图	地质数据库附工作程度略图	见图2-10、图2-11工作程度图
4	数据库维护工作流程	数据库维护工作流程框图	
5	数据库维护验收情况	数据库维护工作完成情况	已完成
		数据库维护工作验收情况	2009年中国地质调查局及成都地质调查中心验收,获得优秀

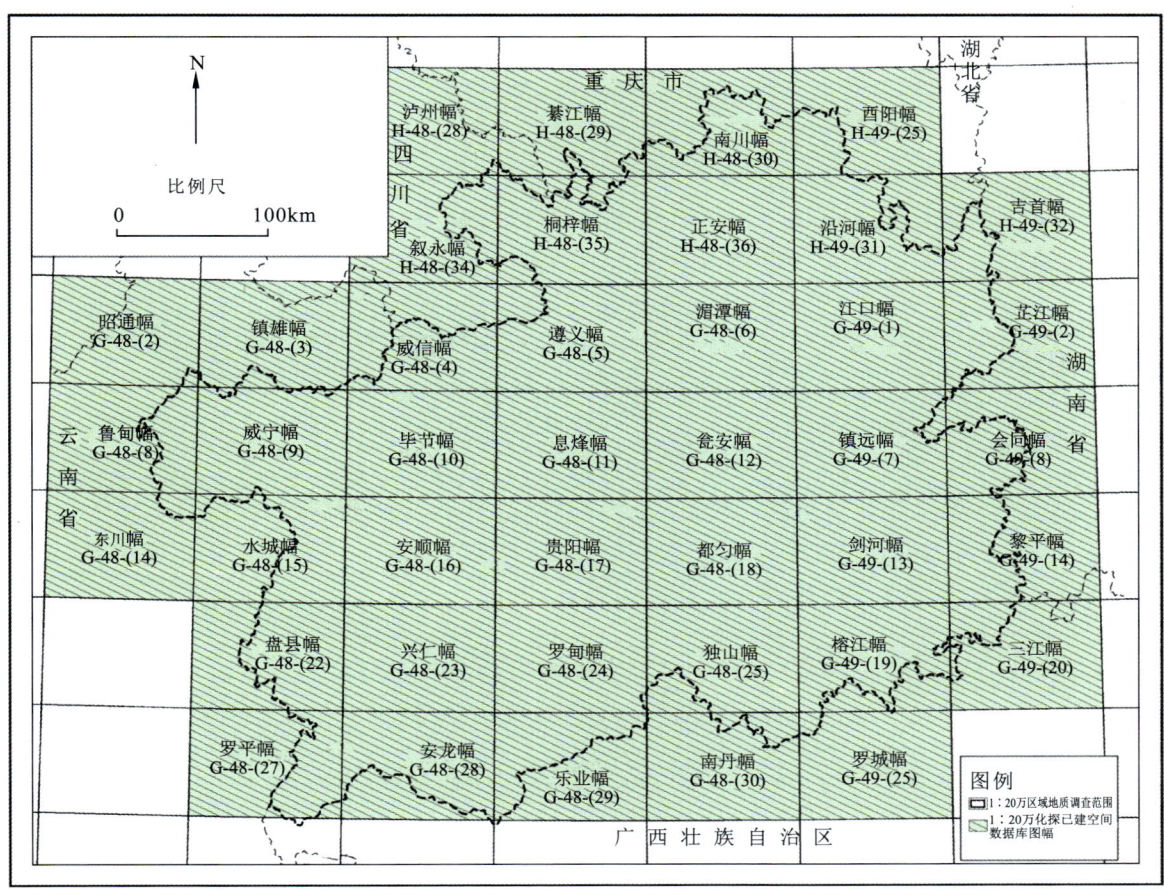

图 2-11　贵州省 1∶20 万区域地球化学数据库工作程度图

第十节　贵州省 1∶20 万自然重砂数据库

数据库维护要求:按照《自然重砂数据库建设工作指南》及《地质图空间数据库建设指南》对已建成的 1∶20 万自然重砂数据库数据进行核实、检查,数据更新(资料截至 2006 年底);对已建成的汇水盆地数据库进行检查和维护具体维护内容如下。

(1)数据核查:对贵州省自然重砂数据库数据进行核查。对不正常数据或不符合常理的数据(特大值、特小值、仅出现一次等)通过逻辑分析、原始资料核对等方式进行核查。

(2)数据补充:①根据预测需要,补充在 1∶20 万自然重砂数据库建设中还没有入库的贵州省 1∶5 万自然重砂数据和 1∶20 万自然重砂异常查证数据。新入库的数据严格按《自然重砂数据库建设工作指南》进行。②对数据库中缺失的重要字段数据(参与重砂异常计算的字段,如样品原始质量、重砂总质量、缩分后质量、矿物重砂部分鉴定结果等)进行补充。

(3)汇水盆地数据维护:对贵州省汇水盆地数据库数据进行维护,主要是检查汇水盆地的合理性,并对汇水盆地的面属性进行赋值。

(4)原自然重砂异常图(单矿物、组合矿物)数字化:根据预测需要,对在自然重砂工作中和自然重砂总结中已经做过的自然重砂异常图(单矿物、组合矿物)进行数字化并赋属性。图件精度及空间拓扑关系参照《数字地质图空间数据库建设工作指南 2.0》执行。

(5)自然重砂数据处理:自然重砂数据处理采用中国地质调查局发展研究中心开发的自然重砂数据库系统软件。数据处理人员要根据预测组要求,按行政区划、标准图幅、自定义成矿区带范围,对单矿物和组合矿物查询数据进行标准化处理,生成自然重砂异常图(点位图、有无图、分级图、条形图、等值线图、汇水盆地异常图)。

2008年维护:完成对贵州省1∶20万24幅数据的检查工作及与邻省接边图幅的数据收集工作,并整理完成1∶5万梵净山幅、镇远幅(不完整)、施洞口幅、凯里幅、挂丁幅重砂数据(5900件样品)的建库(表2-9)。

表2-9 贵州省自然重砂数据库维护情况

序号	维护大类	维护子类	填写维护情况内容
1	数据库维护基本情况	数据库名称	贵州省自然重砂数据库
		数据库维护主要内容	数据核查、数据补充、汇水盆地数据维护、原自然重砂异常图数字化、自然重砂数据处理
		数据库维护技术要求	《自然重砂数据库建设工作指南》《数据库维护技术手册》之《自然重砂数据库维护要求》《地质图空间数据库建设指南》
		元数据维护情况	无
		维护前数量	1∶20万自然重砂采样共75 936件(24幅);1∶5万采样1774件(5幅)
		维护后数量	1∶20万采样75 936件(24幅);1∶5万采样7674件(10幅)
		新增数量	1∶5万采样5900件(5幅)
		若为空间数据,其覆盖范围、比例尺、坐标参数(大地坐标系统、高程基准、地图椭球参数、地图投影类型)	覆盖全省,1∶20万、1∶5万,平面直角坐标、1954北京坐标系、1985国家高程基准、高斯投影
		数据库维护负责人及主要技术人员	莫春虎
		数据库维护资料来源	贵州省自然重砂调查资料
		数据库维护存在的主要问题描述	镇远幅数据不完整
		数据库其他情况描述	
2	数据库概念模型维护情况	数据库概念模型变化情况	无变化
3	数据库维护后地质工作程度略图	地质数据库附工作程度略图	见图2-12工作程度图
4	数据库维护工作流程	数据库维护工作流程框图	见图2-13工作流程框图
5	数据库维护验收情况	数据库维护工作完成情况	已完成
		数据库维护工作验收情况	2009年中国地质调查局及成都地质调查中心验收,获优秀

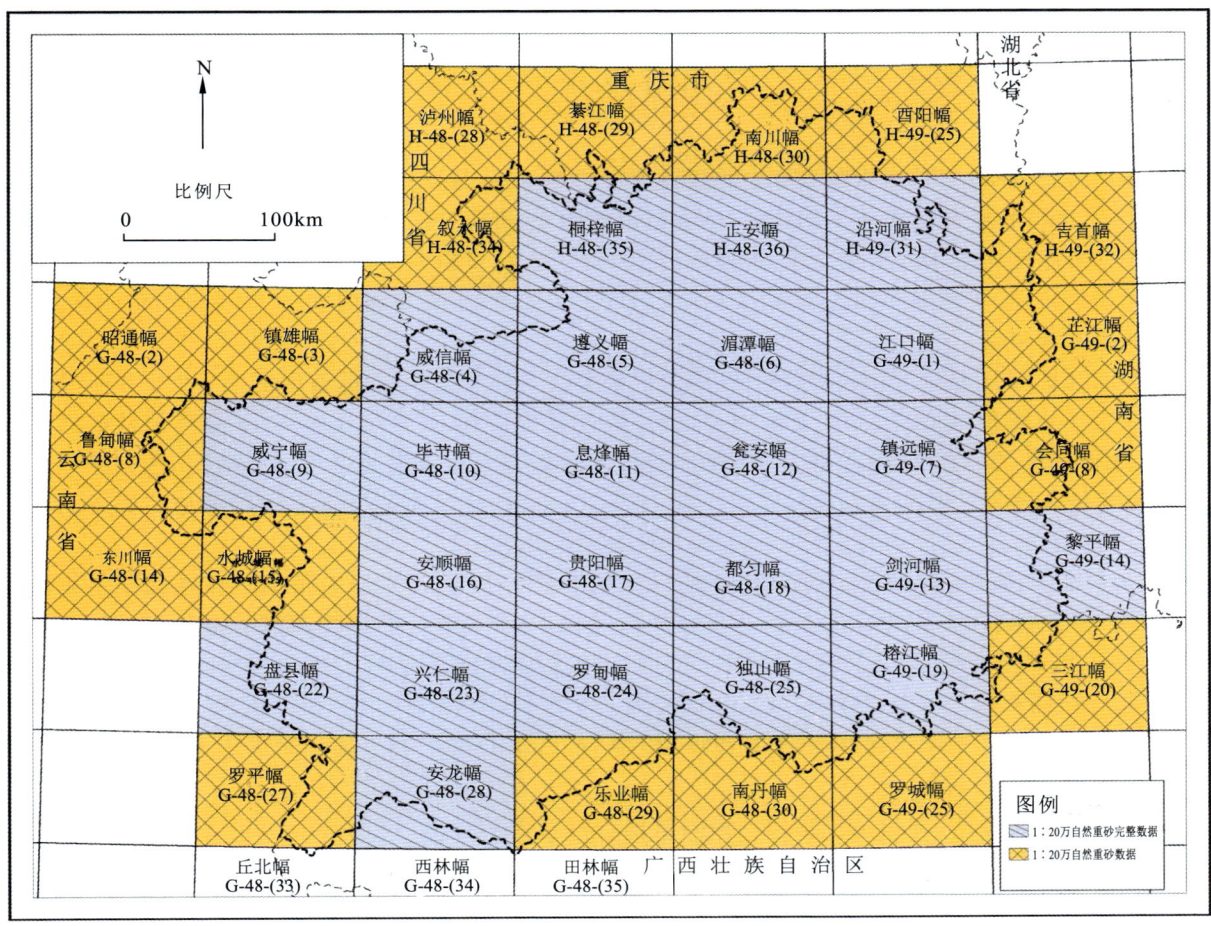

图 2-12 自然重砂数据库工作程度图

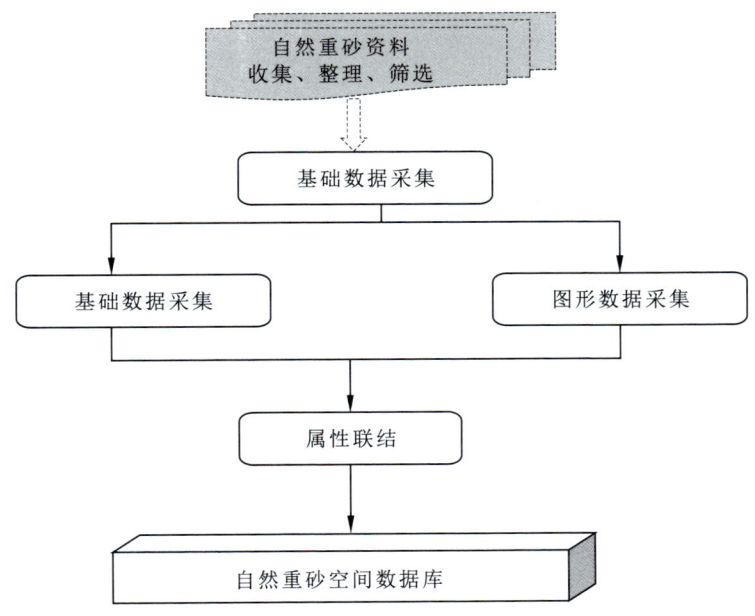

图 2-13 自然重砂数据库工作流程框图

第十一节 贵州省地质工作程度数据库

数据库维护要求：一是对原数据库中的数据进行检查，形成数据质量检查监控表；二是收集、整理本部门 2000—2005 年各相关地质工作资料（国土资源大调查、资源补偿费矿产勘查、商业性地质勘查等项目），补充完善原地质工作程度数据库（资料截至 2005 年底）。资料收集范围：①资料室（馆）存档保管的各专业地质报告；②单独立项的各类地质工作成果或资料；③国土资源大调查、资源补偿费矿产勘查、商业性地质勘查等项目。

数据库维护可分为基础数据库维护、各课题成果验收、补充完善与数据整理汇总 3 个工作阶段。

具体工作步骤包括资料收集、属性卡片填写、属性数据检查、属性数据录入、关系型属性数据库建立、图层数据生成、矢量数据检查和空间数据库建立 8 个环节。重点是数据卡片的填写，数据录入采用数据综合组统一开发的数据录入软件完成。补充 2001—2006 年底贵州省地矿系统各单位完成的各类地质工作资料。

2008 年维护：资料截至 2006 年底（矿产地资料截至 2007 年底），对原有数据区域性基础地质属性表 1700 项、矿产地图层属性表 1304 项、矿区工作情况表 4464 项进行了核查，删除区域性基础地质属性表数据 2 条、修改专业子类代码 55 项、删除矿产地图层属性表 35 条；新增加了经收集和整理后的资料 371 份，其中物探资料 16 份、化探资料 3 份、水文资料 9 份、区调资料 10 份、遥感资料 1 份、矿产地资料 322 份，数据库中矿产地图层属性表增加记录 322 条，矿区工作情况表增加记录 871 条，区域性基础地质属性表增加记录 366 条。

2009—2011 年维护：对原数据库内的错漏数据进行修改和补充，将地质工作程度数据库中的矿产地编号与矿产地数据库中的矿产地编号进行统一。2011 年度新增信息 95 条，其中区域地质调查信息 14 条，地质灾害调查与区划、环境地质调查信息 38 条，矿产地质勘查工作信息 43 条。将 2010 年前与 2011 年度新增的地质工作程度信息进行了汇总。截至 2011 年末，贵州省地质工作程度数据库共记录信息 2245 条，其中区域性基础地质属性 2245 条、矿区工作情况 5937 条、矿产地图层属性 1706 条（表 2-10）。

表 2-10 贵州省地质工作程度数据库维护情况

序号	维护大类	维护子类	填写维护情况内容
1	数据库维护基本情况	数据库名称	贵州省地质工作程度数据库
		数据库维护主要内容	收集整理资料室（馆）存档保管的各专业地质报告；单独立项的各类地质工作成果或资料；国土资源大调查、资源补偿费矿产勘查、商业性地质勘查等项目
		数据库维护技术要求	中国地质调查局《地质工作程度数据库建设工作指南》《数据库维护技术手册》之《工作程度图数据库维护技术要求》
		元数据维护情况	
		维护前数量	1700 条
		维护后数量	2008 年：2071 条，2009—2011 年：2245 条
		新增数量	2008 年新增 371 条，2009—2011 年新增 174 条
		若为空间数据，其覆盖范围、比例尺、坐标参数（大地坐标系统、高程基准、地图椭球参数、地图投影类型）	覆盖全省

续表 2-10

序号	维护大类	维护子类	填写维护情况内容
1	数据库维护基本情况	数据库维护负责人及主要技术人员	2008 年：王常微、张朴、邬晓芳、邓毅等 2009—2011 年：张朴、王兴琴、包立新、巩海亮
		数据库维护资料来源	贵州省地质资料馆、贵州省地质调查院资料馆
		数据库维护存在的主要问题描述	有的资料不全，只能依据《贵州省矿产地清理一览表》进行录入，未填制卡片；有的资料虽已汇交，但因各种原因未能收集到；储量平衡表中本身就存在很多矿产地重复及错误，使用时需要花大量时间核对，而且仅收集到的储量简表内容也不全面；有的报告中无坐标及比例尺，只能根据所在 1∶5 万图幅和贵州省的经纬度范围录入
		数据库其他情况描述	
2	数据库概念模型维护情况	数据库概念模型变化情况	无
3	数据库维护后地质工作程度略图	地质数据库附工作程度略图	
4	数据库维护工作流程	数据库维护工作流程框图	见图 2-14 维护工作流程框图
5	数据库维护验收情况	数据库维护工作完成情况	已完成
		数据库维护工作验收情况	2009 年中国地质调查局及成都地质调查中心验收，获得优秀

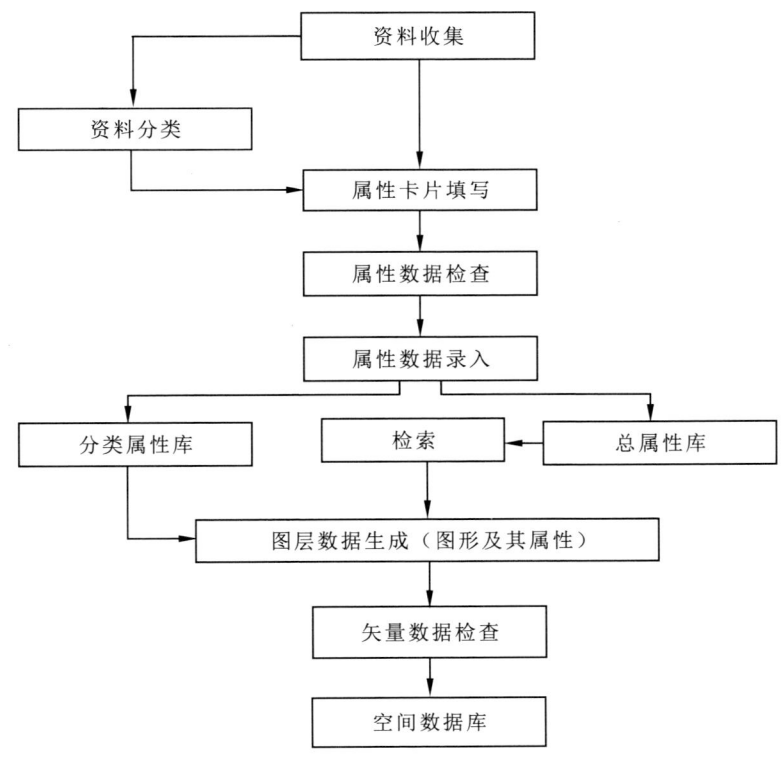

图 2-14 地质工作程度数据库维护工作流程框图
（中国地质调查局《地质工作程度数据库建设工作指南》）

第十二节 贵州省地理底图数据库

数据库维护要求：按照《固体矿产预测评价方法技术》规定，参照地理数据库建设的技术要求对图层划分，各层数据对应属性表的属性项定义及内容描述都严格按照规定进行了修改，完成贵州省地理底图数据库的更新和维护工作，为矿产资源潜力评价工作提供了直接和最新的信息（表 2-11）。

表 2-11 贵州省地理底图数据库维护情况

序号	维护大类	维护子类	填写维护情况内容
1	数据库维护基本情况	数据库名称	贵州省地理底图数据库
		数据库维护主要内容	按照《固体矿产预测评价方法技术》规定，参照地理数据库建设的技术要求对图层划分，各层数据对应属性表的属性项定义及内容描述都严格按照规定进行修改
		数据库维护技术要求	《数据库维护技术手册》之《基础数据库（地理）维护技术要求》
		元数据维护情况	ArcGIS 格式统一转成 MapGIS 格式，图层的划分和各层数据对应属性表的属性项定义及内容描述按照《固体矿产预测评价方法技术》规定的地理数据库建库要求进行修改，并将 1980 西安坐标系转为 1954 北京坐标系
		维护前数量	21 幅
		维护后数量	21 幅
		新增数量	无
		若为空间数据，其覆盖范围、比例尺、坐标参数（大地坐标系统、高程基准、地图椭球参数、地图投影类型）	覆盖全省，1:25 万，平面投影直角坐标、1954 北京坐标系、1985 国家高程基准、高斯投影
		数据库维护负责人及主要技术人员	负责人：王常微；主要技术人员：邓毅、邬晓芳、符宏兵、刘义
		数据库维护资料来源	国家测绘局下发
		数据库维护存在的主要问题描述	西安坐标系转换为北京坐标系时有极小的误差
		数据库其他情况描述	
2	数据库概念模型维护情况	数据库概念模型变化情况	无
3	数据库维护后地质工作程度略图	地质数据库附工作程度略图	见图 2-15 工作程度图
4	数据库维护工作流程	数据库维护工作流程框图	
5	数据库维护验收情况	数据库维护工作完成情况	已完成
		数据库维护工作验收情况	未验收

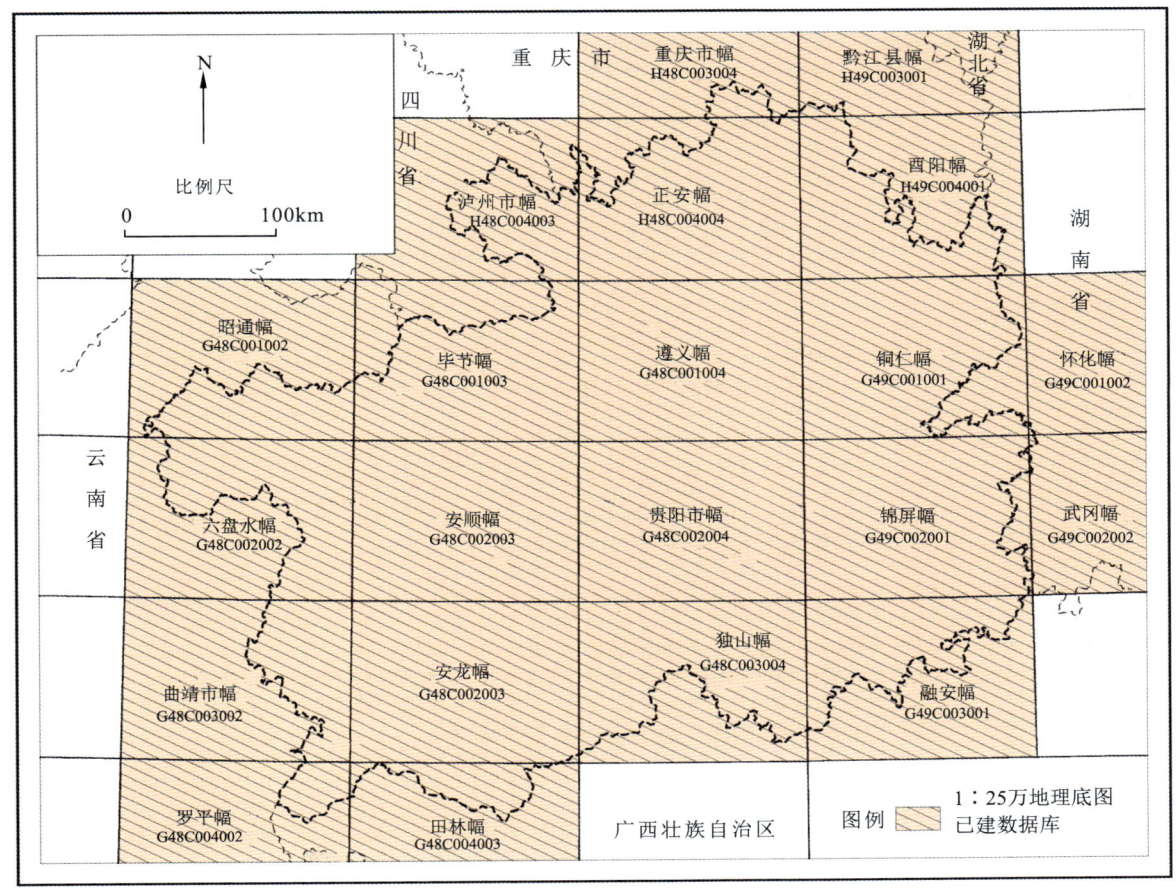

图 2-15 贵州省 1∶25 万地理底图数据库工作程度图

2008 年维护：完成贵州省 21 幅 1∶25 万地理底图数据库维护。对原始的 ArcGIS 格式统一转成 MapGIS 格式，图层的划分和各层数据对应属性表的属性项定义及内容描述都严格按照《固体矿产预测评价方法技术》规定的地理数据库建库要求进行了修改，并将 1980 西安坐标系转为 1954 北京坐标系，以方便使用。

第十三节　贵州省地学信息元数据库

数据库维护要求：按照中国地质调查局《地质信息元数据标准（2006）》，用元数据采集器（Access）V1.2（2006）对原有元数据库进行更新。

2008—2012 年维护：1∶5 万地质图空间数据库元数据补充 118 幅资料；地质工作程度数据库元数据收集整理了 2003—2011 年的地质成果资料；矿产地数据库元数据收集补充了 2003—2011 年新增矿产地数据；自然重砂数据库元数据补充贵州梵净山地区与黔东南地区 1∶5 万 9 幅图的 5605 件样品入库；增加地球化学数据库元数据（1∶5 万 28 幅、1∶20 万 33 幅）、1∶25 万地质图空间数据库元数据 6 幅、重力数据库元数据 28 幅。1∶20 万地质图空间数据库元数据、1∶20 万水文地质图数据库元数据、同位素地质年龄数据库元数据，近年未做维护工作，仅局部修改，无更新资料补充（表 2-12）。

表 2-12　贵州省地学信息元数据库维护情况

序号	维护大类	维护子类	填写维护情况内容
1	数据库维护基本情况	数据库名称	贵州省地学信息元数据库
		数据库维护主要内容	新增数据库的元数据、已有数据库维护后的元数据更新、元数据采集软件版本更新
		数据库维护技术要求	补充各种新资料
		元数据维护情况	软件版本更新为元数据采集器（Access）V1.2；增加 1：5 万元数据；矿产地等数据库维护后的元数据更新
		维护前数量	103 条
		维护后数量	241 条
		新增数量	138 条
		若为空间数据，其覆盖范围、比例尺、坐标参数（大地坐标系统、高程基准、地图椭球参数、地图投影类型）	
		数据库维护负责人及主要技术人员	张朴、王兴琴、包立新、巩海亮等
		数据库维护资料来源	贵州地质调查院新增数据库、维护后的数据库
		数据库维护存在的主要问题描述	
		数据库其他情况描述	
2	数据库概念模型维护情况	数据库概念模型变化情况	①元数据子集中增加元数据名称元素；②标识信息子集中的"关键字实体"变更为"关键词实体"；增加维护更新信息实体；取消地理范围信息实体，增加地理标识符元素；时间范围信息实体的起始时间、终止时间元素由"条件必选"变更为"必选"；③数据质量信息子集由"可选子集"变更为"必选子集"；对数据质量信息子集的内容进行了扩充，在数据质量说明实体中新增了"验收说明""图件输出质量""附件质量元素"；数据志实体中"处理步骤"实体更名为"处理过程"实体；④内容信息子集由可选变更为必选，增加了"图层名称"元素和"属性结构描述文件"元素；⑤分发信息子集中取消"分发方实体"和"分发订购程序实体"，增加"分发联系方元素"和"订购说明元素"
3	数据库维护后地质工作程度略图	地质数据库附工作程度略图	
4	数据库维护工作流程	数据库维护工作流程框图	见图 2-16 维护工作流程框图
5	数据库维护验收情况	数据库维护工作完成情况	已完成

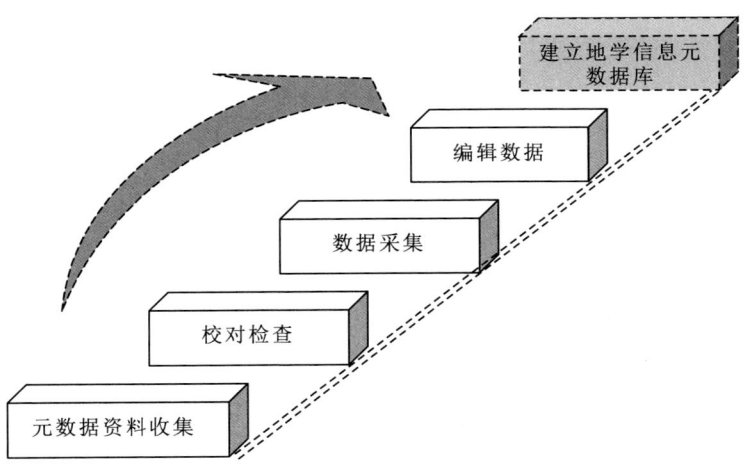

图 2-16 地学信息元数据库维护工作流程框图

第三章 矿产资源潜力评价专题属性数据库建设

贵州省地质调查院为了配合全国矿产资源潜力评价工作总任务的实现,结合贵州省矿产资源潜力评价专题属性数据库建设的实际情况,成立综合信息集成课题组,编写了《贵州省信息技术应用设计书》和每个年度的工作方案,按照专业对工作进行分工,信息组人员全程参与项目工作。

(1)先对本课题组工作人员进行培训(熟悉各类基础数据库建库指南、使用手册、管理软件,熟练掌握本项目使用的各种应用软件)。

(2)完成基础数据库维护工作(收集地质、航磁、重力、化探、自然重砂、遥感、矿产地、典型矿床、工作程度等数据库建成资料截至时间以后新产生的全部资料数据,制订数据库维护方案,完成数据库维护工作,并编写数据库维护专题报告,提交验收)。

(3)贵州省矿产资源潜力评价综合信息集成课题组在项目启动后,全程参与地质背景示范区(1∶25万正安幅实际材料图和建造构造图)图件的编制和数据库建设,参与了《贵州省务川、正安、道真示范区铝土矿资源潜力评价(示范)》的数据库建设,摸索总结出适合贵州省矿产资源潜力评价项目数据库建设的工作流程和建库标准。

(4)编写《贵州省矿产资源潜力评价项目图件制作标准》和《专题图件数据库工作流程》,根据数据模型要求对本省专题图件数据库的坐标系及参数、系统库及字典库、各专业需要使用的数据模型专册、图示图例要求、属性卡片填写及录入等内容进行了明确。

(5)按照数据模型编制贵州省典型矿床代码、预测类型代码、预测工作区代码,充分征求各专业意见,修改完善后作为标准下发至各专题组使用。

(6)对参与项目的所有人员进行了多次培训,包括图件制作标准、工作流程、软件使用等内容,其中多次邀请全国项目办左群超老师和大区项目办张建龙老师讲解 GeoMAG 软件的使用。

(7)帮助地质背景示范区和铝土矿示范区(务正道铝土矿)建立数据库,与专题组工作人员一起,一步步摸索 GeoMAG 软件的使用,发表论文《如何运用 GeoMAG 软件使图件结构规范化——以贵州省分幅实际材料图为例》,与大家分享遇到的问题和解决办法。

(8)建立贵州省资源潜力评价 QQ 群,在日常工作中随时对项目人员在建库过程中遇到的问题进行解答;不定期走访各专题组,了解其工作进展、存在问题,并现场解决;专题组也主动到信息课题组来,大家共同解决遇到的问题。

(9)根据《全国矿产资源潜力评价项目办 2010 年 35 号文》要求,结合贵州省情况,以及历次验收中出现的问题,编写"专题图件数据库验收要求",并对专题组人员进行培训。

(10)综合信息集成课题组人员全程参与到专题图件的建库工作中,承担相应的工作任务。

(11)对各专题组提交的数据进行检查,按照《全国矿产资源潜力评价项目办 2010 年 35 号文》要求进行汇总。

(12)建立基于 GeoPEX 系统的贵州省矿产资源潜力评价成果集成数据库。

第一节 数据模型应用

根据全国项目办的技术要求及其《全国矿产资源潜力评价数据模型》《全国矿产资源潜力评价数据模型空间坐标系统及其参数规定分册》《全国矿产资源潜力评价数据模型统一图例规定分册》的规定,提取与贵州省有关的部分,根据各类图件的坐标系及参数、图层划分和属性表填写要求,单独编写《贵州省矿产资源潜力评价项目图件制作标准》,下发至各专题组,并多次对各专题组工作人员进行培训。

综合信息集成课题组按照《全国矿产资源潜力评价数据模型通用代码规定分册》要求,编制出贵州省典型矿床矿区代码、矿产预测类代码、预测工作区代码,提供给各专题组使用。

1. 坐标系及参数设置

根据《全国矿产资源潜力评价数据模型空间坐标系统及其参数规定分册》的规定,结合贵州省的实际情况,对贵州省各类图件坐标系及参数进行设置。为便于汇总及应用,要求入库的每个空间数据库坐标均提交平面直角坐标、地理经纬度坐标文件两种格式,贵州省采用1954北京坐标系、1956黄海高程基准。使用的大地坐标系及地球椭球参数见表3-1。

表3-1 大地坐标系及地球椭球参数

大地坐标系	地球长半轴(m)	地球长短轴(m)	偏心率	扁率	扁率倒数
1954北京坐标系	6 378 245.000 000 00	6 356 863.018 773 05	0.081 813 334 016 931 2	0.003 352 329 869 259 15	298.299 999 999 999

贵州省经度范围(103°30′~109°45′)。6度投影分带带号及投影分带中央经线经度:我国的经度范围西起73°、东至135°,可分成6度带11带,贵州省位处18°、19°两个带上(表3-2)。3度投影分带带号及投影分带中央经线经度:我国的经度范围西起73°、东至135°,可分成3度带22带,贵州省位处35°、36°、37°带上(表3-3)。

表3-2 6度投影分带带号及投影分带中央经线经度

6度投影分带带号	6度投影分带左侧、中央、右侧经线经度		
	左侧经线经度	中央经线经度	右侧经线经度
18°	102°	105°	108°
19°	108°	111°	114°

表3-3 3度投影分带带号及投影分带中央经线经度

3度投影分带带号	3度投影分带左侧、中央、右侧经线经度		
	左侧经线经度	中央经线经度	右侧经线经度
35°	103.5°	105°	106.5°
36°	106.5°	108°	109.5°
37°	109.5°	111°	112.5°

贵州省成图比例尺及地图投影规定见表 3-4。

表 3-4 贵州省成图比例尺及地图投影规定

片区或省	成图比例尺	地图投影类型规定	地图投影参数规定（单位说明：经纬度使用 DDDMMSS、偏移使用公制米、变形因子无单位）					
西南片区	1：250 万	兰勃特正轴圆锥投影	投影原点经度	投影原点纬度	标准割纬度 1	标准割纬度 2	假东偏移	假北偏移
			1050000	120000	250000	470000	0.00	0.00
	1：150 万 1：100 万 1：50 万	兰勃特正轴圆锥投影	0890000	260000	280000	370000	0.00	0.00
贵州省	1：250 万	兰勃特正轴圆锥投影	投影原点经度	投影原点纬度	标准割纬度 1	标准割纬度 2	假东偏移	假北偏移
			1050000	120000	250000	470000	0.00	0.00
	1：150 万 1：100 万 1：50 万		1070000	250000	243000	290000	0.00	0.00
	1：25 万 1：20 万 1：10 万 1：5 万 1：2.5 万	高斯-克吕格投影	投影分带方式	投影原点经度	投影原点纬度	中央经线比例变形因子	假东偏移	假北偏移
			6 度分带	依 6 度分带带号决定投影原点经度（中央经线经度）	000000	1.00	500 000	0.00
	＞1：2.5 万		3 度分带	依 3 度分带带号决定投影原点经度（中央经线经度）	000000	1.00	500 000	0.00

各专题组的图件使用相同的参数设置（便于汇总或统改），在《贵州省矿产资源潜力评价项目图件制作标准》中有明确要求。

2. 系统库及字典库

使用全国项目办提供的统一系统库及字典库。

3. 图式图例

使用全国项目办提供的《全国矿产资源潜力评价数据模型统一图例规定分册》。

地质背景专业按《全国矿产资源潜力评价数据模型地质背景组的图式汇总》《全国矿产资源潜力评价数据模型地质背景组的图例汇总》，矿产及其预测专业按《全国矿产资源潜力评价数据模型成矿规律及预测组的图式汇总》《全国矿产资源潜力评价数据模型成矿规律及预测组的图例汇总》，磁测专业按《全国矿产资源潜力评价数据模型航磁组的图式汇总》，化探专业按《全国矿产资源潜力评价数据模型化探组的图式汇总》，遥感专业按《全国矿产资源潜力评价数据模型遥感组的图式汇总》，重力专业按《全国矿产资源潜力评价数据模型重力分册》，自然重砂专业按《全国矿产资源潜力评价数据模型自然重砂分册》的规定进行图层划分和制作。

4. 属性卡片填写及属性录入

对需要赋属性的图层，其属性卡片按照《全国矿产资源潜力评价数据模型》各专题图件分册规定的要求填写。

各专业除按《全国矿产资源潜力评价数据模型总体说明、空间坐标系统及其参数规定分册、通用代码规定分册、数据项下属词规定分册、专业谱系及特征分类分册、年代地层及岩石地层单位分册、数据建模技术分册、统一图例规定分册》执行外，地质背景专业按《全国矿产资源潜力评价数据模型地质背景组的图式汇总》《全国矿产资源潜力评价数据模型地质背景分册》，矿产及其预测专业按《全国矿产资源潜力评价数据模型成矿规律及预测分册》，磁测专业按《全国矿产资源潜力评价数据模型航磁分册》，化探专业按《全国矿产资源潜力评价数据模型化探分册》，遥感专业按《全国矿产资源潜力评价数据模型遥感分册》，重力专业按《全国矿产资源潜力评价数据模型重力分册》，自然重砂专业按《全国矿产资源潜力评价数据模型自然重砂分册》的规定进行图层划分和属性表填写。

将填写好的卡片内容对应录入到属性表中，可直接在GeoMAG生成的图件中一一对应录入；也可以将图件结构转出到Excel表中，在Excel表中录入，然后转入GeoMAG，进行属性挂接。

5. 典型矿床矿区代码、矿产预测类代码、预测工作区代码

按《全国矿产资源潜力评价数据模型通用代码规定分册》编制的贵州省典型矿床矿区代码表、矿产预测类型代码表、预测工作区代码表（表3-5～表3-7），下发到各专题组及上传至贵州省矿产资源潜力评价QQ群共享里，多次征求专题组意见，修改确认后再次下发。各专题组均按此填写。

表3-5 典型矿床代码

序号	典型矿床	典型矿床矿区代码	典型矿床矿区代码	典型矿床所属的矿种（组）	典型矿床属于本地还是借用其他地区
1	清镇猫场铝土矿	5201810001	5200000001	铝土矿	本地
2	遵义后槽铝土矿	5203210002	5200000002		
3	务川大竹园铝土矿	5203260003	5200000003		
4	凯里鱼洞铝土矿	5226010004	5200000004		
5	赫章菜园子铁矿	5224280005	5200000005	铁	
6	都匀平黄山铁矿	5227010006	5200000006		
7	凯里炉山苦李井铁矿	5226010007	5200000007		
8	威宁铜厂河铜矿	5224270008	5200000008	铜	
9	从江地虎铜多金属矿	5226330009	5200000009		
10	威宁银厂坡铅锌银矿床	5224270010	5200000010	铅、锌（银）	
11	水城杉树林铅锌矿	5202210011	5200000011		
12	织金杜家桥铅锌矿	5224250012	5200000012		
13	都匀牛角塘铅锌矿	5227010013	5200000013		
14	松桃大塘坡锰矿	5222290014	5200000014	锰	

续表 3-5

序号	典型矿床	典型矿床矿区代码	典型矿床矿区代码	典型矿床所属的矿种（组）	典型矿床属于本地还是借用其他地区
15	遵义铜锣井锰矿	5203210015	5200000015	锰	本地
16	遵义新土沟镍钼矿	5203210016	5200000016	镍钼钒	
17	兴义大际山钼（铀）矿	5223010017	5200000017		
18	镇远马度平钒矿	5226250018	5200000018		
19	开阳磷矿	5221210019	5200000019	磷（稀土）	
20	开阳沙坝土矿段磷矿	5221210020	5200000020		
21	织金新华磷（稀土）矿	5224250021	5200000021		
22	晴隆西舍锑矿	5223240022	5200000022	锑	
23	独山半坡锑矿	5227260023	5200000023		
24	榕江八蒙锑矿	5226320024	5200000024		
25	从江乌牙钨锡矿	5226330025	5200000025	钨、锡	
26	贞丰烂泥沟金矿	5223250026	5200000026	金	
27	水银洞金矿	5223250027	5200000027		
28	丹寨苗龙金矿	5226360028	5200000028		
29	锦屏铜鼓金矿	5226280029	5200000029		
30	万山杉木董汞矿	5222300030	5200000030	汞	
31	务川木油厂汞矿	5203260031	5200000031		
32	丹寨宏发厂汞矿	5226360032	5200000032		
33	遵义三岔河硫铁矿	5223210033	5200000033	硫	借用
34	大方猫场硫铁矿	5224220034	5200000034		本地
35	三都排带硫铁矿	5227320035	5200000035		
36	晴隆碧康萤石矿	5223240036	5200000036	萤石	
37	沿河丰水岭萤石矿	5222280037	5200000037		
38	天柱大河边重晶石矿	5226270038	5200000038	重晶石	
39	镇宁乐纪重晶石矿	5225290039	5200000039		
40	施秉顶罐坡重晶石矿	5226230040	5200000040		
41	清镇康济冶镁白云岩矿	5201810041	5200000041	冶镁白云岩	
42	镇宁杆子河冶镁白云岩矿	5225290042	5200000042		
43	凯里懒坡冶镁白云岩矿	5226010043	5200000043		

表 3-6 矿产预测类型代码

序号	预测矿种(组)	矿产预测类型	矿产预测类型代码	预测方法类型
1	铝土矿	猫场式古风化壳沉积型铝土矿	5216101	沉积型
2		遵义式古风化壳沉积型铝土矿	5216102	
3		大竹园式古风化壳沉积型铝土矿	5216103	
4		凯里式古风化壳沉积型铝土矿	5216104	
5	铁	菜园子式热液型铁矿	5201501	层控内生型
6		宁乡式沉积型铁矿	5201102	沉积型
7		苦李井式陆相沉积型铁矿	5201103	
8	铜	峨眉山式玄武岩型铜矿	5204401	火山岩型
9		地虎式铜多金属矿	5204602	复合内生型
10	铅锌银	会泽式碳酸盐岩型铅锌(银)矿	5206601	复合内生型
11		杉树林式碳酸盐岩型铅锌(银)矿	5206602	
12		杜家桥式碳酸盐岩型铅锌(银)矿	5206603	
13		牛角塘式碳酸盐岩型铅锌(银)矿	5206504	层控内生型
14	锰	大塘坡式沉积型锰矿	5202101	沉积型
15		铜锣井式沉积型锰矿	5202102	
16	镍钼钒	遵义式沉积型镍钼钒矿	5207101	
17		大际山式热液型钼矿	5210602	复合内生型
18		马度平式沉积型钒矿	5227103	沉积型
19	磷(稀土)	开阳式震旦纪沉积型磷矿	5218101	
20		新华式寒武纪沉积型磷(稀土)矿	5218102	
21	锑	大厂式火山岩中热液型锑矿	5213501	层控内生型
22		半坡式碎屑岩脉状热液型锑矿	5213602	复合内生型
23		八蒙式浅变质岩中热液型锑矿	5213603	
24	钨锡	乌牙式与花岗岩有关的钨锡矿	5208201	侵入岩体型
25	金	烂泥沟式微细粒浸染型金矿	5211601	复合内生型
26		水银洞式微细粒浸染型金矿	5211602	
27		苗龙式微细粒浸染型金矿	5211603	
28		铜鼓式石英脉型金矿	5211604	
29	汞	万山式白云岩中热液型汞矿	5226601	复合内生型
30		丹寨式灰岩中热液型汞矿	5226602	
31	硫	叙永式含煤建造沉积型硫铁矿	5219101	沉积型
32		猫场式热液型硫铁矿	5219602	复合内生型
33		排带式热液型硫铁矿	5219603	
34	萤石	晴隆式沉积改造型萤石矿	5222101	沉积型
35		丰水岭式热液充填型萤石矿	5222602	复合内生型
36	重晶石	大河边式沉积型重晶石矿	5223101	沉积型
37		乐纪式沉积型重晶石矿	5223102	
38		顶罐坡式热液型重晶石矿	5223603	复合内生型
39	冶镁白云岩	清镇式冶镁白云岩矿	5217101	沉积型
40		杆子河式冶镁白云岩矿	5217102	
41		凯里式冶镁白云岩矿	5217103	

表 3-7 预测工作区代码

序号	预测矿种(组)	预测工作区	预测工作区代码	矿产预测类型
1	铝土矿	黔中地区(Al-1)	5216101001	修文式古风化壳沉积型铝土矿
2		遵义—开阳地区(Al-2)	5216102002	遵义式古风化壳沉积型铝土矿
3		务正道地区(Al-3)	5216103003	大竹园式古风化壳沉积型铝土矿
4		凯里地区(Al-4)	5216104004	凯里式古风化壳沉积型铝土矿
5	铁	赫章—水城地区(Fe-1)	5201501001	莱园子式热液型铁矿
6		威宁—赫章地区(Fe-2)	5201102002	宁乡式沉积型铁矿
7		都匀—独山地区(Fe-3)	5201102003	宁乡式沉积型铁矿
8		凯里地区(Fe-4)	5201102004	苦李井式陆相沉积型铁矿
9	铜	威宁铜厂河地区(Cu-1)	5204401001	峨眉山式玄武岩型铜矿
10		从江地虎地区(Cu-2)	5204602002	地虎式铜多金属矿
11	铅锌银	威宁西部地区(PbZn-1)	5206601001	会泽式碳酸盐岩型铅锌(银)矿
12		赫章—水城地区(PbZn-2)	5206602002	杉树林式碳酸盐岩型铅锌(银)矿
13		普安地区(PbZn-3)	5206602003	
14		织金地区(PbZn-4)	5206603004	杜家桥式碳酸盐岩型铅锌矿
15		毕节地区(PbZn-5)	5206603005	
16		仁怀地区(PbZn-6)	5206603006	
17		习水地区(PbZn-7)	5206603007	
18		福泉—都匀地区(PbZn-8)	5206504008	牛角塘式碳酸盐岩型铅锌矿
19		镇远—三都地区(PbZn-9)	5206504009	
20		松桃—玉屏地区(PbZn-10)	5206504010	
21		沿河地区(PbZn-11)	5206504011	
22	锰	从江地区(Mn-1)	5202101001	大塘坡式沉积型锰矿
23		松桃地区(Mn-2)	5202102002	
24		遵义地区(Mn-3)	5202102003	铜锣井式沉积型锰矿
25		水城—纳雍地区(Mn-4)	5202102004	
26	镍钼钒	织金—纳雍地区(NiMoV-1)	5207101001	遵义式沉积型镍钼钒矿
27		遵义地区(NiMoV-2)	5207101002	
28		余庆—瓮安地区(NiMoV-3)	5210601003	
29		松桃—铜仁地区(V_2O_5-4)	5227103004	马度平式沉积型镍钼钒矿
30		镇远—玉屏地区(V_2O_5-5)	5227103005	

续表 3-7

序号	预测矿种(组)	预测工作区	预测工作区代码	矿产预测类型
31	磷(稀土)	开阳地区(P-2)	5218101002	开阳式震旦纪沉积型磷矿
32		瓮安—福泉地区(P-3)	5218101003	
33		丹寨地区(P-5)	5218101005	
34		金沙—遵义地区(P-4)	5218101004	
35		织金地区(P-1)	5218102001	新华式寒武纪沉积型磷(稀土)矿
36		丹寨地区(P-5)	5218102005	
37		金沙—遵义地区(P-4)	5218102004	
38		铜仁地区(P-6)	5218102006	
39	锑	晴隆地区(Sb-1)	5213501001	大厂式火山岩中热液型锑矿
40		独山地区(Sb-2)	5213502002	半坡式碎屑岩脉状热液型锑矿
41		雷公山地区(Sb-3)	5213503003	八蒙式浅变质岩中热液型锑矿
42	钨锡	从江乌牙地区(WSn-1)	5208201001	乌牙式与花岗岩有关的钨锡矿
43	金	册亨—望谟地区(Au-1)	5211601001	烂泥沟式微细粒浸染型金矿
44		普安—贞丰地区(Au-2)	5211602002	水银洞式微细粒浸染型金矿
45		丹寨—三都地区(Au-4)	5211604004	苗龙式微细粒浸染型金矿
46		天柱—黎平地区(Au-3)	5211603003	铜鼓式石英脉型金矿
47	汞	务川地区(Hg-3)	5226601003	万山式白云岩中热液型汞矿
		万山地区(Hg-2)	5226601002	
48		丹寨—三都地区(Hg-1)	5226602001	丹寨式灰岩中热液型汞矿
49	硫	黔北地区(S-1)	5219101001	叙永式含煤建造沉积型硫铁矿
50		黔西北地区(S-2)	5219101002	
51		清镇—贵阳地区(S-3)	5219101003	
52		兴仁地区(S-5)	5219601005	猫场式热液型硫铁矿
53		丹寨—三都地区(S-4)	5219603004	排带式复合内生型硫铁矿
54	萤石	晴隆大厂地区(萤石-1)	5222101001	晴隆式沉积改造型萤石矿
55		务川—沿河地区(萤石-2)	5222602002	丰水岭式热液充填型萤石矿
56		望谟地区(萤石-3)	5222602003	
57	重晶石	乐纪地区(重晶石-1)	5223101002	乐纪式沉积型重晶石矿
58		大河边地区(重晶石-2)	5223102001	大河边式沉积型重晶石矿
59		务川—沿河地区(重晶石-3)	5223603003	顶罐坡式热液型重晶石矿
60		施秉顶罐坡地区(重晶石-4)	5223603004	
61		石阡柿坪地区(重晶石-5)	5223603005	
62	冶镁白云岩	安顺—贵阳地区(Mg-1)	5217101001	清镇式冶镁白云岩矿
63		遵义—凯里地区(Mg-2)	5217102002	杆子河式冶镁白云岩矿

第二节 技术方法及流程

一、技术方法

贵州省矿产资源潜力评价专题属性数据库建设的技术方法及流程基本一致,是以满足"贵州省矿产资源潜力预测评价及综合"研究工作需求为目标,以已有的地质、矿产、自然重砂、物化探等基础地学数据库以及目前较成熟的专业应用软件为基础,以原始建库和软件开发的单位和技术骨干为依托,与各专题组密切配合最大限度地补充最新的区域地质、物探、化探、遥感、自然重砂、矿产资料和相关的科研成果与数据,然后根据《全国矿产资源潜力评价数据模型》规定,运用 GeoMAG 数据模型软件,实现专题属性数据库的建设。

二、工作流程

专题属性数据库建设工作流程见图 3-1。

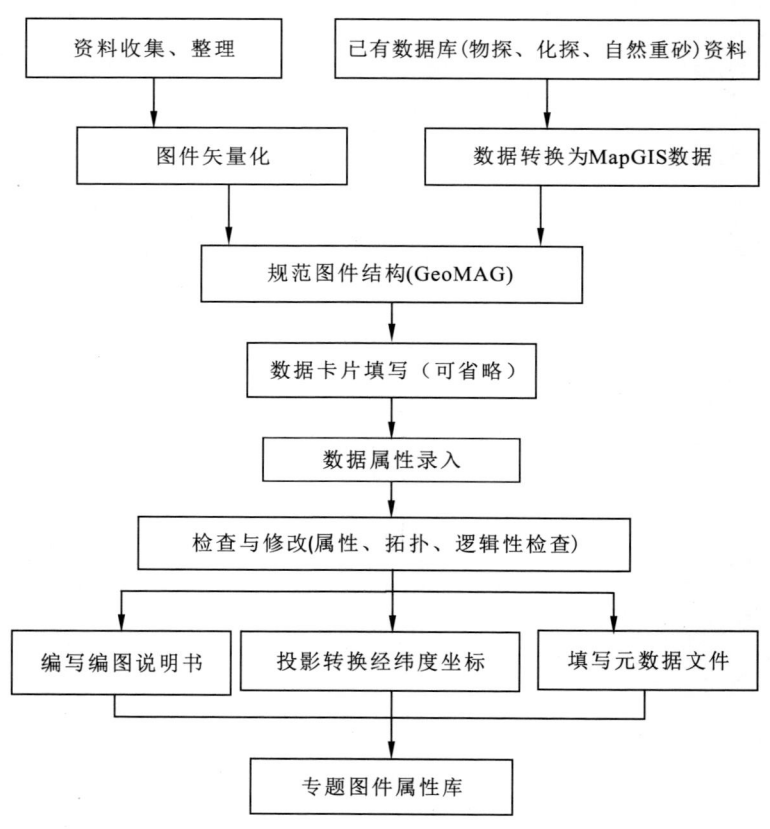

图 3-1 专题属性数据库建设工作流程图

1. 资料收集、整理

收集已有的地质、矿产、自然重砂、遥感、物化探等基础地学数据库,最新的资料和相关的科研成果与数据;对收集到的成果与数据进行分类、整理。

2. 图件矢量化

扫描原始图件,使用 MapGIS 软件进行矢量化;重力、航磁、化探、自然重砂、遥感等用基础数据库数据生成 MapGIS 软件数据,再对新资料进行矢量化。

3. 规范图件结构

各专题组在编制图件时,对未作的图,先在 GeoMAG 软件下生成空的工程文件,然后对相应的图层文件进行编辑,工程文件中没有的图层文件用中文名字命名作为附加图层;对已作好的 MapGIS 图件,将每个图层进行清理,然后对应规范到 GeoMAG 软件中,不能规范的仍使用中文名字命名作为附加图层。GeoMAG 软件生成的工程文件中规定的图层是需要赋属性的,属性结构已由软件自动生成,不需要手动更改。

各专题组在工作过程中形成的图件都需要进行矢量化及建立数据库,同时也需要提取综合信息,或者建立数据模型,这些工作都离不开 GIS 技术的服务与支持。所以说 GIS 技术贯穿整个矿产资源潜力评价工作的每一个过程。

4. 数据卡片填写

各专题组按照《全国矿产资源潜力评价数据模型》各专题图件分册规定的要求填写属性卡片。对于专业比较熟悉的工作人员,可不填写卡片,直接录入。

5. 数据属性录入

将填写好的卡片内容对应录入到属性表中,可直接在 GeoMAG 生成的图件中一一对应录入,也可以将图件结构转出到 Excel 表中,在 Excel 表中录入,然后转入 GeoMAG 进行属性挂接。

6. 检查与修改

包括属性检查和拓扑检查和修改,并建立质检卡片。对已录入的属性数据进行检查;利用 GeoMAG 软件已挂接好的属性数据进行检测,检查图层结构、图件结构、属性结构、属性项值域、属性项填写率;用 GeoTOK 软件对图件进行空间拓扑检查,用 GISEditTool 67 软件对应修改;用地质背景组建库数据查错改错软件平台 1.0 对地质背景图件的逻辑关系进行检查和修改,附质量检查记录(自检、互检、抽检)。

7. 投影转换经纬度坐标

利用 MapGIS 软件的批量投影转换功能,生成图件的经纬度坐标文件。

8. 编写编图说明书

编图说明书主要内容为图件编制范围、编图指导思想与原则、基本流程、基本概念和术语、图件内容、图层内容及图层缺失情况说明等。

9. 填写元数据文件

用元数据采集器(Access)V1.2 对每个图库的基本信息进行采集,形成文本文件和.XML 两种格式的元数据文件。

第三节 软件工具使用

贵州省矿产资源潜力评价专题属性数据库的建设主要依托于 MapGIS 6.7 软件、GeoMAG 软件。MapGIS 6.7 软件主要用于图件的编制,GeoMAG 软件则用于属性数据库的建设;利用其他软件对数据进行检查、修改;元数据采集软件用于填写元数据。

1. MapGIS 6.7 软件

由于贵州省大多数地区都已开展过不同尺度的地质调查工作,为了避免重复工作,将使用原有的成果数据编制图件。将收集到的不同尺度的图件在 MapGIS 软件下,根据要求进行投影转换,然后再将图件进行裁剪、拼接、矢量化,得到各专题所需图件。

2. GeoMAG 软件

GeoMAG 软件全称为全国矿产资源潜力评价数据模型使用软件,主要面向参与矿产资源潜力评价工作的所有项目人员,主要用于各专题属性数据库的建设。主要功能包括:①自动生成图件结构;②交互规范图件结构;③转入/转出图元属性;④编辑/浏览图元属性;⑤批改图元属性;⑥检查图件数据;⑦引入相关图层;⑧图件元数据收集、维护、查阅、导出,等等。该软件简化了潜力评价数据模型应用,加速了潜力评价工作进度,确保贵州省矿产资源潜力评价工作所形成的图件及图件数据库符合全国矿产资源潜力评价数据模型规范。

GeoMAG 软件是在 MapGIS 二次开发的新工具软件,工作人员对新工具软件的使用不太熟练,课题组除了派工作人员参加全国及片区组织的软件知识培训外,还组织工作人员学习工具软件的使用,在平时工作中采用以老带新的方法使全体工作人员熟练使用工具软件。

3. GeoTOK 软件

GeoTOK 软件也是针对矿产资源潜力评价成果图件的拓扑错误进行检查的工具软件。检查内容:拓扑结点检查、重叠点坐标检查、"Z"字线检查、自相交线弧检查、多余弧段检查、重叠点线面检查、文件压缩存盘情况检查、套合一致性检查、拓扑一致性检查。

4. GISEditTool 67 软件

使用 GISEditTool 67 软件辅助进行拓扑错误修改。对照 GeoTOK 软件拓扑结点检查、重叠点坐标检查、"Z"字线检查、自相交线弧检查、多余弧段检查、重叠点线面检查、文件压缩存盘情况检查、套合一致性检查、拓扑一致性检查的错误进行修改,再用 GeoTOK 软件检查,直至通过检查为止。

5. 地质背景组建库数据查错改错软件平台 1.0

运用地质背景组建库数据查错改错软件平台 1.0,对地质背景成果图件数据库的属性内容进行逻辑性错误检查和修改,还可检查是否存在二次、三次等多次覆盖区的情况。

6. GeoO35 数据库目录检查软件

利用 GeoO35 数据库目录检查软件,按照《关于开展省级基础编图和铁铝等 11 个矿种潜力评价成果资料及相应数据库收交工作的通知》(《全国矿产资源潜力评价项目办 2010 年 35 号文》)对数据库目录进行检查,能够快速查出目录是否正确、是否缺少文件,便于修改。

7. 元数据采集器（Access）V1.2

利用元数据采集器（Access）V1.2对每个图库的基本信息进行填写，形成.TXT和.XML两种格式的元数据文件。

第四节 专题属性数据库建设的具体工作

专题属性数据库一般工作流程如图3-1。

一、地质背景专题属性数据库建设

1. 资料收集、整理

地质背景专题研究工作是以实际资料为基础，全面反映、收集和充分利用工作区已有地质调查和研究的工作成果与实际资料。全面收集1∶5万、1∶20万、1∶25万区调资料，包括区调成果报告、以往区域地质研究成果、专著和重要文献，特别是区域地质志、岩石地层清理成果和区调原始资料中的实际材料图、野外记录本、剖面、测试分析成果，并将原始图件进行扫描，为编图及图件矢量化做准备。

在充分收集和利用已有各类成果、资料的基础上，对各类成果及原始资料进行整理。使用地质资料的原则是：有新资料不用旧资料，有大比例尺资料不用小比例尺资料。以保证本次成矿地质背景研究工作使用的是填图与研究最新成果和精度更高的区域地质资料。

2. 编制专题图及图件矢量化

按要求编制实际材料图、建造构造图、大地构造相图，以及按具体矿种（组）的矿产预测类型，开展预测工作区成矿地质作用研究，编制预测工作区地质构造专题底图。

图件编制完成并通过MapGIS 6.7软件进行矢量化，由于采用了不同比例尺的原始图件，在图件矢量化之前应根据要求进行投影转换，然后再将图件进行裁剪、拼接，最后矢量化得到所需图件。

3. 规范图件结构

将做好的MapGIS图件进行清理，按要求使用GeoMAG软件对清理好的图件进行规范，规范步骤如下。

(1)在GeoMAG软件下打开要进行规范的图件。

(2)规范图件名、坐标系类型及投影参数。首先对图件内椭球类型和投影参数进行合法测试，如没有通过则返回MapGIS下进行修改，直至通过合法测试，然后对图件名进行规范。

(3)在所属专题组栏选择成矿地质背景。

(4)根据所规范图件所属的类别，选择分幅实际材料图、分幅建造构造图、预测工作区构造岩相古地理图、预测工作区沉积建造构造图、预测工作区建造构造图、省级大地构造相图等。

(5)规范图层名称与属性结构，可以得到数据模型规定的图层名称及属性表。

(6)完成成矿地质背景所有专业图层的规范后，依次完成地理信息图层和辅助信息图层的规范。

(7)找不到对应项规范的图层作为附加图层保留。

GeoMAG软件生成的工程文件中规定的图层是需要赋属性的，属性结构已由软件自动生成，不需要手动更改。

4. 数据卡片填写

按照《全国矿产资源潜力评价数据模型地质背景分册》的规定,利用成矿地质背景收集到的1∶5万、1∶20万、1∶25万区调资料,包括区调成果报告、以往区域地质研究成果、专著和重要文献,特别是区域地质志、岩石地层清理成果和区调原始资料中的实际材料图、野外记录本、剖面、测试分析成果等资料,填写属性卡片。填写卡片步骤在此省略。

5. 数据属性录入

将填写好的卡片内容录入到对应的属性数据表中,也可根据情况直接录入。

6. 检查与修改

属性数据录入完毕后分别使用GeoMAG软件、GeoTOK软件进行检查。GeoMAG软件检查图件属性填写率、属性结构错误、逻辑一致性等。GeoTOK软件则进行拓扑结点检查、重叠点坐标检查、"Z"字线检查、自相交线弧检查、多余弧段检查、重叠点线面检查、文件压缩存盘情况检查、套合一致性检查、拓扑一致性检查等。对检查不合格图件分别返回到GeoMAG软件、MapGIS 6.7软件下进行修改。

7. 投影转换经纬度坐标

投影转换形成经纬度坐标图件。

8. 编写编图说明书及填写元数据文件

严格按照全国项目办"一图一库一说明一元数据"要求,对每张地质背景专题图编写相应的编图说明书和填写元数据。

9. 取得的成果

地质背景专题图库见表3-8。

表 3-8 地质背景专题图库

序号	矿种(组)	数据库名称	比例尺	个数
1	省级地质背景编图	贵州省大地构造相图及其属性库	1∶50万	1
		分幅实际材料图及其属性库	1∶25万	10
		分幅建造构造图及其属性库	1∶25万	10
2	铁	预测工作区建造构造图及其属性库	1∶10万	4
		预测工作区岩相古地理图及其属性库	1∶10万	3
3	铝	预测工作区建造构造图及其属性库	1∶10万	4
		预测工作区岩相古地理图及其属性库	1∶10万	4
4	铜	预测工作区建造构造图及其属性库	1∶5万~1∶10万	2
		预测工作区岩相古地理图及其属性库		0
5	钨锡	预测工作区建造构造图及其属性库	1∶5万	1
		预测工作区岩相古地理图及其属性库		0

续表 3-8

序号	矿种（组）	数据库名称	比例尺	个数
6	磷（稀土）	预测工作区建造构造图及其属性库	1：5万～1：10万	6
		预测工作区岩相古地理图及其属性库	1：10万	7
7	锑	预测工作区建造构造图及其属性库	1：5万～1：10万	3
		预测工作区岩相古地理图及其属性库		0
8	铅锌银	预测工作区建造构造图及其属性库	1：5万～1：10万	11
		预测工作区岩相古地理图及其属性库		0
9	金	预测工作区建造构造图及其属性库	1：1万～1：20万	4
		预测工作区岩相古地理图及其属性库		0
10	镍钼钒	预测工作区建造构造图及其属性库	1：10万	5
		预测工作区岩相古地理图及其属性库	1：10万	5
11	锰	预测工作区建造构造图及其属性库	1：5万～1：10万	4
		预测工作区岩相古地理图及其属性库	1：5万～1：10万	5
12	硫	预测工作区建造构造图及其属性库	1：5万～1：10万	4
		预测工作区沉积建造构造图及其属性库	1：5万～1：10万	5
		预测工作区岩相古地理图及其属性库	1：5万	1
13	萤石	预测工作区建造构造图及其属性库	1：5万～1：10万	2
		预测工作区岩相古地理图及其属性库		0
14	重晶石	预测工作区建造构造图及其属性库	1：5万～1：10万	5
		预测工作区岩相古地理图及其属性库	1：5万～1：10万	2
15	汞	预测工作区建造构造图及其属性库	1：5万～1：10万	3
		预测工作区岩相古地理图及其属性库		0
16	冶镁白云岩	预测工作区沉积建造构造图及其属性库	1：25万	2
		预测工作区岩相古地理图及其属性库	1：25万	4
合计				117

二、成矿规律与矿产预测专题属性数据库建设

1. 资料收集、整理

(1)全面收集、掌握比例尺大于 1∶5 万及 1∶20 万、1∶25 万区调、航磁、重力、化探、自然重砂、矿产勘查、典型矿床、科研等原始数据及成果资料。

(2)全面了解以往成矿规律研究及矿产预测工作情况,包括一轮成矿区划研究成果、二轮成矿区划研究成果、全省成矿系列研究成果、区域矿产总结报告。

(3)全面了解物探、化探、遥感工作情况,包括全省物探、化探、遥感编图、省级遥感综合编图等。

(4)全面掌握地质基础数据库现状,包括 1∶50 万数字地质图空间数据库、1∶20 万数字地质图空间数据库、矿产地数据库、区域重力数据库、航磁数据库、遥感影像数据库、区域地球化学数据库、1∶20 万自然重砂数据库、工作程度数据库、典型矿产地数据库等。

(5)全面掌握区域地质矿产特征、成矿区(带)划和区域成矿系列划分方案,全面收集典型矿床资料。

2. 编制专题图及图件矢量化

编制矿产预测类型分布图/矿产预测工作区分布图,底图为地质矿产图叠加构造分区内容,根据矿产预测类型划分方案标明矿产地(矿床、矿点)的矿产预测类型,根据不同类型分布区,参照大地构造单元和成矿区带范围,确定矿产预测分布区范围。

以 1∶25 万地质建造构造图为基础,根据预测方法类型开展专题研究,补充 1∶5 万区调资料和矿产勘查资料,细化有关专题内容,编制各类专题研究图件,形成矿产预测研究地质构造专题底图。

收集整理矿区区域地质资料、矿区地质构造图、矿床地质综合平面/剖面图、矿区大比例尺、物探、化探资料。在矿床成矿地质、成矿构造、矿产、成矿作用特征研究成果基础上,以矿区地质图为底图,结合区域地质资料,综合矿床地质平面/剖面内容,编制矿床成矿要素图及成矿模式。在矿床成矿要素图基础上,有资料的增加矿区大比例尺物探、化探异常资料、其他找矿标志,编制典型矿床找矿模型图、矿床预测要素图。在典型矿床预测要素图基础上,依据典型矿床所在位置的区域地质资料,区域物探、化探、遥感、自然重砂异常特征分析资料,典型矿床外围或矿田范围内矿产资料,建立模型区预测模型,编制模型区预测要素图。

以预测工作区区域成矿地质特征专题研究成果为依据而编制完成的地质构造专题(底)图为基础,全面收集工作区全部矿产勘查资料。首先精细表达模型区地质矿产资料,针对模型区全部预测要素内容,收集工作区内大比例尺地质、矿产、物探、化探等资料,补充细化原有底图中的地质构造内容。编制预测工作区成矿要素(规律)图:在补充细化专题(底)图地质矿产内容的基础上,研究区域成矿地质特征、成矿构造带特征、矿产特征、区域成矿作用特征及其相互关系、时空演化规律。编制区域成矿要素(规律)图、区域成矿模式图。编制预测工作区预测要素图:在区域成矿要素图的基础上,全面表达物探、化探、遥感、自然重砂异常、其他找矿标志等内容,编制预测要素图。

3. 规范图件结构

将做好的地质构造解译图、遥感异常图、遥感影像图、遥感矿产地质特征与近矿找矿标志的解译图等图件进行清理,按要求使用 GeoMAG 软件对清理好的图件进行规范,规范步骤如下。

(1)在 GeoMAG 软件下打开要进行规范的图件。

(2)规范图件名、坐标系类型及投影参数。首先对图件内椭球类型和投影参数进行合法测试,如没有通过则返回 MapGIS 下进行修改,直至通过合法测试,然后对图件名进行规范。

(3)在所属专题组栏选择矿产及其预测。

(4) 根据所规范图件所属的类别，选择省级矿产预测类型分布图、典型矿床成矿要素图、预测工作区区域成矿要素图、预测工作区区域预测要素图、省级××矿种（组）区域成矿规律图、省级区域成矿规律图、预测工作区××矿产预测类型预测成果图、省级××矿种（组）预测成果图、省级××矿种（组）勘查工作部署图、省级××矿种（组）未来矿产开发基地预测图、单矿种（组）成矿规律图等。

(5) 规范图层名称与属性结构，可以得到数据模型规定的图层名称及属性表。

(6) 完成矿产及其预测所有专业图层的规范后，依次完成地理信息图层和辅助信息图层的规范。

(7) 找不到对应项规范的图层作为附加图层保留。

GeoMAG 软件生成的工程文件中规定的图层是需要赋属性的，属性结构已由软件自动生成，不需要手动更改。

4. 数据卡片填写

按照《全国矿产资源潜力评价技术要求成矿规律及预测分册》规定，利用 1：5 万及 1：20 万、1：25 万区调、航磁、重力、化探、自然重砂、矿产勘查、典型矿床、科研等原始数据及成果资料、一轮成矿区划研究成果、二轮成矿区划研究成果、全省成矿系列研究成果、区域矿产总结报告等资料，填写属性卡片。

5. 数据属性录入

将填写好的卡片内容录入到规范图件中对应的属性数据表中，完成数据属性录入。

6. 检查与修改

属性数据录入完毕后分别使用 GeoMAG 软件、GeoTOK 软件进行检查。GeoMAG 软件检查图件属性填写率、属性结构错误、逻辑一致性等。GeoTOK 软件则进行拓扑结点检查、重叠点坐标检查、"Z"字线检查、自相交线弧检查、多余弧段检查、重叠点线面检查、文件压缩存盘情况检查、套合一致性检查、拓扑一致性检查等。对检查不合格图件分别返回 GeoMAG 软件、MapGIS 6.7 软件下进行修改。

7. 投影转换经纬度坐标

投影转换形成经纬度坐标图件。

8. 编写编图说明书及填写元数据文件

严格按照全国项目办"一图一库一说明一元数据"的要求，对每张成矿规律与矿产预测专题图编写相应的编图说明书和填写元数据。

9. 取得的成果

成矿规律与矿产预测专题图库如表 3-9。

表 3-9 成矿规律与矿产预测专题图库

序号	矿种（组）	数据库名称	比例尺	个数
1	省级矿产预测编图	贵州省区域成矿规律图及其属性库	1：50 万	1
		贵州省重要矿产预测成果图及其属性库	1：50 万	1
		贵州省重要金属矿产预测成果图及其属性库	1：50 万	1
		贵州省重要非金属矿产预测成果图及其属性库	1：50 万	1
		贵州省煤矿预测成果图及其属性库	1：50 万	1
		贵州省重要矿产勘查工作部署图及其属性库	1：50 万	1

续表 3-9

序号	矿种(组)	数据库名称	比例尺	个数
2	铁	省级铁矿预测类型分布图及其属性库	1:50万	1
		省级铁矿区域成矿规律图及其属性库	1:50万	1
		省级铁矿预测成果图及其属性库	1:50万	1
		省级铁矿勘查工作部署图及其属性库	1:50万	1
		省级铁矿种未来矿产开发基地预测图及其属性库	1:50万	1
		典型矿床成矿要素图及其属性库	1:10万	4
		典型矿床预测要素图及其属性库	1:10万	4
		预测工作区成矿要素图及其属性库	1:10万	4
		预测工作区预测要素图及其属性库	1:10万	4
		预测工作区矿产预测类型预测成果图及其属性库	1:10万	4
3	铝	省级铝矿预测类型分布图及其属性库	1:50万	1
		省级铝矿区域成矿规律图及其属性库	1:50万	1
		省级铝矿预测成果图及其属性库	1:50万	1
		省级铝矿勘查工作部署图及其属性库	1:50万	1
		省级铝矿种未来矿产开发基地预测图及其属性库	1:50万	1
		典型矿床成矿要素图及其属性库	1:1万	4
		典型矿床预测要素图及其属性库	1:1万	4
		预测工作区成矿要素图及其属性库	1:10万	4
		预测工作区预测要素图及其属性库	1:10万	4
		预测工作区矿产预测类型预测成果图及其属性库	1:10万	4
4	铜	省级铜矿预测类型分布图及其属性库	1:50万	1
		省级铜矿区域成矿规律图及其属性库	1:50万	1
		省级铜矿预测成果图及其属性库	1:50万	1
		省级铜矿勘查工作部署图及其属性库	1:50万	1
		省级铜矿种未来矿产开发基地预测图及其属性库	1:50万	1
		典型矿床成矿要素图及其属性库	1:2000~1:5000	2
		典型矿床预测要素图及其属性库	1:2000~1:5000	2
		预测工作区成矿要素图及其属性库	1:5万~1:20万	2
		预测工作区预测要素图及其属性库	1:5万~1:20万	2
		预测工作区矿产预测类型预测成果图及其属性库	1:5万~1:20万	2

续表 3-9

序号	矿种（组）	数据库名称	比例尺	个数
5	钨	省级钨矿预测类型分布图及其属性库	1:50万	1
		省级钨矿区域成矿规律图及其属性库	1:50万	1
		省级钨矿预测成果图及其属性库	1:50万	1
		省级钨矿勘查工作部署图及其属性库	1:50万	1
		省级钨矿种未来矿产开发基地预测图及其属性库	1:50万	1
		典型矿床成矿要素图及其属性库		1
		典型矿床预测要素图及其属性库		1
		预测工作区成矿要素图及其属性库		1
		预测工作区预测要素图及其属性库		1
		预测工作区矿产预测类型预测成果图及其属性库		1
6	锡	省级锡矿预测类型分布图及其属性库	1:50万	见钨矿
		省级锡矿区域成矿规律图及其属性库	1:50万	见钨矿
		省级锡矿预测成果图及其属性库	1:50万	1
		省级锡矿勘查工作部署图及其属性库	1:50万	见钨矿
		省级锡矿种未来矿产开发基地预测图及其属性库	1:50万	见钨矿
		典型矿床成矿要素图及其属性库	1:1万	见钨矿
		典型矿床预测要素图及其属性库	1:1万	见钨矿
		预测工作区成矿要素图及其属性库	1:5万	见钨矿
		预测工作区预测要素图及其属性库	1:5万	见钨矿
		预测工作区矿产预测类型预测成果图及其属性库	1:5万	见钨矿
7	磷	省级磷矿预测类型分布图及其属性库	1:50万	1
		省级磷矿区域成矿规律图及其属性库	1:50万	1
		省级磷矿预测成果图及其属性库	1:50万	1
		省级磷矿勘查工作部署图及其属性库	1:50万	1
		省级磷矿种未来矿产开发基地预测图及其属性库	1:50万	1
		典型矿床成矿要素图及其属性库	1:5000~1:1万	3
		典型矿床预测要素图及其属性库	1:5000~1:1万	3
		预测工作区成矿要素图及其属性库	1:5万~1:10万	8
		预测工作区预测要素图及其属性库	1:5万~1:10万	8
		预测工作区矿产预测类型预测成果图及其属性库	1:10万	8

续表 3-9

序号	矿种(组)	数据库名称	比例尺	个数
8	稀土	省级稀土矿预测类型分布图及其属性库	1:50万	见磷矿
		省级稀土矿区域成矿规律图及其属性库	1:50万	见磷矿
		省级稀土矿预测成果图及其属性库	1:50万	1
		省级稀土矿勘查工作部署图及其属性库	1:50万	见磷矿
		省级稀土矿种未来矿产开发基地预测图及其属性库	1:50万	见磷矿
		典型矿床成矿要素图及其属性库		见磷矿
		典型矿床预测要素图及其属性库		见磷矿
		预测工作区成矿要素图及其属性库		见磷矿
		预测工作区预测要素图及其属性库		见磷矿
		预测工作区矿产预测类型预测成果图及其属性库		见磷矿
9	锑	省级锑矿预测类型分布图及其属性库	1:50万	1
		省级锑矿区域成矿规律图及其属性库	1:50万	1
		省级锑矿预测成果图及其属性库	1:50万	1
		省级锑矿勘查工作部署图及其属性库	1:50万	1
		省级锑矿种未来矿产开发基地预测图及其属性库	1:50万	1
		典型矿床成矿要素图及其属性库	1:5000	3
		典型矿床预测要素图及其属性库	1:5000~1:5万	3
		预测工作区成矿要素图及其属性库	1:5万	3
		预测工作区预测要素图及其属性库	1:5万	3
		预测工作区矿产预测类型预测成果图及其属性库	1:5万	3
10	铅	省级铅矿预测类型分布图及其属性库	1:50万	1
		省级铅矿区域成矿规律图及其属性库	1:50万	1
		省级铅矿预测成果图及其属性库	1:50万	1
		省级铅矿勘查工作部署图及其属性库	1:50万	1
		省级铅矿种未来矿产开发基地预测图及其属性库	1:50万	1
		典型矿床成矿要素图及其属性库	1:5000	4
		典型矿床预测要素图及其属性库	1:5000	3
		预测工作区成矿要素图及其属性库	1:5万~1:10万	11
		预测工作区预测要素图及其属性库	1:5万~1:10万	11
		预测工作区矿产预测类型预测成果图及其属性库	1:5万~1:10万	10

续表 3-9

序号	矿种(组)	数据库名称	比例尺	个数
11	锌	省级锌矿预测类型分布图及其属性库	1:50万	见铅矿
		省级锌矿区域成矿规律图及其属性库	1:50万	见铅矿
		省级锌矿预测成果图及其属性库	1:50万	1
		省级锌矿勘查工作部署图及其属性库	1:50万	1
		省级锌矿种未来矿产开发基地预测图及其属性库	1:50万	见铅矿
		典型矿床成矿要素图及其属性库		见铅矿
		典型矿床预测要素图及其属性库		4
		预测工作区成矿要素图及其属性库		见铅矿
		预测工作区预测要素图及其属性库		见铅矿
		预测工作区矿产预测类型预测成果图及其属性库		11
12	银	省级银矿预测类型分布图及其属性库	1:50万	见铅矿
		省级银矿区域成矿规律图及其属性库	1:50万	见铅矿
		省级银矿预测成果图及其属性库	1:50万	见铅矿
		省级银矿勘查工作部署图及其属性库	1:50万	见铅矿
		省级银矿种未来矿产开发基地预测图及其属性库	1:50万	见铅矿
		典型矿床成矿要素图及其属性库		见铅矿
		典型矿床预测要素图及其属性库		见铅矿
		预测工作区成矿要素图及其属性库		1
		预测工作区预测要素图及其属性库		见铅矿
		预测工作区矿产预测类型预测成果图及其属性库		1
13	金	省级金矿预测类型分布图及其属性库	1:50万	1
		省级金矿区域成矿规律图及其属性库	1:50万	1
		省级金矿预测成果图及其属性库	1:50万	1
		省级金矿勘查工作部署图及其属性库	1:50万	1
		省级金矿种未来矿产开发基地预测图及其属性库	1:50万	1
		典型矿床成矿要素图及其属性库	1:1000~1:2000	4
		典型矿床预测要素图及其属性库	1:1000~1:2000	4
		预测工作区成矿要素图及其属性库	1:10万~1:20万	4
		预测工作区预测要素图及其属性库	1:10万~1:20万	4
		预测工作区矿产预测类型预测成果图及其属性库	1:10万~1:20万	4

续表 3-9

序号	矿种(组)	数据库名称	比例尺	个数
14	镍	省级镍矿预测类型分布图及其属性库	1:50万	1
		省级镍矿区域成矿规律图及其属性库	1:50万	1
		省级镍矿预测成果图及其属性库	1:50万	1
		省级镍矿勘查工作部署图及其属性库	1:50万	1
		省级镍矿种未来矿产开发基地预测图及其属性库	1:50万	1
		典型矿床成矿要素图及其属性库	1:1万	1
		典型矿床预测要素图及其属性库	1:1万	1
		预测工作区成矿要素图及其属性库	1:10万	2
		预测工作区预测要素图及其属性库	1:10万	2
		预测工作区矿产预测类型预测成果图及其属性库	1:10万	2
15	钼	省级钼矿预测类型分布图及其属性库		见镍矿
		省级钼矿区域成矿规律图及其属性库		见镍矿
		省级钼矿预测成果图及其属性库	1:50万	1
		省级钼矿勘查工作部署图及其属性库		见镍矿
		省级钼矿种未来矿产开发基地预测图及其属性库		见镍矿
		典型矿床成矿要素图及其属性库		见镍矿
		典型矿床预测要素图及其属性库		见镍矿
		预测工作区成矿要素图及其属性库		见镍矿
		预测工作区预测要素图及其属性库		见镍矿
		预测工作区矿产预测类型预测成果图及其属性库	1:10万	2
16	钒	省级钒矿预测类型分布图及其属性库		见镍矿
		省级钒矿区域成矿规律图及其属性库		见镍矿
		省级钒矿预测成果图及其属性库		见镍矿
		省级钒矿勘查工作部署图及其属性库		见镍矿
		省级钒矿种未来矿产开发基地预测图及其属性库		见镍矿
		典型矿床成矿要素图及其属性库	1:10万	2
		典型矿床预测要素图及其属性库	1:10万	2
		预测工作区成矿要素图及其属性库	1:10万	3
		预测工作区预测要素图及其属性库	1:10万	3
		预测工作区矿产预测类型预测成果图及其属性库	1:10万	4

续表 3-9

序号	矿种（组）	数据库名称	比例尺	个数
17	锰	省级锰矿预测类型分布图及其属性库	1:50万	1
		省级锰矿区域成矿规律图及其属性库	1:50万	1
		省级锰矿预测成果图及其属性库	1:50万	1
		省级锰矿勘查工作部署图及其属性库	1:50万	1
		省级锰矿种未来矿产开发基地预测图及其属性库	1:50万	1
		典型矿床成矿要素图及其属性库	1:1万	3
		典型矿床预测要素图及其属性库	1:1万	3
		预测工作区成矿要素图及其属性库	1:5万~1:10万	4
		预测工作区预测要素图及其属性库	1:5万~1:10万	4
		预测工作区矿产预测类型预测成果图及其属性库	1:5万~1:10万	4
18	硫	省级硫矿预测类型分布图及其属性库	1:50万	1
		省级硫矿区域成矿规律图及其属性库	1:50万	1
		省级硫矿预测成果图及其属性库	1:50万	1
		省级硫矿勘查工作部署图及其属性库	1:50万	1
		省级硫矿种未来矿产开发基地预测图及其属性库	1:50万	1
		典型矿床成矿要素图及其属性库	1:2000~1:1万	3
		典型矿床预测要素图及其属性库	1:2000~1:1万	3
		预测工作区成矿要素图及其属性库	1:5万~1:10万	6
		预测工作区预测要素图及其属性库	1:5万~1:10万	6
		预测工作区矿产预测类型预测成果图及其属性库	1:5万~1:10万	6
19	萤石	省级萤石矿预测类型分布图及其属性库	1:50万	1
		省级萤石矿区域成矿规律图及其属性库	1:50万	1
		省级萤石矿预测成果图及其属性库	1:50万	1
		省级萤石矿勘查工作部署图及其属性库	1:50万	1
		省级萤石矿种未来矿产开发基地预测图及其属性库	1:50万	1
		典型矿床成矿要素图及其属性库	1:1000~1:2000	2
		典型矿床预测要素图及其属性库	1:1000~1:2000	2
		预测工作区成矿要素图及其属性库	1:5万~1:10万	2
		预测工作区预测要素图及其属性库	1:5万~1:10万	2
		预测工作区矿产预测类型预测成果图及其属性库	1:5万~1:10万	2

续表 3-9

序号	矿种（组）	数据库名称	比例尺	个数
20	重晶石	省级重晶石矿预测类型分布图及其属性库	1∶50万	1
		省级重晶石矿区域成矿规律图及其属性库	1∶50万	1
		省级重晶石矿预测成果图及其属性库	1∶50万	1
		省级重晶石矿勘查工作部署图及其属性库	1∶50万	1
		省级重晶石矿种未来矿产开发基地预测图及其属性库	1∶50万	1
		典型矿床成矿要素图及其属性库	1∶2000～1∶1万	3
		典型矿床预测要素图及其属性库	1∶2000～1∶1万	3
		预测工作区成矿要素图及其属性库	1∶5万～1∶10万	5
		预测工作区预测要素图及其属性库	1∶5万～1∶10万	5
		预测工作区矿产预测类型预测成果图及其属性库	1∶5万～1∶10万	5
21	汞	省级汞矿预测类型分布图及其属性库	1∶50万	1
		省级汞矿区域成矿规律图及其属性库	1∶50万	1
		省级汞矿预测成果图及其属性库	1∶50万	1
		省级汞矿勘查工作部署图及其属性库	1∶50万	1
		省级汞矿种未来矿产开发基地预测图及其属性库	1∶50万	1
		典型矿床成矿要素图及其属性库	1∶2000～1∶5000	3
		典型矿床预测要素图及其属性库	1∶2000～1∶5000	3
		预测工作区成矿要素图及其属性库	1∶5万～1∶10万	3
		预测工作区预测要素图及其属性库	1∶5万～1∶10万	3
		预测工作区矿产预测类型预测成果图及其属性库	1∶5万～1∶10万	3
22	冶镁白云岩	省级冶镁白云岩矿预测类型分布图及其属性库	1∶50万	1
		省级冶镁白云岩矿区域成矿规律图及其属性库	1∶50万	1
		省级冶镁白云岩矿预测成果图及其属性库	1∶50万	1
		省级冶镁白云岩矿勘查工作部署图及其属性库	1∶50万	1
		省级冶镁白云岩矿种未来矿产开发基地预测图及其属性库	1∶50万	1
		典型矿床成矿要素图及其属性库	1∶2000	4
		典型矿床预测要素图及其属性库	1∶2000	4
		预测工作区成矿要素图及其属性库	1∶25万	2
		预测工作区预测要素图及其属性库	1∶25万	2
		预测工作区矿产预测类型预测成果图及其属性库	1∶25万	2
合计				**388**

三、重力专题属性数据库建设

重力组按《全国矿产资源潜力评价数据模型重力分册》要求建库,并确定成图比例尺、坐标系统、投影参数。

1. 重力布格图、剩余异常图、剩余重力异常平面图和重力推断图的编图资料的收集、整理

(1)按"五统一"原则将贵州省补充的数据和墨江幅、道真幅、桐梓幅、綦江幅、威信幅、叙永幅、酉阳幅、芷江幅数据均统一为1985重力系统(原为57网重力系统减去$13.272\times10^{-5}\text{m/s}^2$)。

(2)奇异点剔除处理,采用邻近区域差值对比法进行奇异点的确定。具体方法是先通过剩余异常平面图圈定、发现异常极高值奇异点(俗称"牛眼睛"),并查实原始数据极高值点后予以剔除。剔除操作反复进行,至区域异常图面平衡为宜。全区共剔除奇异点54个。

(3)按等角割圆锥投影对重力数据进行1:50万比例尺投影变换。

(4)利用 MapGIS 6.7 对变换数据进行网格化处理,方法为泛克里金(Kring)法,采用圆域、八方位搜索,搜索半径为6km,网格距2km×2km。变差函数类型为线性模型;漂移类型为无漂移;取误差效应值为0,微结构误差效应值为0;几何异向性参数:比率为1,角度为0。

(5)利用 RGIS 2006 软件进行空白区数据填补,采用差分迭代插值,迭代次数为100次。

(6)利用 RGIS 2006 软件选用样条光滑方法对网格数据进行光滑处理,在两行两列之间插入节点数分别为2。

2. 编制专题图及图件矢量化

(1)布格重力异常平面图、剩余异常图、剩余重力异常平面图的绘制。利用 MapGIS 6.7 进行布格重力异常等值线勾绘。布格重力异常等值线间距为$2\times10^{-5}\text{m/s}^2$,等值线注记间距为$10\times10^{-5}\text{m/s}^2$。重力高与重力低分别以"+""-"表示。利用 GeoMAG 软件进行属性入库。

(2)重力推断图的绘制。在 MapGIS6.7 平台,按 MapGIS 格式分别建立点、线、面数据文件,形成图形数据库。图形数据文件包括重力推断岩体面图层、重力推断断裂构造线图层、局部重力异常标注点图层、各类标注点图层以及地理和整饰图层等。

3. 规范图件结构

将做好的 MapGIS 图件进行清理,按要求使用 GeoMAG 软件对清理好的图件进行规范。

(1)在 GeoMAG 软件下打开要进行规范的图件。

(2)规范图件名,坐标系类型及投影参数。首先对图件内椭球类型和投影参数进行合法测试,如没有通过则返回 MapGIS 下进行修改,直至通过合法测试,然后对图件名进行规范。

(3)在所属专题组栏选择重力资料应用。

(4)根据所规范图件所属的类别,可分别选择相应图件。

(5)规范图层名称与属性结构,可以得到数据模型规定的图层名称及属性表。

(6)完成所有专业图层的规范后,依次完成地理信息图层和辅助信息图层的规范。

(7)找不到对应项规范的图层作为附加图层保留。

GeoMAG 软件生成的工程文件中规定的图层是需要赋属性的,属性结构已由软件自动生成,不需要手动更改。

4. 数据卡片填写

按照《全国矿产资源潜力评价数据模型重力分册》规定,利用收集到的资料,填写属性卡片。

5．数据属性录入

将填写好的卡片内容录入到对应的属性数据表中,也可根据情况直接录入。

6．检查与修改

属性数据录入完毕并分别使用 GeoMAG 软件、GeoTOK 软件进行检查。GeoMAG 软件检查图件属性填写率以及属性结构错误等。

7．投影转换经纬度坐标

投影转换形成经纬度坐标图件。

8．编写编图说明书及填写元数据文件

严格按照全国项目办"一图一库一说明一元数据"要求,对每张重力图编写相应的编图说明书和填写元数据。

9．取得的成果

重力专题图库如表 3－10 所示。

表 3－10 重力专题图库

序号	矿种(组)	数据库名称	比例尺	个数
1	省级重力编图	省级重力工作程度图及其属性库	1∶50万	1
		省级重力推断地质构造图及其属性库	1∶50万	1
		省级布格重力异常图及其属性库	1∶50万	1
		省级剩余重力异常图及其属性库	1∶50万	1
2	铁	铁矿预测工作区重力工作程度图及其属性库	1∶10万	0
		铁矿预测工作区布格重力异常图及其属性库	1∶10万	4
		铁矿预测工作区剩余重力异常图及其属性库	1∶10万	4
		铁矿预测工作区重力推断地质构造图及其属性库	1∶10万	4
3	铝	铝矿预测工作区重力工作程度图及其属性库	1∶10万	0
		铝矿预测工作区布格重力异常图及其属性库	1∶10万	4
		铝矿预测工作区剩余重力异常图及其属性库	1∶10万	4
		铝矿预测工作区重力推断地质构造图及其属性库	1∶10万	4
4	铜	铜矿预测工作区重力工作程度图及其属性库	1∶5万	0
		铜矿预测工作区布格重力异常图及其属性库	1∶5万	2
		铜矿预测工作区剩余重力异常图及其属性库	1∶5万	2
		铜矿预测工作区重力推断地质构造图及其属性库	1∶5万～1∶20万	2

续表 3-10

序号	矿种（组）	数据库名称	比例尺	个数
5	钨锡	钨锡矿预测工作区重力工作程度图及其属性库		0
		钨锡矿预测工作区布格重力异常图及其属性库		1
		钨锡矿预测工作区剩余重力异常图及其属性库		1
		钨锡矿预测工作区重力推断地质构造图及其属性库		1
6	磷（稀土）	磷（稀土）矿预测工作区重力工作程度图及其属性库		0
		磷（稀土）矿预测工作区布格重力异常图及其属性库	1∶5万～1∶10万	6
		磷（稀土）矿预测工作区剩余重力异常图及其属性库	1∶5万～1∶10万	6
		磷（稀土）矿预测工作区重力推断地质构造图及其属性库	1∶5万～1∶10万	6
7	锑	锑矿预测工作区重力工作程度图及其属性库		0
		锑矿预测工作区布格重力异常图及其属性库	1∶5万	3
		锑矿预测工作区剩余重力异常图及其属性库	1∶5万～1∶10万	3
		锑矿预测工作区重力推断地质构造图及其属性库	1∶5万～1∶10万	3
8	铅锌银	铅锌银矿预测工作区重力工作程度图及其属性库		0
		铅锌银矿预测工作区布格重力异常图及其属性库	1∶5万～1∶20万	11
		铅锌银矿预测工作区剩余重力异常图及其属性库	1∶5万～1∶20万	11
		铅锌银矿预测工作区重力推断地质构造图及其属性库	1∶5万～1∶20万	8
9	金	金矿预测工作区重力工作程度图及其属性库		0
		金矿预测工作区布格重力异常图及其属性库	1∶10万～1∶20万	4
		金矿预测工作区剩余重力异常图及其属性库	1∶10万	4
		金矿预测工作区重力推断地质构造图及其属性库	1∶10万	4
10	镍钼钒	镍钼钒矿预测工作区重力工作程度图及其属性库		0
		镍钼钒矿预测工作区布格重力异常图及其属性库	1∶10万	5
		镍钼钒矿预测工作区剩余重力异常图及其属性库	1∶10万	5
		镍钼钒矿预测工作区重力推断地质构造图及其属性库	1∶10万	5
11	锰	锰矿预测工作区重力工作程度图及其属性库	1∶5万～1∶10万	0
		锰矿预测工作区布格重力异常图及其属性库	1∶5万～1∶10万	4
		锰矿预测工作区剩余重力异常图及其属性库	1∶5万～1∶10万	4
		锰矿预测工作区重力推断地质构造图及其属性库	1∶5万～1∶10万	4

续表 3-10

序号	矿种（组）	数据库名称	比例尺	个数
12	硫	硫矿预测工作区重力工作程度图及其属性库		0
		硫矿预测工作区布格重力异常图及其属性库	1∶5万～1∶10万	5
		硫矿预测工作区剩余重力异常图及其属性库	1∶5万～1∶10万	5
		硫矿预测工作区重力推断地质构造图及其属性库	1∶5万～1∶10万	5
13	萤石	萤石矿预测工作区重力工作程度图及其属性库		0
		萤石矿预测工作区布格重力异常图及其属性库	1∶5万～1∶10万	2
		萤石矿预测工作区剩余重力异常图及其属性库	1∶5万～1∶10万	2
		萤石矿预测工作区重力推断地质构造图及其属性库	1∶5万～1∶10万	2
14	重晶石	重晶石矿预测工作区重力工作程度图及其属性库		0
		重晶石矿预测工作区布格重力异常图及其属性库	1∶5万～1∶10万	5
		重晶石矿预测工作区剩余重力异常图及其属性库	1∶5万～1∶10万	5
		重晶石矿预测工作区重力推断地质构造图及其属性库	1∶5万～1∶10万	5
15	汞	汞矿预测工作区重力工作程度图及其属性库		0
		汞矿预测工作区布格重力异常图及其属性库	1∶5万～1∶10万	3
		汞矿预测工作区剩余重力异常图及其属性库	1∶5万～1∶10万	3
		汞矿预测工作区重力推断地质构造图及其属性库	1∶5万～1∶10万	3
16	冶镁白云岩	冶镁白云岩矿预测工作区重力工作程度图及其属性库		0
		冶镁白云岩矿预测工作区布格重力异常图及其属性库		0
		冶镁白云岩矿预测工作区剩余重力异常图及其属性库		0
		冶镁白云岩矿预测工作区重力推断地质构造图及其属性库		0
	合计			178

四、磁测专题属性数据库建设

磁测组按《全国矿产资源潜力评价数据模型航磁组的图式汇总》《全国矿产资源潜力评价数据模型航磁分册》要求建库。首先确定成图比例尺、坐标系、投影参数；图示、图例、设色等按《磁测资料应用技术要求》执行。地理底图使用贵州省统一规定的地理底图。磁测数据为不同时期不同比例尺数据，比例尺为1∶10万～1∶100万，且省域内大部分区域为1∶100万比例尺数据。

1. 航磁 ΔT 等值线平面图、航磁 ΔT 化极等值线平面图、航磁 ΔT 化极垂向一阶导数图和磁法推断地质构造图

(1)贵州省航磁编图数据由中国地质调查局航空物探遥感中心提供,已统一调平为 2km×2km 网格数据。

(2)本次工作编制的最新贵州省航磁 ΔT 等值线平面图、贵州省航磁 ΔT 化极等值线平面图、贵州省航磁 ΔT 化极垂向一阶导数等值线平面图。

(3)根据上述所编图件及收集的成果报告资料,按照磁测资料解释应用技术要求总结的物探推断地质构造的判识标准对断裂、隐伏酸性岩体、隐伏基性岩体进行推断解译,并填制属性表。

(4)按等直角坐标对航磁数据进行投影变换。

(5)利用 MapGIS6.7 对变换数据进行网格化处理,方法为泛克里金(Kring)法,采用圆域、八方位搜索,搜索半径为 10km,网格距为 2km×2km。变差函数类型为线性模型;漂移类型为无漂移;取误差效应值为 0,微结构误差效应值为 0;几何异向性参数:比率为 1,角度为 0。

2. 磁测专题图及图件矢量化

(1)在 MapGIS6.7 平台,按 MapGIS 格式分别建立点、线、面数据文件,从而形成图形数据库。图形数据文件包括磁法推断侵入岩体边界线图层、磁法推断火山岩地层面图层、磁法推断断裂构造线图层以及地理和整饰图层等。用 GeoMAG 软件对图件和图层进行规范、属性录入、检查。

(2)航磁 ΔT 等值线、航磁 ΔT 化极等值线和航磁 ΔT 化极垂向一阶导数等值线的勾绘,采用 MapGIS6.7 软件,使用网格化数据勾绘等值图,等值线间距按等间距勾绘。

(3)采用 GeoMAG 软件对图件和图层进行规范、属性录入、检查。

3. 规范图件结构

将做好的 MapGIS 图件进行清理,按要求使用 GeoMAG 软件对清理好的图件进行规范。

(1)在 GeoMAG 软件下打开要进行规范的图件。

(2)规范图件名、坐标系类型及投影参数。首先对图件内椭球类型和投影参数进行合法测试,如没有通过则返回 MapGIS 下进行修改,直至通过合法测试,然后对图件名进行规范。

(3)在所属专题组栏选择磁测资料应用。

(4)根据所规范图件所属的类别,可分别选择相应图件。

(5)规范图层名称与属性结构,可以得到数据模型规定的图层名称及属性表。

(6)完成所有专业图层的规范后,依次完成地理信息图层和辅助信息图层的规范。

(7)找不到对应项规范的图层作为附加图层保留。

GeoMAG 软件生成的工程文件中规定的图层是需要赋属性的,属性结构已由软件自动生成,不需要手动更改。

4. 数据卡片填写

按照《全国矿产资源潜力评价数据模型磁法分册》规定,利用收集到的资料,填写属性卡片。

5. 数据属性录入

将填写好的卡片内容录入到对应的属性数据表中,也可根据情况直接录入。

6. 检查与修改

属性数据录入完毕并分别使用 GeoMAG 软件、GeoTOK 软件进行检查。GeoMAG 软件检查图件属性填写率以及属性结构错误等。

7. 投影转换经纬度坐标

投影转换形成经纬度坐标图件。

8. 编写编图说明书及填写元数据文件

严格按照全国项目办"一图一库一说明一元数据"要求，对每张磁测图编写相应的编图说明书和填写元数据。

9. 取得的成果

磁测专题图库如表 3-11 所示。

表 3-11 磁测专题图库

序号	矿种（组）	数据库名称	比例尺	个数
1	省级磁测编图	省级航磁工作程度图及其属性库	1∶50 万	1
		省级地磁工作程度图及其属性库	1∶50 万	1
		省级磁法推断地质构造图及其属性库	1∶50 万	1
		省级磁异常分布图及其属性库	1∶50 万	1
		省级航磁 ΔT 等值线平面图及其属性库	1∶50 万	1
		省级航磁 ΔT 化极等值线平面图	1∶50 万	1
		省级航磁 ΔT 化极垂向一阶导数等值线平面图及其属性库	1∶50 万	1
2	铁	铁矿预测工作区航磁 ΔT 等值线平面图及其属性库	1∶10 万	4
		铁矿预测工作区航磁 ΔT 化极等值线平面图及其属性库	1∶10 万	4
		铁矿预测工作区航磁 ΔT 化极垂向一阶导数等值线平面图及其属性库	1∶10 万	4
		铁矿预测工作区磁法推断地质构造图及其属性库	1∶10 万	4
		铁矿预测工作区磁异常分布图	1∶10 万	4
3	铝	铝矿预测工作区航磁 ΔT 等值线平面图及其属性库	1∶10 万	4
		铝矿预测工作区航磁 ΔT 化极等值线平面图及其属性库	1∶10 万	4
		铝矿预测工作区航磁 ΔT 化极垂向一阶导数等值线平面图及其属性库	1∶10 万	4
		铝矿预测工作区磁法推断地质构造图及其属性库	1∶10 万	4

续表 3–11

序号	矿种(组)	数据库名称	比例尺	个数
4	铜	铜矿预测工作区航磁 ΔT 等值线平面图及其属性库	1:5万～1:20万	2
		铜矿预测工作区航磁 ΔT 化极等值线平面图及其属性库	1:5万～1:20万	2
		铜矿预测工作区航磁 ΔT 化极垂向一阶导数等值线平面图及其属性库	1:5万～1:20万	2
		铜矿预测工作区磁法推断地质构造图及其属性库	1:5万～1:20万	2
5	钨锡	钨锡矿预测工作区航磁 ΔT 等值线平面图及其属性库	1:5万	1
		钨锡矿预测工作区航磁 ΔT 化极等值线平面图及其属性库	1:5万	1
		钨锡矿预测工作区航磁 ΔT 化极垂向一阶导数等值线平面图及其属性库	1:5万	1
		钨锡矿预测工作区磁法推断地质构造图及其属性库	1:5万	1
6	磷(稀土)	磷(稀土)矿预测工作区航磁 ΔT 等值线平面图及其属性库	1:10万	6
		磷(稀土)矿预测工作区航磁 ΔT 化极等值线平面图及其属性库	1:10万	6
		磷(稀土)矿预测工作区航磁 ΔT 化极垂向一阶导数等值线平面图及其属性库	1:10万	6
		磷(稀土)矿预测工作区磁法推断地质构造图及其属性库	1:10万	6
7	锑	锑矿预测工作区航磁 ΔT 等值线平面图及其属性库	1:5万	3
		锑矿预测工作区航磁 ΔT 化极等值线平面图及其属性库	1:5万～1:10万	3
		锑矿预测工作区航磁 ΔT 化极垂向一阶导数等值线平面图及其属性库	1:5万～1:10万	3
		锑矿预测工作区磁法推断地质构造图及其属性库	1:10万	3
8	铅锌银	铅锌银矿预测工作区航磁 ΔT 等值线平面图及其属性库	1:5万～1:20万	11
		铅锌银矿预测工作区航磁 ΔT 化极等值线平面图及其属性库	1:5万～1:20万	11
		铅锌银矿预测工作区航磁 ΔT 化极垂向一阶导数等值线平面图及其属性库	1:5万～1:20万	11
		铅锌银矿预测工作区磁法推断地质构造图及其属性库	1:5万～1:20万	11
9	金	金矿预测工作区航磁 ΔT 等值线平面图及其属性库	1:10万	4
		金矿预测工作区航磁 ΔT 化极等值线平面图及其属性库	1:10万	4
		金矿预测工作区航磁 ΔT 化极垂向一阶导数等值线平面图及其属性库	1:10万	4
		金矿预测工作区磁法推断地质构造图及其属性库	1:10万	4
10	镍钼钒	镍钼钒矿预测工作区航磁 ΔT 等值线平面图及其属性库	1:10万	5
		镍钼钒矿预测工作区航磁 ΔT 化极等值线平面图及其属性库	1:10万	5
		镍钼钒矿预测工作区航磁 ΔT 化极垂向一阶导数等值线平面图及其属性库	1:10万	5
		镍钼钒矿预测工作区磁法推断地质构造图及其属性库	1:10万	5
11	锰	锰矿预测工作区航磁 ΔT 等值线平面图及其属性库	1:5万～1:10万	4
		锰矿预测工作区航磁 ΔT 化极等值线平面图及其属性库	1:5万～1:10万	4
		锰矿预测工作区航磁 ΔT 化极垂向一阶导数等值线平面图及其属性库	1:5万～1:10万	4
		锰矿预测工作区磁法推断地质构造图及其属性库	1:5万～1:10万	4

续表 3-11

序号	矿种（组）	数据库名称	比例尺	个数
12	硫	硫矿预测工作区航磁 ΔT 等值线平面图及其属性库	1:5万～1:10万	5
		硫矿预测工作区航磁 ΔT 化极等值线平面图及其属性库	1:5万～1:10万	5
		硫矿预测工作区航磁 ΔT 化极垂向一阶导数等值线平面图及其属性库	1:5万～1:10万	5
		硫矿预测工作区磁法推断地质构造图及其属性库	1:5万～1:10万	5
13	萤石	萤石矿预测工作区航磁 ΔT 等值线平面图及其属性库	1:5万～1:10万	2
		萤石矿预测工作区航磁 ΔT 化极等值线平面图及其属性库	1:5万～1:10万	2
		萤石矿预测工作区航磁 ΔT 化极垂向一阶导数等值线平面图及其属性库	1:5万～1:10万	2
		萤石矿预测工作区磁法推断地质构造图及其属性库	1:5万～1:10万	2
14	重晶石	重晶石矿预测工作区航磁 ΔT 等值线平面图及其属性库	1:5万～1:10万	5
		重晶石矿预测工作区航磁 ΔT 化极等值线平面图及其属性库	1:5万～1:10万	5
		重晶石矿预测工作区航磁 ΔT 化极垂向一阶导数等值线平面图及其属性库	1:5万～1:10万	5
		重晶石矿预测工作区磁法推断地质构造图及其属性库	1:5万～1:10万	5
15	汞	汞矿预测工作区航磁 ΔT 等值线平面图及其属性库	1:5万～1:10万	3
		汞矿预测工作区航磁 ΔT 化极等值线平面图及其属性库	1:5万～1:10万	3
		汞矿预测工作区航磁 ΔT 化极垂向一阶导数等值线平面图及其属性库	1:5万～1:10万	3
		汞矿预测工作区磁法推断地质构造图及其属性库	1:5万～1:10万	3
16	冶镁白云岩	冶镁白云岩矿预测工作区航磁 ΔT 等值线平面图及其属性库		0
		冶镁白云岩矿预测工作区航磁 ΔT 化极等值线平面图及其属性库		0
		冶镁白云岩矿预测工作区航磁 ΔT 化极垂向一阶导数等值线平面图及其属性库		0
		冶镁白云岩矿预测工作区磁法推断地质构造图及其属性库		0
	合计			247

五、化探专题属性数据库建设

化探专题组按《全国矿产资源潜力评价数据模型化探组》的图式汇总、《全国矿产资源潜力评价数据模型化探分册》要求建库。

1. 资料的收集、整理

（1）资料收集包括1:5万、1:20万水系沉积物测量。1:20万数据由中国地质调查局下发，1:5万数据为本次工作收集，采用Access软件对元素测试数据的经纬度坐标值和元素含量值进行整理，以MDB文件格式存储。

（2）地球化学资料的应用重点是数据处理、解释与编图工作，其基础是地球化学数据。地球化学资料应用的主要数据源是区域地球化学数据，其次是收集的中大比例尺地球化学数据，编制系列地球化学图件。

(3)坐标投影。①确定数据源空间坐标类型,收集投影参数(如中央经线、标准纬线,参考零纬线、椭球参数等)。②确定转换的空间坐标类型及投影参数。③表数据转换选定横坐标与纵坐标数据项。④保留原坐标和转换后的坐标单位。

(4)数据网格化。原始区域地球化学数据在特定空间范围内具有两种空间分布类型:规则网格分布和非规则网格分布。规则网格数据主要来源于1∶20万组合样数据,非规则网格数据主要来源于1∶5万单点样分析数据。由于坐标投影的关系,采用处理后的网格化数据,处理方法:①网格距选定为2km×2km。②以计算点为中心,数据处理搜索半径为网格距的2.5倍,即5km。③网格化数据处理方法均采用以距离(原始数据点到计算点的距离)为幂的指数加权法。

2. 图件矢量化

地球化学图件的绘制,采用 MapGIS 6.7 软件,按照全国矿产资源潜力评价项目中的《化探资料应用技术要求》方法技术进行。

在地球化学信息应用及综合分析过程中,为达到使数据集尽可能地满足某种分布(如正态分布)、便于解释其分布规律,统一不同元素量纲和数据水平便于叠加分析或累加等运算,突出综合变量、化减变量数,突出地质及矿产特征信息等目的,需运用现代计算机技术及手段对数据进行处理。常用的方法主要有数据变换、离散数据网格化、数据分布检验、多元统计分析等。采用处理后的数据进行研究和编制系列地球化学图件是为了充分提取地球化学信息。

成果图件主要是以图形(点、线、面)的方式表示,并通过二级要素描述图形成果所表达的内容。成果图的编制是基于基础空间数据库的数据处理、信息提取、解释推断而形成的各类专题图件。用 GeoMAG 软件对图件和图层进行规范、属性录入、检查。

3. 规范图件结构

将做好的 MapGIS 图件进行清理,按要求使用 GeoMAG 软件对清理好的图件进行规范。

(1)在 GeoMAG 软件下打开要进行规范的图件。
(2)规范图件名、坐标系类型及投影参数。首先对图件内椭球类型和投影参数进行合法测试,如没有通过则返回 MapGIS 下进行修改,直至通过合法测试,然后对图件名进行规范。
(3)在所属专题组栏选择化探资料应用。
(4)根据所规范图件所属的类别,可分别选择相应图件。
(5)规范图层名称与属性结构,可以得到数据模型规定的图层名称及属性表。
(6)完成化探所有专业图层的规范后,依次完成地理信息图层和辅助信息图层的规范。
(7)找不到对应项规范的图层作为附加图层保留。

GeoMAG 软件生成的工程文件中规定的图层是需要赋属性的,属性结构已由软件自动生成,不需要手动更改。

4. 数据卡片填写

按照《全国矿产资源潜力评价数据模型化探分册》的规定,利用收集到的资料,填写属性卡片。

5. 数据属性录入

将填写好的卡片内容录入到对应的属性数据表中,也可根据情况直接录入。

6. 检查与修改

属性数据录入完毕并分别使用 GeoMAG 软件、GeoTOK 软件进行检查。GeoMAG 软件检查图件属性填写率以及属性结构错误等。

7. 投影转换经纬度坐标

投影转换形成经纬度坐标图件。

8. 编写编图说明书及填写元数据文件

严格按照全国项目办"一图一库一说明一元数据"要求,对每张化探专题图编写相应的编图说明书和填写元数据,格式按照中国地质调查局发布的《全国矿产资源潜力评价数据模型元数据分册》V3.10执行。

9. 取得的成果

化探专题图库如表 3-12 所示。

表 3-12 化探专题图库

序号	矿种(组)	数据库名称	比例尺	个数
1	省级化探编图	省级地球化学采样点位图及其属性库	1:50 万	0
		省级地球化学景观图及其属性库	1:50 万	1
		省级地球化学工作程度图及其属性库	1:50 万	1
		省级单元素地球化学图及其属性库	1:50 万	39
		省级单元素地球化学异常图及其属性库	1:50 万	39
		省级地球化学综合异常图及其属性库	1:50 万	4
		省级地球化学推断地质构造图及其属性库	1:50 万	1
		省级地球化学找矿预测图及其属性库	1:50 万	7
2	铁	典型矿床所在位置区域化探异常特征图及其属性库		0
		铁矿预测工作区单元素地球化学图及其属性库		0
		铁矿预测工作区单元素地球化学异常图及其属性库		0
		铁矿预测工作区地球化学综合异常图及其属性库		0
3	铝	典型矿床所在位置区域化探异常特征图及其属性库		0
		铝矿预测工作区单元素地球化学图及其属性库		0
		铝矿预测工作区单元素地球化学异常图及其属性库		0
		铝矿预测工作区地球化学综合异常图及其属性库		0
4	铜	典型矿床所在位置区域化探异常特征图及其属性库	1:25 万	1
		铜矿预测工作区单元素地球化学图及其属性库	1:20 万~1:50 万	20
		铜矿预测工作区单元素地球化学异常图及其属性库	1:5 万~1:20 万	19
		铜矿预测工作区地球化学综合异常图及其属性库	1:5 万~1:20 万	2
5	钨锡	典型矿床所在位置区域化探异常特征图及其属性库	1:25 万	1
		钨锡矿预测工作区单元素地球化学图及其属性库	1:5 万	4
		钨锡矿预测工作区单元素地球化学异常图及其属性库	1:5 万	4
		钨锡矿预测工作区地球化学综合异常图及其属性库	1:5 万	1

续表 3-12

序号	矿种(组)	数据库名称	比例尺	个数
6	磷稀土	典型矿床所在位置区域化探异常特征图及其属性库	1:25万	3
		磷(稀土)矿预测工作区单元素地球化学图及其属性库	1:5万～1:10万	18
		磷(稀土)矿预测工作区单元素地球化学异常图及其属性库	1:5万～1:10万	18
		磷(稀土)矿预测工作区地球化学综合异常图及其属性库		0
7	锑	典型矿床所在位置区域化探异常特征图及其属性库	1:25万	3
		锑矿预测工作区单元素地球化学图及其属性库	1:10万～1:25万	24
		锑矿预测工作区单元素地球化学异常图及其属性库	1:5万～1:10万	24
		锑矿预测工作区地球化学综合异常图及其属性库	1:5万～1:10万	3
8	铅锌银	典型矿床所在位置区域化探异常特征图及其属性库	1:25万	2
		铅锌银矿预测工作区单元素地球化学图及其属性库	1:5万～1:20万	76
		铅锌银矿预测工作区单元素地球化学异常图及其属性库	1:5万～1:20万	74
		铅锌银矿预测工作区地球化学综合异常图及其属性库	1:5万～1:10万	11
9	金	典型矿床所在位置区域化探异常特征图及其属性库	1:20万	4
		金矿预测工作区单元素地球化学图及其属性库	1:10万～1:20万	28
		金矿预测工作区单元素地球化学异常图及其属性库	1:10万～1:20万	28
		金矿预测工作区地球化学综合异常图及其属性库	1:10万	4
10	镍钼钒	典型矿床所在位置区域化探异常特征图及其属性库	1:50万	5
		镍钼钒矿预测工作区单元素地球化学图及其属性库	1:10万	32
		镍钼钒矿预测工作区单元素地球化学异常图及其属性库	1:10万	32
		镍钼钒矿预测工作区地球化学综合异常图及其属性库	1:50万	9
11	锰	典型矿床所在位置区域化探异常特征图及其属性库	1:50万	3
		锰矿预测工作区单元素地球化学图及其属性库	1:5万～1:10万	20
		锰矿预测工作区单元素地球化学异常图及其属性库	1:5万～1:10万	20
		锰矿预测工作区地球化学综合异常图及其属性库	1:5万～1:10万	4
12	硫	典型矿床所在位置区域化探异常特征图及其属性库	1:50万	3
		硫矿预测工作区单元素地球化学图及其属性库	1:5万～1:10万	20
		硫矿预测工作区单元素地球化学异常图及其属性库	1:5万～1:10万	20
		硫矿预测工作区地球化学综合异常图及其属性库	1:5万～1:10万	5
13	萤石	典型矿床所在位置区域化探异常特征图及其属性库	1:50万	2
		萤石矿预测工作区单元素地球化学图及其属性库	1:5万～1:10万	10
		萤石矿预测工作区单元素地球化学异常图及其属性库	1:5万～1:10万	10
		萤石矿预测工作区地球化学综合异常图及其属性库	1:5万～1:10万	2

续表 3-12

序号	矿种(组)	数据库名称	比例尺	个数
14	重晶石	典型矿床所在位置区域化探异常特征图及其属性库	1:50万	3
		重晶石矿预测工作区单元素地球化学图及其属性库	1:5万~1:10万	25
		重晶石矿预测工作区单元素地球化学异常图及其属性库	1:5万~1:10万	25
		重晶石矿预测工作区地球化学综合异常图及其属性库	1:5万~1:10万	6
15	汞	典型矿床所在位置区域化探异常特征图及其属性库	1:5万~1:10万	3
		汞矿预测工作区单元素地球化学图及其属性库	1:5万~1:10万	12
		汞矿预测工作区单元素地球化学异常图及其属性库	1:5万~1:10万	12
		汞矿预测工作区地球化学综合异常图及其属性库	1:5万~1:10万	3
16	冶镁白云岩	典型矿床所在位置区域化探异常特征图及其属性库		0
		冶镁白云岩矿预测工作区单元素地球化学图及其属性库		0
		冶镁白云岩矿预测工作区单元素地球化学异常图及其属性库		0
		冶镁白云岩矿预测工作区地球化学综合异常图及其属性库		0
合计				750

六、遥感专题属性数据库建设

遥感专题组以《全国矿产资源潜力评价技术要求 遥感分册》为准则,结合贵州省的成矿地质条件、地形地貌等特征,充分利用前人资料,以 TM/ETM+遥感数据为信息源,利用 PCI 9.1、ENVI 4.5 软件对遥感数据进行了数学处理,完成贵州省遥感专题图编制及遥感数据库建设等工作。

1. 资料收集、整理

收集到的遥感资料主要有 TM/ETM+数据和其他相关的解译资料,如网上下载的其他遥感数据,SPOT-5、GeoEye、IR-P6 等,还收集了以往区域地质研究成果,包括重要文献以及贵州、广西、湖南、四川和云南等省(自治区)的区域地质志。使用全国项目办下发的 ETM+数据,共 18 景。

对收集的遥感数据质量进行评价(有无云层覆盖,是否覆盖重要地物,影像的清晰程度等);研究影像中典型地物的光谱特征,为干扰窗的制作做准备;对区内遥感资料进行分析研究,对可以达到的精度进行评估。

2. 编制专题图及图件矢量化

充分利用前人资料,以 TM/ETM+遥感数据为信息源,选择影像清晰、层次丰富、色调均匀、反差适中的数据,运用 PCI 9.1、ENVI 4.5 软件对遥感数据进行数字处理,生成 R/G/B 的假彩色图像,并将图像输出或转换成".MSI"等格式,同时输出纸质图件,采用目视解译与人机交互式解译、初译与详译相结合原则,对遥感影像上的色、块、线、带和环进行了客观解译,并进行了综合分析,使多种资料有机地结合,客观推断,编制地质构造解译图、遥感异常图、遥感影像图、遥感矿产地质特征与近矿找矿标志的解译图等,并矢量化。

3. 规范图件结构

将做好的地质构造解译图、遥感异常图、遥感影像图、遥感矿产地质特征与近矿找矿标志解译图等图件进行清理，按要求使用 GeoMAG 软件对清理好的图件进行规范。

(1) 在 GeoMAG 软件下打开要进行规范的图件。

(2) 规范图件名、坐标系类型及投影参数。首先对图件内椭球类型和投影参数进行合法测试，如没有通过则返回 MapGIS 下进行修改，直至通过合法测试，然后对图件名进行规范。

(3) 在所属专题组栏选择遥感资料应用。

(4) 根据所规范图件所属的类别，选择典型矿床遥感羟基异常分布图、典型矿床遥感铁染异常分布图、预测工作区遥感矿产地质特征与近矿找矿标志解译图、典型矿床遥感矿产地质特征与近矿找矿标志解译图、预测工作区遥感羟基异常分布图、预测工作区遥感铁染异常分布图、分幅遥感矿产地质特征解译图、分幅遥感铁染异常分布图、省级遥感构造解译图等选择相应图件。

(5) 规范图层名称与属性结构，可以得到数据模型规定的图层名称及属性表。

(6) 完成遥感所有专业图层的规范后，依次完成地理信息图层和辅助信息图层的规范。

(7) 找不到对应项规范的图层作为附加图层保留。

GeoMAG 软件生成的工程文件中规定的图层是需要赋属性的，属性结构已由软件自动生成，不需要手动更改。

4. 数据卡片填写

按照《全国矿产资源潜力评价技术要求 遥感分册》的规定，利用遥感数据，如 SPOT-5、GeoEye、IR-P6、区域地质研究成果和重要文献，以及贵州、广西、湖南、四川和云南等省（自治区）的区域地质志等资料完成属性卡片的填写。

5. 数据属性录入

将填写好的卡片内容录入到对应的属性数据表中，也可根据情况直接录入。

6. 检查与修改

属性数据录入完毕后分别使用 GeoMAG、GeoTOK 软件进行检查。GeoMAG 软件检查图件属性填写率、属性结构错误、逻辑一致性等。对检查不合格图件分别返回到 GeoMAG 软件、MapGIS 6.7 软件下进行修改。

7. 投影转换经纬度坐标

投影转换形成经纬度坐标图件。

8. 编写编图说明书及填写元数据文件

严格按照全国项目办"一图一库一说明一元数据"要求，对每张遥感专题图编写相应的编图说明和填写元数据。

9. 取得的成果

遥感专题图库如表 3-13 所示。

表 3-13 遥感专题图库

序号	矿种(组)	数据库名称	比例尺	个数
1	省级遥感编图	省级遥感构造解译图及其属性库	1:50万	1
		省级遥感异常组合图及其属性库	1:50万	1
		分幅遥感矿产地质特征解译图及其属性库	1:25万	10
		分幅遥感羟基异常分布图及其属性库	1:25万	10
		分幅遥感铁染异常分布图及其属性库	1:25万	10
2	铁	铁矿预测工作区遥感矿产地质特征与近矿找矿标志解译图及其属性库	1:10万	4
		铁矿预测工作区遥感羟基异常分布图及其属性库	1:10万	4
		铁矿预测工作区遥感铁染异常分布图及其属性库	1:10万	4
3	铝	铝矿预测工作区遥感矿产地质特征与近矿找矿标志解译图及其属性库	1:10万	4
		铝矿预测工作区遥感羟基异常分布图及其属性库	1:10万	4
		铝矿预测工作区遥感铁染异常分布图及其属性库	1:10万	4
4	铜	铜矿预测工作区遥感矿产地质特征与近矿找矿标志解译图及其属性库	1:5万~1:20万	2
		铜矿预测工作区遥感羟基异常分布图及其属性库	1:5万~1:20万	2
		铜矿预测工作区遥感铜染异常分布图及其属性库	1:5万~1:20万	2
5	钨锡	典型矿床遥感矿产地质特征与近矿找矿标志解译图及其属性库	1:1万	1
		典型矿床遥感羟基异常分布图及其属性库	1:1万	1
		典型矿床遥感钨染异常分布图及其属性库	1:1万	1
		钨锡矿预测工作区遥感矿产地质特征与近矿找矿标志解译图及其属性库	1:5万	1
		钨锡矿预测工作区遥感羟基异常分布图及其属性库	1:5万	1
		钨锡矿预测工作区遥感钨染异常分布图及其属性库	1:5万	1
6	磷(稀土)	典型矿床遥感矿产地质特征与近矿找矿标志解译图及其属性库	1:2000	1
		典型矿床遥感羟基异常分布图及其属性库	1:2000	1
		典型矿床遥感磷染异常分布图及其属性库	1:2000	1
		磷(稀土)矿预测工作区遥感矿产地质特征与近矿找矿标志解译图及其属性库	1:5万~1:10万	6
		磷(稀土)矿预测工作区遥感羟基异常分布图及其属性库	1:5万~1:10万	6
		磷(稀土)矿预测工作区遥感磷染异常分布图及其属性库	1:5万~1:10万	6
7	锑	典型矿床遥感矿产地质特征与近矿找矿标志解译图及其属性库	1:2000	1
		典型矿床遥感羟基异常分布图及其属性库	1:2000	1
		典型矿床遥感锑染异常分布图及其属性库	1:2000	1
		锑矿预测工作区遥感矿产地质特征与近矿找矿标志解译图及其属性库	1:5万~1:10万	3
		锑矿预测工作区遥感羟基异常分布图及其属性库	1:5万~1:10万	3
		锑矿预测工作区遥感锑染异常分布图及其属性库	1:5万~1:10万	3

续表 3-13

序号	矿种(组)	数据库名称	比例尺	个数
8	铅锌银	典型矿床遥感矿产地质特征与近矿找矿标志解译图及其属性库	1:5000	1
		典型矿床遥感羟基异常分布图及其属性库	1:5000	1
		典型矿床遥感铅染异常分布图及其属性库	1:5000	1
		铅锌银矿预测工作区遥感矿产地质特征与近矿找矿标志解译图及其属性库	1:5万~1:10万	11
		铅锌银矿预测工作区遥感羟基异常分布图及其属性库	1:5万~1:10万	11
		铅锌银矿预测工作区遥感铅染异常分布图及其属性库	1:5万~1:10万	11
9	金	典型矿床遥感矿产地质特征与近矿找矿标志解译图及其属性库	1:2000	1
		典型矿床遥感羟基异常分布图及其属性库	1:2000	1
		典型矿床遥感金染异常分布图及其属性库	1:2000	1
		金矿预测工作区遥感矿产地质特征与近矿找矿标志解译图及其属性库	1:10万~1:20万	4
		金矿预测工作区遥感羟基异常分布图及其属性库	1:10万~1:20万	4
		金矿预测工作区遥感金染异常分布图及其属性库	1:10万~1:20万	4
10	镍钼矾	典型矿床遥感矿产地质特征与近矿找矿标志解译图及其属性库	1:1万	2
		典型矿床遥感羟基异常分布图及其属性库	1:1万	2
		典型矿床遥感金染异常分布图及其属性库	1:1万	2
		镍钼矾矿预测工作区遥感矿产地质特征与近矿找矿标志解译图及其属性库	1:10万	5
		镍钼矾矿预测工作区遥感羟基异常分布图及其属性库	1:10万	5
		镍钼矾矿预测工作区遥感铁染异常分布图及其属性库	1:10万	5
11	锰	典型矿床遥感矿产地质特征与近矿找矿标志解译图及其属性库	1:1万	1
		典型矿床遥感羟基异常分布图及其属性库	1:1万	1
		典型矿床遥感金染异常分布图及其属性库	1:1万	1
		锰矿预测工作区遥感矿产地质特征与近矿找矿标志解译图及其属性库	1:5万~1:10万	4
		锰矿预测工作区遥感羟基异常分布图及其属性库	1:5万~1:10万	4
		锰矿预测工作区遥感铁染异常分布图及其属性库	1:5万~1:10万	4
12	硫	典型矿床遥感矿产地质特征与近矿找矿标志解译图及其属性库	1:2000	1
		典型矿床遥感羟基异常分布图及其属性库	1:2000	1
		典型矿床遥感铁染异常分布图及其属性库	1:2000	1
		硫铁矿预测工作区遥感矿产地质特征与近矿找矿标志解译图及其属性库	1:5万~1:10万	5
		硫铁矿预测工作区遥感羟基异常分布图及其属性库	1:5万~1:10万	3
		硫铁矿预测工作区遥感金染异常分布图及其属性库	1:5万~1:10万	3

续表 3-13

序号	矿种(组)	数据库名称	比例尺	个数
13	萤石	典型矿床遥感矿产地质特征与近矿找矿标志解译图及其属性库	1∶1000	1
		典型矿床遥感羟基异常分布图及其属性库	1∶1000	1
		典型矿床遥感金染异常分布图及其属性库	1∶1000	1
		萤石矿预测工作区遥感矿产地质特征与近矿找矿标志解译图及其属性库	1∶5万～1∶10万	2
		萤石矿预测工作区遥感羟基异常分布图及其属性库	1∶5万～1∶10万	2
		萤石矿预测工作区遥感金染异常分布图及其属性库	1∶5万～1∶10万	2
14	重晶石	典型矿床遥感矿产地质特征与近矿找矿标志解译图及其属性库	1∶1万	1
		典型矿床遥感羟基异常分布图及其属性库	1∶1万	1
		典型矿床遥感金染异常分布图及其属性库	1∶1万	1
		重晶石矿预测工作区遥感矿产地质特征与近矿找矿标志解译图及其属性库	1∶5万～1∶10万	5
		重晶石矿预测工作区遥感羟基异常分布图及其属性库	1∶5万～1∶10万	5
		重晶石矿预测工作区遥感金染异常分布图及其属性库	1∶5万～1∶10万	5
15	汞	典型矿床遥感矿产地质特征与近矿找矿标志解译图及其属性库	1∶5000	1
		典型矿床遥感羟基异常分布图及其属性库	1∶5000	1
		典型矿床遥感金染异常分布图及其属性库	1∶5000	1
		汞矿预测工作区遥感矿产地质特征与近矿找矿标志解译图及其属性库	1∶5万～1∶10万	3
		汞矿预测工作区遥感羟基异常分布图及其属性库	1∶5万～1∶10万	3
		汞矿预测工作区遥感金染异常分布图及其属性库	1∶5万～1∶10万	3
16	冶镁白云岩	冶镁白云岩矿预测工作区遥感矿产地质特征与近矿找矿标志解译图及其属性库	1∶5万～1∶10万	2
合计				243

七、自然重砂专题属性数据库建设

自然重砂组按《全国矿产资源潜力评价数据模型自然重砂分册》，编制贵州省单矿物自然重砂异常图、贵州省自然重砂组合矿物异常图、预测工作区单矿物自然重砂异常图、预测工作区组合矿物异常图，并按《全国矿产资源潜力评价数据模型自然重砂分册(V3.1)》相关要求做到"一图一库"。方法主要是在属性数据库、图形数据库建设基础上进行两者的属性关联，最终建成空间数据库。

1. 属性数据库建设

(1)属性文件命名。属性文件命名原则以图层名称唯一性为准。

(2)像素编号规则。像素编号是针对空间数据和属性数据的管理查询设置，在同一图层中每一个像素具有唯一的像素编号。

(3)属性字段命名规则。在引用标准中有相应代码的采用该代码；没有相应代码的，采用6位拼音首字母缩写表示。

（4）数据卡片的填写方法和过程。在定义好属性文件及属性字段后，即可按设计的数据卡片格式，通过各步骤工作中收集的相关数据，按属性结构要求逐项填写卡片。数据卡片中的像素编号与各专业图形分层中的像素编号要一一对应。

（5）资料录入。填写属性数据卡片后，可以利用 Excel、FoxPro 等软件录入属性数据。

（6）质量检查。利用 MapGIS 软件的属性输出功能，输出属性表，与人工编制的属性表对应检查。

2. 图形数据库建设

（1）图层、像素、属性字段的命名。规则与方法与上述属性数据库一致，而且要相互对应。

（2）图形数字化。

（3）图形编辑修改和误差校正。对向量化后的图形进行编辑修改，以确保图形质量符合原图质量要求。具体包括各图层中没有遗漏和多余的数据；该连的线必须相连，该断的线必须断开；T 型相交必须进行结点平差；所有的多边形必须闭合。

为消除图形在数字化过程中因手工操作、扫描仪精度、原图图纸变形等因素产生的误差，必须对经图形编辑修改后的图形进行误差校正。利用 MapGIS 系统提供的误差校正功能，采集不少于 24 个控制点，将所有数据校正到其对应的标准图框上。

（4）拓扑处理。挑选出参与拓扑处理的线进行一次性拓扑重建。首先，拓扑错误检查无误后，根据图幅实际情况进行合并区操作，形成地质体图层、地下水类型及富水性图层；然后，根据制图标准要求，对地质体及水文地质体逐一着色。

（5）质量检查。输出全要素彩喷图，对照原图进行 2~3 次检查。将所有图层添加在一起检查套合精度，将各图层分别添加到标准图框中检查图形精度。

3. 空间数据库建设

（1）属性联结。将已建立的属性数据文件和数字化图形数据文件，通过 ID 号主关键词段进行挂接，使空间数据图形与非空间数据属性联系在一起。利用它们的一一对应关系，由图形到属性，再由属性到图形，对图形和属性数据进行检查，以确保数据的准确性。

（2）规范图件结构。将做好的 MapGIS 图件进行清理，按要求使用 GeoMAG 软件对清理好的图件进行规范。

①在 GeoMAG 软件下打开要进行规范的图件。

②规范图件名、坐标系类型及投影参数。首先对图件内椭球类型和投影参数进行合法测试，如没有通过则返回 MapGIS 下进行修改，直至通过合法测试，然后对图件名进行规范。

③在所属专题组栏选择自然重砂资料应用。

④根据所规范图件所属的类别，可分别选择相应图件。

⑤规范图层名称与属性结构，可以得到数据模型规定的图层名称及属性表。

⑥完成自然重砂所有专业图层的规范后，依次完成地理信息图层和辅助信息图层的规范。

⑦找不到对应项规范的图层作为附加图层保留。

GeoMAG 软件生成的工程文件中规定的图层是需要赋属性的，属性结构已由软件自动生成，不需要手动更改。

4. 数据卡片填写

按照《全国矿产资源潜力评价数据模型重砂分册》规定，利用收集到的资料，填写属性卡片。

5. 数据属性录入

将填写好的卡片内容录入到对应的属性数据表中,也可根据情况直接录入。

6. 检查与修改

属性数据录入完毕并分别使用 GeoMAG 软件、GeoTOK 软件进行检查。GeoMAG 软件检查图件属性填写率、属性结构错误、逻辑一致性等。

7. 投影转换经纬度坐标

投影转换形成经纬度坐标图件。

8. 编写编图说明书及填写元数据文件

严格按照全国项目办"一图一库一说明一元数据"要求,对每张自然重砂专题图编写相应的编图说明书和填写元数据。

9. 取得的成果

自然重砂专题图库如表 3-14 所示。

表 3-14　自然重砂专题图库

序号	矿种(组)	数据库名称	比例尺	个数
1	省级自然重砂编图	省级自然重砂异常图及其属性库	1∶50万	10
2	铜	铜矿预测工作区自然重砂异常图及其属性库	1∶5万～1∶20万	2
3	钨锡	钨锡矿预测工作区自然重砂异常图及其属性库	1∶5万	2
4	锑	锑矿预测工作区自然重砂异常图及其属性库	1∶5万～1∶10万	4
5	铅锌银	铅锌银矿预测工作区自然重砂异常图及其属性库	1∶5万～1∶20万	19
6	金	金矿预测工作区自然重砂异常图及其属性库	1∶20万	3
7	锰	锰矿预测工作区自然重砂异常图及其属性库	1∶5万～1∶10万	4
8	硫	硫铁矿预测工作区自然重砂异常图及其属性库	1∶5万～1∶10万	10
9	萤石	萤石矿预测工作区自然重砂异常图及其属性库	1∶5万～1∶10万	5
10	重晶石	重晶石矿预测工作区自然重砂异常图及其属性库	1∶5万～1∶10万	17
11	汞	汞矿预测工作区自然重砂异常图及其属性库	1∶5万～1∶10万	10
合计				86

第四章 矿产资源潜力评价成果集成数据库建设

第一节 贵州省集成数据库建设概况

1. 软、硬件环境

操作系统：Microsoft Windows 7 sp1。

存储设备：本地数据库单个 MDB 文件最大控制在 1.8G。硬盘空间为图件数据和文档数据大小的 3 倍。网络数据库大小为图件数据和文档数据大小的 5 倍，日志大小为数据库大小的三分之一。

2. 数据库类型

数据库系统：本地数据库采用 Microsoft Access MDB 2007。网络数据库采用 Microsoft SQL Server 2008。

3. 网络设施

网络设备：局域网满足 100M、广域网满足 2M。

客户端：GeoPEX；安装计算机最低要求：CPU 为 2GHz，双核以上，内存 2G；显示器分辨率为 1024×768 以上。

第二节 贵州省资料性成果汇总

按照《全国矿产资源潜力评价项目办 2010 年 35 号文》要求，从各专题组收集各矿种组成果数据库，进行检查、汇总，提交项目办验收、复核。资料性汇总成果包括以下三类。

1. 属于全国矿产资源潜力评价数据模型规定成果（第一类数据）

(1) 贵州省级基础编图数据库（地质背景、重力、磁法、化探、自然重砂、遥感）。
(2) 铁矿潜力评价成果图件及属性库。
(3) 铝土矿潜力评价成果图件及属性库。
(4) 铜矿潜力评价成果图件及属性库。
(5) 铅矿潜力评价成果图件及属性库。
(6) 锌矿潜力评价成果图件及属性库。
(7) 银矿潜力评价成果图件及属性库。
(8) 磷（稀土）矿潜力评价成果图件及属性库。

(9)锑矿潜力评价成果图件及属性库。
(10)钨矿潜力评价成果图件及属性库。
(11)锡矿潜力评价成果图件及属性库。
(12)金矿潜力评价成果图件及属性库。
(13)汞矿潜力评价成果图件及属性库。
(14)硫铁矿潜力评价成果图件及属性库。
(15)锰矿潜力评价成果图件及属性库。
(16)镍矿潜力评价成果图件及属性库。
(17)钼矿潜力评价成果图件及属性库。
(18)钒矿潜力评价成果图件及属性库。
(19)冶镁白云岩矿潜力评价成果图件及属性库。
(20)重晶石矿潜力评价成果图件及属性库。
(21)萤石矿潜力评价成果图件及属性库。

2. 不属于全国矿产资源潜力评价数据模型规定但属于各专业需要提交成果(第二类数据)

第二类数据包括贵州省按规定向专业汇总组提交的资料、各种过渡性图件、图片文件、数据表格文件、文字报告以及各种资料卡片扫描件等。
(1)成矿地质背景。
(2)成矿规律研究。
(3)矿产预测研究。
(4)重力资料应用。
(5)磁测资料应用。
(6)化探资料应用。
(7)遥感资料应用。
(8)自然重砂资料应用。
(9)贵州省煤炭资源潜力评价。

3. 属于省级项目组汇总综合研究成果(第三类数据)

(1)贵州省成矿地质背景研究报告。
(2)贵州省重要矿种区域成矿规律及矿产预测成果报告及附图。
(3)贵州省重力资料应用成果报告及图册。
(4)贵州省磁测资料应用研究成果报告及图册。
(5)贵州省化探资料应用成果汇总报告及图册。
(6)贵州省遥感资料应用成果报告及附图、图册。
(7)贵州省自然重砂资料应用成果汇总报告及附图。
(8)贵州省矿产资源潜力评价综合信息集成专题成果报告及附件。

第三节 集成数据库组织模式、系统部署

1. 贵州省集成数据库组织模式

贵州省集成数据库由省级潜力评价基础编图数据库,铁、铝土、金、铜、铅、锌、银、磷(稀土)、锑、钨、锡、汞、硫铁、锰、镍、钼、钒、冶镁白云岩、重晶石、萤石等矿种(组)潜力评价图库组成。每一个图库包含

成矿地质背景、成矿规律与预测、磁法资料应用、重力资料应用、化探资料应用、遥感资料应用、自然重砂资料应用专题。对应每一张图库又分为经纬度坐标图件、投影坐标图件、编图说明书、元数据文件、其他（图4-1）。

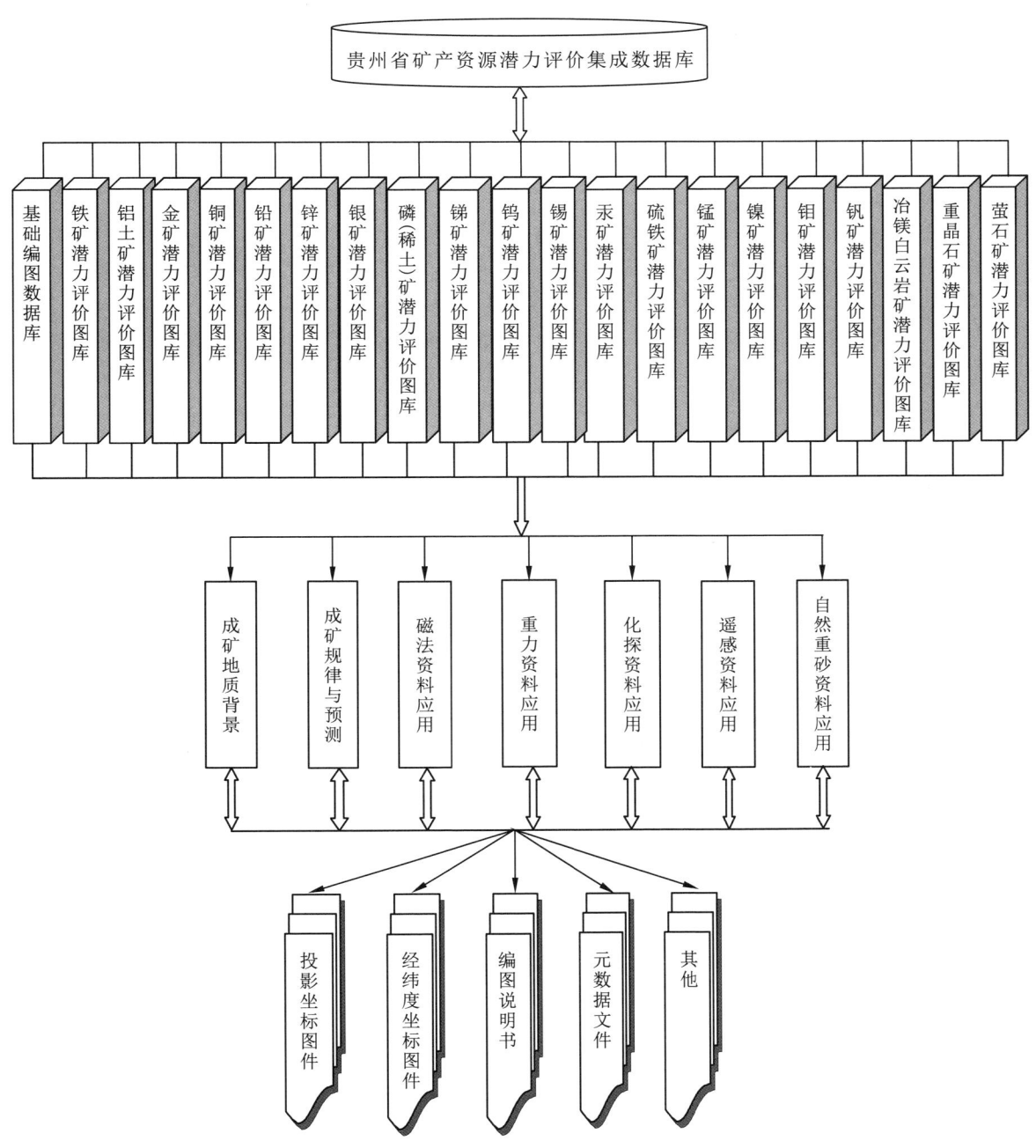

图4-1　贵州省集成数据库组织模式图

2. 贵州省集成数据库系统部署

支持数据库分布式管理；支持多用户同时访问（图件导入、图件信息查询、图件导出等）；支持多权限对图件的访问控制（图4-2）。

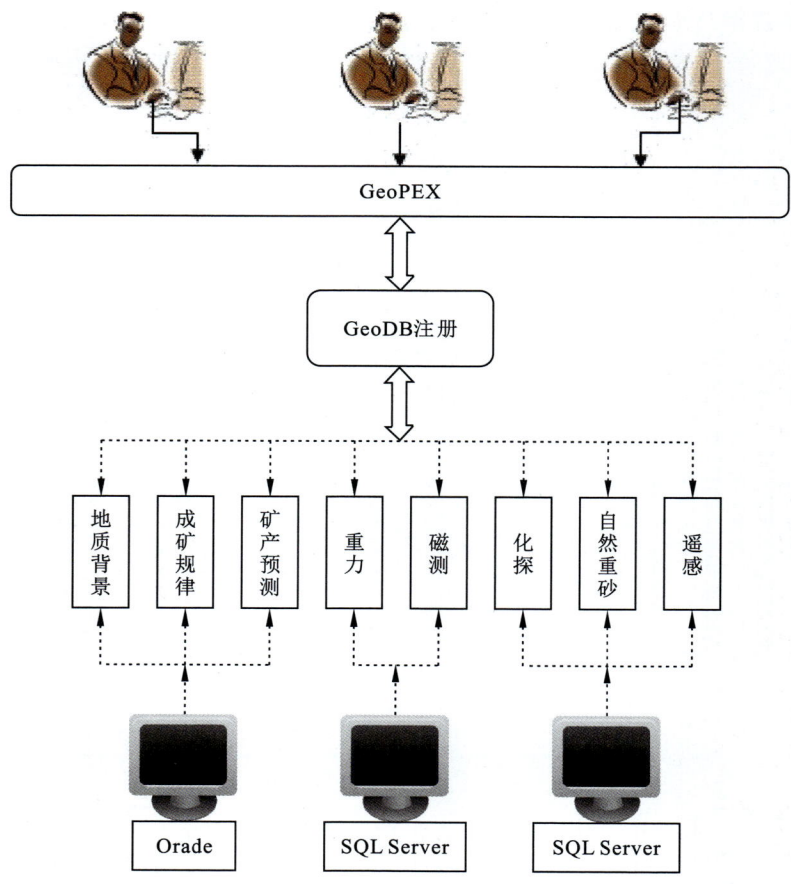

图 4-2 实际部署框图

第四节 资料性成果集成建库具体实施工作

1. 软件准备

安装 SQL Server 2008；安装 GeoPEX 软件；数据库系统配置。

2. 数据准备

按《全国矿产资源潜力评价省级矿产资源潜力评价资料性成果图件及属性库复核汇总技术方案》规定的成果提交要求，准备入库成果：贵州省第一类成果数据、第二类成果资料、第三类成果报告。

3. 数据导入

贵州省矿产资源潜力评价资料性成果（包括图件及属性库、表格、报告、附件等）经过质量复核审查通过后，按复核清单，将相应的成果导入到省级矿产资源潜力评价资料性成果数据库。

用户登录 → 打开图件 → 执行汇总

执行汇总建库的步骤如下。

（1）选择要汇总的目标库：包括地质背景、物探、化探、自然重砂、遥感、成矿规律与预测 6 个基本库。各类图件必须放入相应的基本库。

(2)选择比例尺:按图件实际比例尺填写。

(3)选择汇总的专题:包括地质背景、物探、化探、自然重砂、遥感、成矿规律与预测6个专题。相应的图件应归入相应的专题。

(4)选择图件类型:包括成果图件、管理类图件和示意性图件三大类。

(5)选择图件分组:可以将图件按专题内容进行分组。如地质背景可以分为实际材料图、建造构造图、地质构造专题底图、其他内容四个组。

(6)图幅编号:输入汇总图件的国际标准图幅编号,未按标准分幅的,可输入各专题自编顺序号。

(7)输入图名:输入汇总图件的实际中文名全称。

(8)选择附加信息:包括编图说明书、图件元数据、图件数据质量检查卡。

重复第(3)步,直到全部图件汇总完毕。

4. 更新与维护

当导入一图件后,发现图件错误,可以对该图件进行删除或重新导入。

5. 浏览与检索

图件汇总入库后,可以在 GeoPEX 中查看汇总入库的图件信息,包括图件名、图层、属性等内容,也可以查看图幅分布情况,并可以按用户要求进行查询、检索。

第五节 集成数据库数据内容、质量评述

贵州省级矿产资源潜力评价资料性成果集成数据库的入库内容包括三部分。

(1)属于全国矿产资源潜力评价数据模型规定成果,包括规定要提交的贵州省级矿产资源潜力评价基础编图成果图库(地质背景、重力、磁法、化探、自然重砂、遥感,以及铁、铝土、铜、铅锌(银)、磷(稀土)、锑、钨锡、金、汞、硫铁、锰、镍钼钒、冶镁白云岩、重晶石、萤石等矿种(组)潜力评价成果图库;上述图库包括投影坐标文件、经纬度坐标文件、编图说明书、图件元数据、质检表,以及遥感影像、文档报告、数据表格及相关内容清单等。

(2)不属于全国矿产资源潜力评价数据模型规定但属于各专业需要提交成果,包括各专业汇总组规定需要提交的贵州省成矿地质背景、成矿规律研究、矿产预测研究、重力资料应用、磁测资料应用、化探资料应用、遥感资料应用、重砂资料应用、煤炭资源潜力评价;上述各专题组的各种过渡性图件、图片文件、数据表格文件、文字报告、各种资料卡片扫描件等。

(3)属于省级项目组汇总综合研究成果,包括各专题按相关专题省级汇总技术要求规定需要提交贵州省成矿地质背景研究报告,贵州省重要矿种区域成矿规律及矿产预测成果报告和附图及其属性库、编图说明书、元数据文件、其他(质检表),贵州省磁测资料应用研究成果报告及附图,贵州省重力资料应用成果报告及图册,贵州省化探资料应用成果汇总报告及图册,贵州省遥感资料应用成果报告及附图和图册,贵州省自然重砂资料应用成果汇总报告及附图,贵州省矿产资源潜力评价综合信息集成专题成果报告及附件。

质量评述:贵州省矿产资源潜力评价集成数据库严格按照《全国矿产资源潜力评价项目办 2010 年 35 号文》要求分类、汇总;集成数据库的建立完全按照《省级矿产资源潜力评价资料性成果集成建库实施技术指南》的要求,并使用正式发布的建库管理系统 GeoPEX,编写了《贵州省矿产资源潜力评价集成数据库使用手册》;编写了《贵州省矿产资源潜力评价综合信息集成专题成果报告》;填写了贵州省潜力评价成果图件库清单、各专业第二类相关成果资料清单、贵州省矿产资源潜力评价汇总成果清单、相关数据库现状情况填写表、相关数据库维护情况填写表等相关表格。上述工作均依照《省级矿产资源潜力评价综合信息集成专题汇总技术要求》执行,符合质量要求。

第六节 集成数据库系统使用说明

贵州省矿产资源潜力评价集成数据库采用全国项目办下发的 GeoPEX 省级矿产资源潜力评价资料性成果汇总建库管理系统。GeoPEX 由全国重要矿产资源潜力评价综合信息集成项目组委托四川省地质调查院勘查技术中心开发，用于省级矿产资源潜力评价资料性成果汇总建库，建立省级矿产资源潜力评价资料性成果数据库系统。

该系统支持基于本地、局域网、广域网分布式管理，实现贵州省省级矿产资源潜力评价图件、报告、编图说明书、元数据等一体化管理，可按专业、矿种、图件类型、图层分类、空间范围、图元属性等多种方式浏览、查询、检索图件、图层、图元、属性及相关文档，对检索结果可以方便导出，辅助综合编图等应用。

GeoPEX 管理系统主要有两方面作用：一方面，能把省级矿产资源潜力评价资料性成果汇总入库并有效管理起来，将省级矿产资源潜力评价资料性成果做一个阶段性汇总打包；另一方面，能按专题、矿种、空间范围（省行政区范围、预测工作区、典型矿床研究区，或任意指定空间范围），或属性条件检索已入库资料性成果，辅助相关专业开展综合编图研究工作。

GeoPEX 管理系统主要功能包括：①数据库注册、查询方案配置、环境设置；②用户管理、权限分配；③投影转换（批量转换等）；④图件入库；⑤图件、图层、图元及属性浏览、查询、检索；⑥检索结果导出；⑦数据维护（包括编图说明书、元数据、质量检查文档、栅格图像、遥感图像、汇报材料、表格、其他等文档）；⑧数据库备份、数据库恢复、数据库迁移等（图 4-3）。

图 4-3　GeoPEX 管理系统界面

一、计算机注册

具有管理员权限的用户可为系统进行计算机编号配置。计算机编号为 6 位数字，前两位为行政区代码（如贵州为 52），后四位为计算机编号。在使用多台计算机进行导入时，该编号不得重复（图 4-4）。

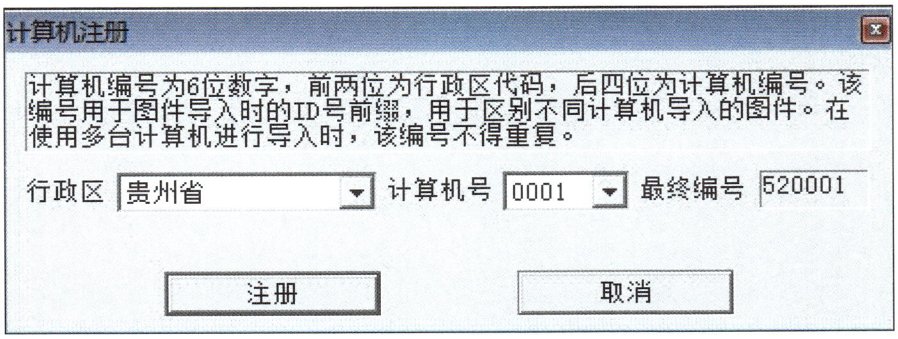

图 4-4 计算机注册界面

二、数据库注册

数据库注册子模块具有 4 个功能：①增加 GeoPEX 数据源；②删除 GeoPEX 数据源；③修改 GeoPEX 数据源；④测试 GeoPEX 数据源。

贵州省 Microsoft SQL Server 2008 注册数据库有 28 个，而 GEOPEX 数据库注册，因本省未对 GEOPEXDB003 铬矿种（组）、GEOPEXDB015 锂矿种（组）、GEOPEXDB020 钾矿种（组）、GEOPEXDB021 硼矿种（组）、GEOPEXDB024 煤矿种（组）、GEOPEXDB025 铀矿种（组）、GEOPEXDB028 锶矿种（组）进行评价，故注册数据库有 22 个（图 4-5）。

GEOPEXDB000 省级潜力评价基础编图成果图库
GEOPEXDB001 铁矿种（组）潜力评价成果图库
GEOPEXDB002 锰矿种（组）潜力评价成果图库
GEOPEXDB004 铜矿种（组）潜力评价成果图库
GEOPEXDB005 铅矿种（组）潜力评价成果图库
GEOPEXDB006 锌矿种（组）潜力评价成果图库
GEOPEXDB007 镍矿种（组）潜力评价成果图库
GEOPEXDB008 钨矿种（组）潜力评价成果图库
GEOPEXDB009 锡矿种（组）潜力评价成果图库
GEOPEXDB010 钼矿种（组）潜力评价成果图库
GEOPEXDB011 金矿种（组）潜力评价成果图库
GEOPEXDB012 银矿种（组）潜力评价成果图库
GEOPEXDB013 锑矿种（组）潜力评价成果图库
GEOPEXDB014 稀土矿种（组）潜力评价成果图库
GEOPEXDB016 铝土矿种（组）潜力评价成果图库
GEOPEXDB017 菱镁矿种（组）潜力评价成果图库（本省为冶镁白云岩矿）
GEOPEXDB018 磷矿种（组）潜力评价成果图库（含稀土矿）
GEOPEXDB019 硫矿种（组）潜力评价成果图库
GEOPEXDB022 萤石矿种（组）潜力评价成果图库
GEOPEXDB023 重晶石矿种（组）潜力评价成果图库
GEOPEXDB026 汞矿种（组）潜力评价成果图库
GEOPEXDB027 钒矿种（组）潜力评价成果图库

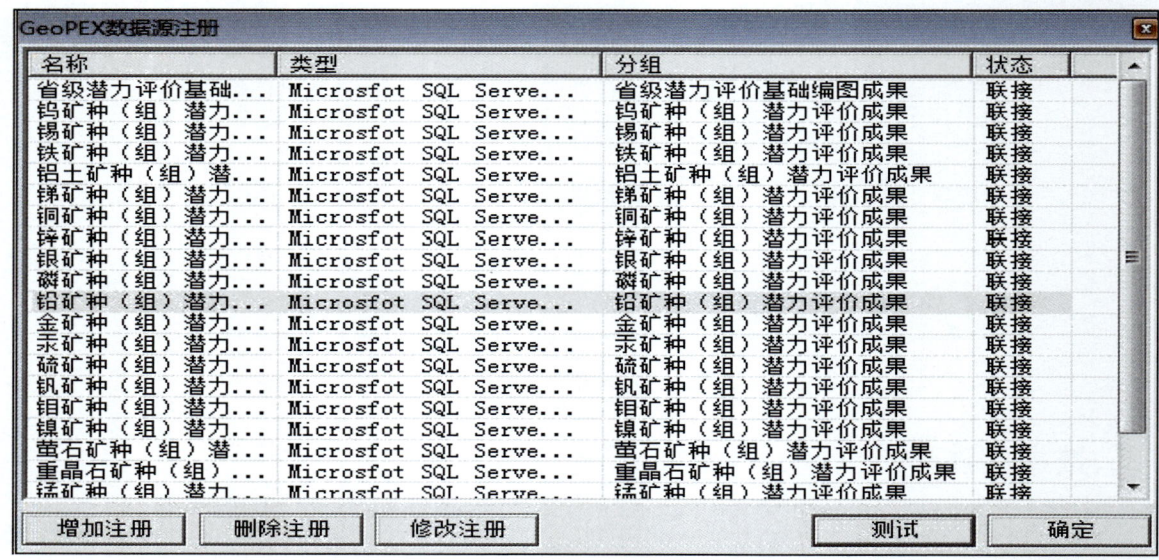

图 4-5　测试数据库注册界面

三、查询方案配置

查询方案配置子模块,主要用于预先配置若干备用 MapGIS 图件工程,作为"查询方案"使用,具有 4 个功能:①新建 GeoPEX 查询方案;②删除 GeoPEX 查询方案;③修改 GeoPEX 查询方案;④更新 GeoPEX 查询方案列表(图 4-6)。

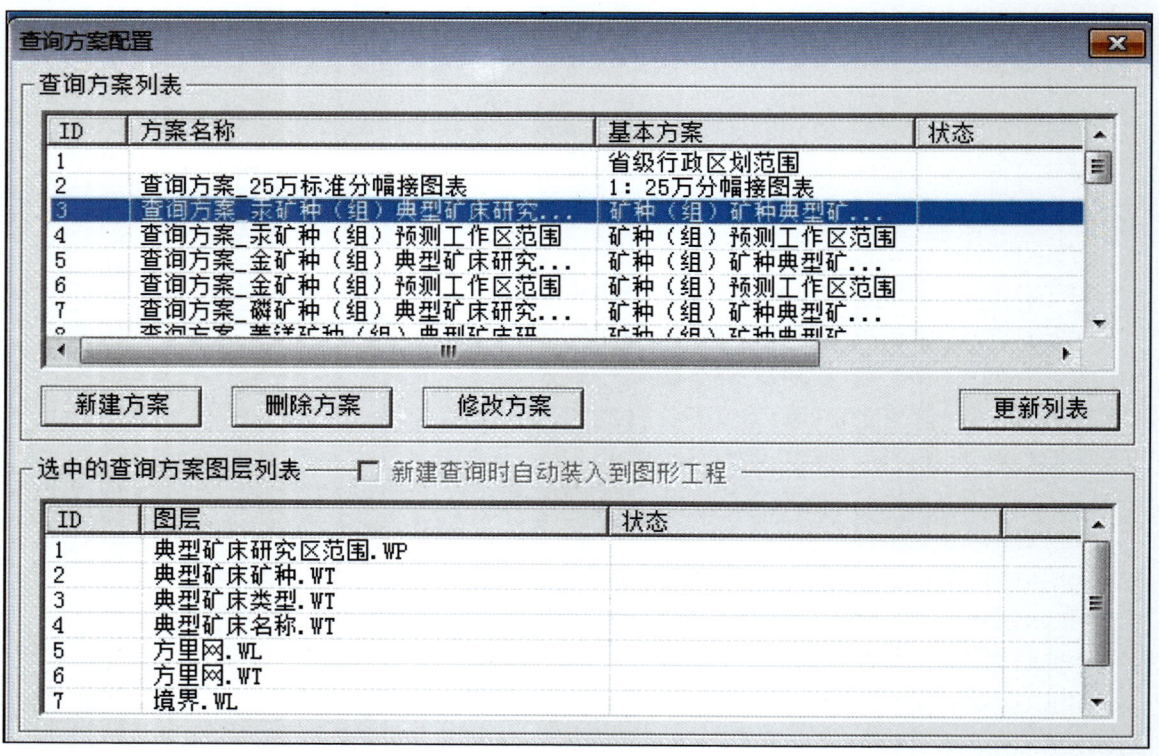

图 4-6　查询方案配置界面

贵州省建立查询方案共 5 类 47 个：省级行政区划范围（1 个）、1∶25 万分幅接图表（1 个）、矿种（组）预测工作区范围（15 个）、矿种（组）典型矿床研究区范围（15 个）、矿种（组）矿产预测方法类型范围（15 个）（表 4-1）。

表 4-1　贵州省基本查询方案表

序号	基本查询方案	图层名称	几何类型
1	省级行政区划范围	省界	区
		市界	区
		县界	区
		居民地	点
		水系	线
		方里网	点、线
2	铁、铝、铜、钨锡、磷（稀土）、锑、铅锌银、金、镍钼钒、锰、硫、萤石、重晶石、汞、冶镁白云岩矿种（组）预测工作区范围	预测工作区范围	区
		预测工作区名称	点
		预测工作区类型	点
		居民地	点
		境界	线
		方里网	点、线
3	1∶25 万分幅接图表	图幅范围	区
		图幅名称	点
		图幅代码	点
		居民地	点
		境界	线
		方里网	点、线
4	铁、铝、铜、钨锡、磷（稀土）、锑、铅锌银、金、镍钼钒、锰、硫、萤石、重晶石、汞、冶镁白云岩矿种（组）典型矿床研究区范围	典型矿床研究区范围	区
		典型矿床名称	点
		典型矿床矿种	点
		典型矿床类型	点
		居民地	点
		境界	线
		方里网	点、线
5	铁、铝、铜、钨锡、磷（稀土）、锑、铅锌银、金、镍钼钒、锰、硫、萤石、重晶石、汞、冶镁白云岩矿种（组）矿产预测方法类型范围	预测方法类型范围	区
		预测方法类型名称	点
		预测方法类型矿种	点
		居民地	点
		境界	线
		方里网	点、线

四、用户管理

用户管理有用户管理模块功能和注销登录模块功能。

用户管理模块功能有:①增加用户;②删除用户;③修改密码;④授权管理(图4-7、图4-8)。

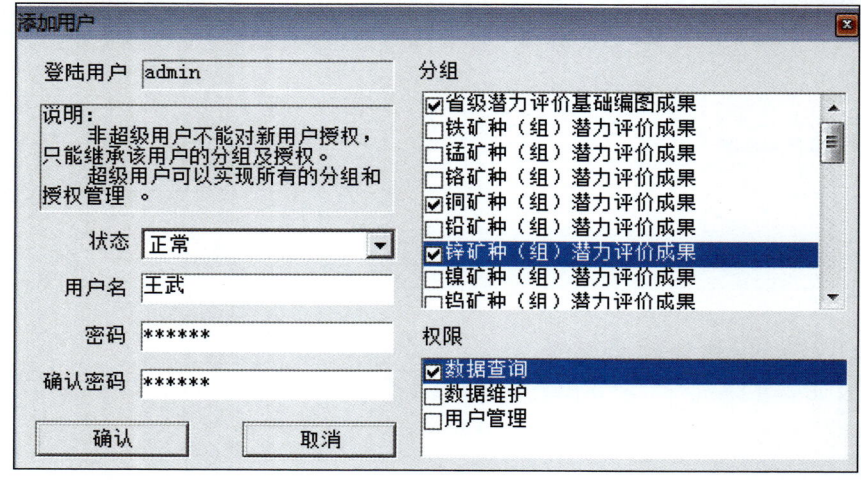

图4-7 添加用户界面

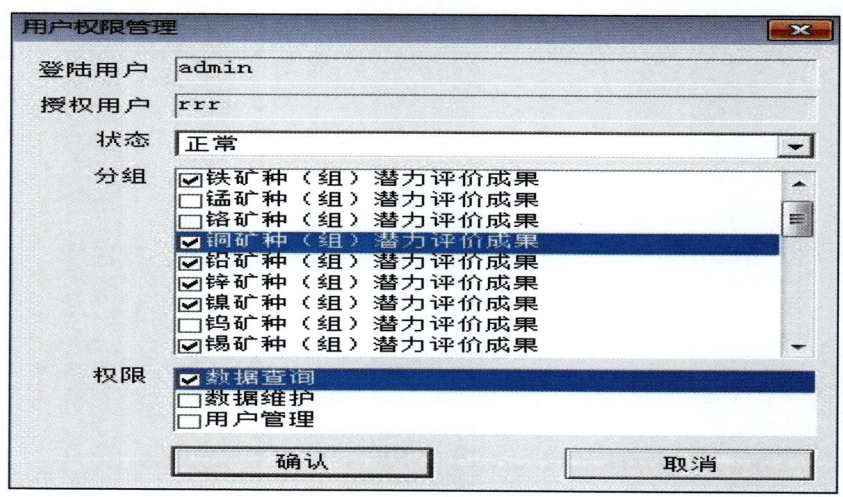

图4-8 用户权限管理界面

注销登录模块功能有:①注销当前用户;②登录其他用户;③退出系统(图4-9)。

五、数据导入

在数据导入模块中有5个子模块:投影转换、图件导入、图件维护、文档维护、报告导入。投影转换用于入库前图件坐标的投影转换;投影转换后的图件入库包括图件导入前的图件检查;图件维护对已入库的图件可进行图件修改、图件删除、补充图层说明等操作;文档维护对已入库图件文档进行维护;报告导入即导入已入库图件的相关报告。

图 4-9 更换用户登录界面

1. 投影转换模块

GeoPEX 系统对具有地理空间坐标图件的入库要求之一是平面投影坐标图件必须转换为统一的经纬度坐标图件。投影转换模块有 4 个功能：①列出指定目录下所有图件，也可清空已列清单；②查询已列出图件的当前投影参数；③图件投影转换；④导出指定目录下图件清单信息到 Excel 表，便于统计、查错、分析（图 4-10）。

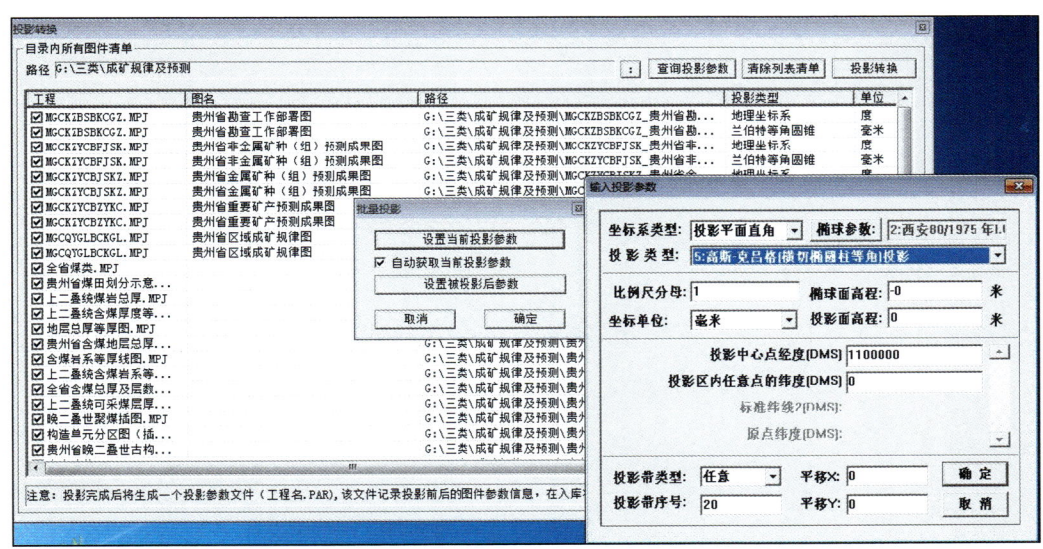

图 4-10 列出清单、投影转换界面

2. 图件导入模块

图件导入到成果数据库前，必须满足以下条件。

（1）必须将投影图件在 GeoPEX 的"投影转换模块"下进行投影。系统将记录投影前的参数，并生成"工程名.PAR"文件，以便在成果查询时可以恢复到原始投影参数。

（2）必须是经纬度图件。

（3）必须经过 GeoMAG 检查合格，包括图件结构、值域、空间拓扑关系等。系统在执行导入前将对成果图件进行检查，并提示主要的错误类型及错误内容。检查通过后方可导入成果数据库。

图件导入模块有 4 个功能：①列出指定目录下所有图件清单，也可清空已列图件清单；②导出列表图件信息到 Excel 表；③预览选中的单个图件；④导入符合要求的图件到指定数据库，通过导入前图件检查（无严重错误）的图件方可导入指定数据库（图 4-11、图 4-12）。

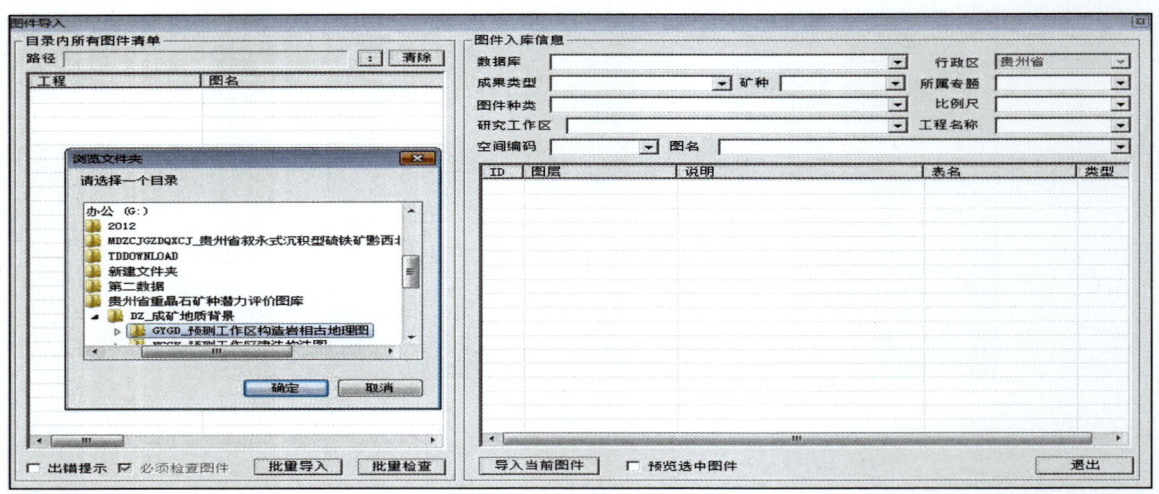

图 4-11 图件导入界面

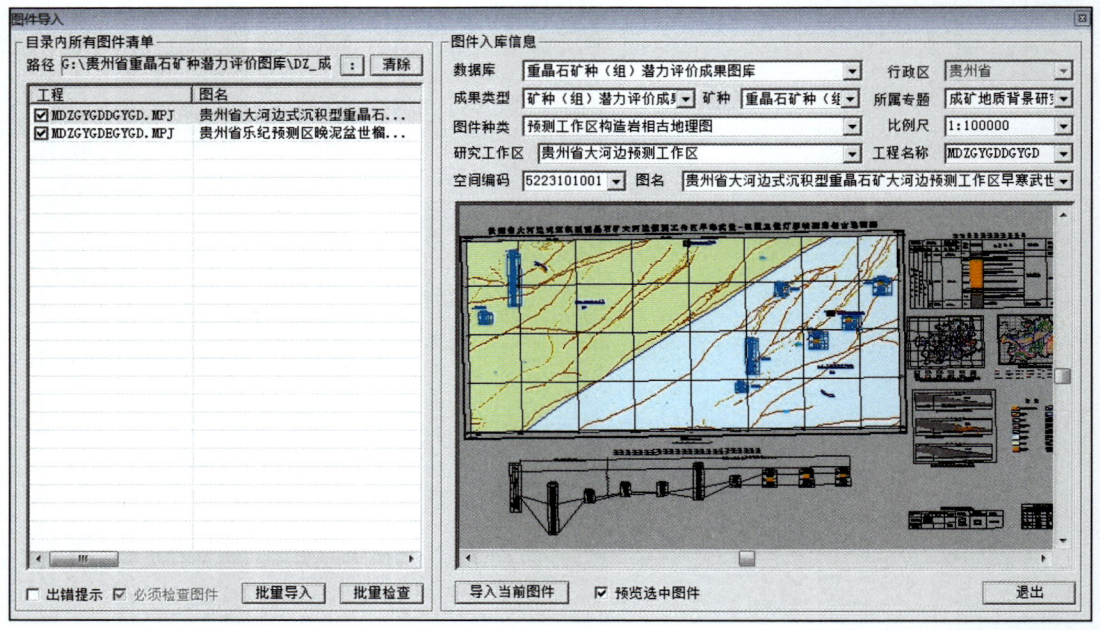

图 4-12 预览图件界面

3. 图件维护模块

已入库的图件,其图件信息、图层信息可能存在拼写或其他错误,利用"图件维护模块",可以更新已入库的图件信息、图层信息,还可以删除已入库的图件、图层等。

图件维护模块有 4 个功能:①人工、按模型修改图件信息;②删除选中图件信息;③人工、按模型修改图层说明;④删除选中图层(图 4-13)。

4. 文档维护模块

已入库的图件相关文档(包括编图说明书、元数据、质量检查文档、栅格图像、遥感图像、汇报材料、表格、其他等),可能存在与图件不匹配或其他错误等,需要做更新或替换等处理,利用"文档维护模块",可以更新或替换已入库的图件相关文档等。

文档维护模块有 4 个功能:①为图件增加相应附件;②删除图件已挂接的附件;③更新或替换指定

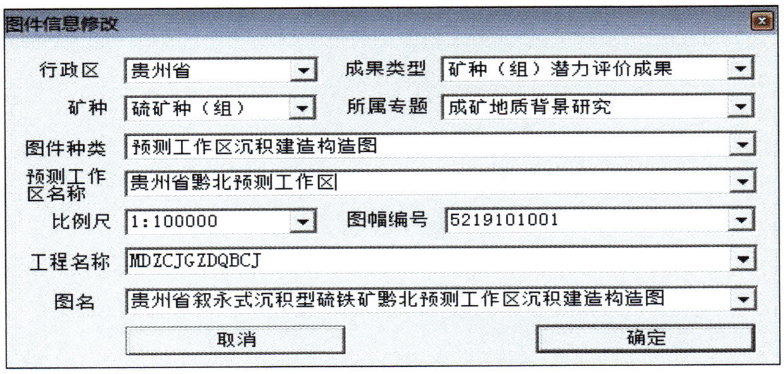

图 4-13 图件信息修改界面

图件的附件;④浏览指定图件的相关文档(包括编图说明书、元数据、质量检查文档、栅格图像、遥感图像、汇报材料、表格、其他等)(图 4-14)。

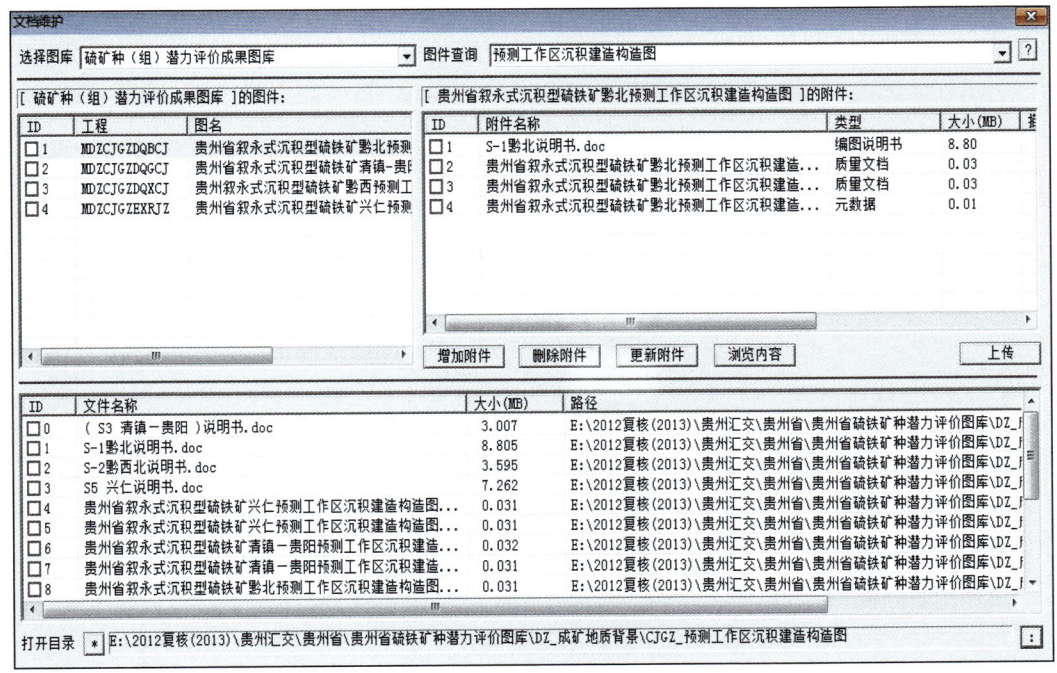

图 4-14 文档维护界面

5. 报告导入模块

报告导入模块有报告(及附件)导入功能和报告(附件)查询功能(图 4-15)。

六、数据查询

数据查询模块功能分两大类:辅助功能、实用功能。

辅助功能:①装入查询方案;②设置查询条件;③选择图件查看挂接的附件。

实用功能:①检索并浏览指定图件;②查询图元属性;③裁剪图层;④浏览图件挂接的附件;⑤打开 MapGIS 工程;⑥保存 MapGIS 工程;⑦导出 MapGIS 工程;⑧导出投影图件;⑨导出原始图件;⑩导出经纬图件;⑪文档查询。

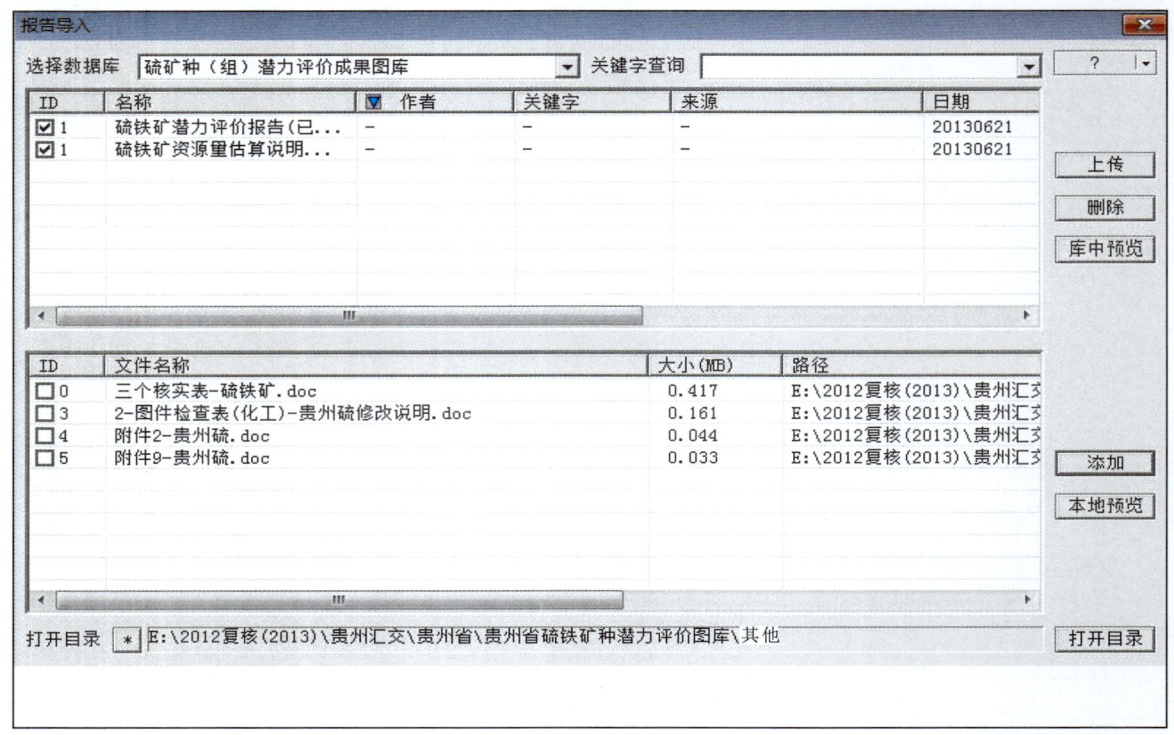

图 4-15 报告导入界面

为了提高查询、检索的速度,数据查询模块在功能操作方面也体现粗略查询(粗查)与精细查询(精查)的配合。

(1)图件查询:可查询省级、1∶25 万、预测区、典型矿床区图件(图 4-16～图 4-19)。

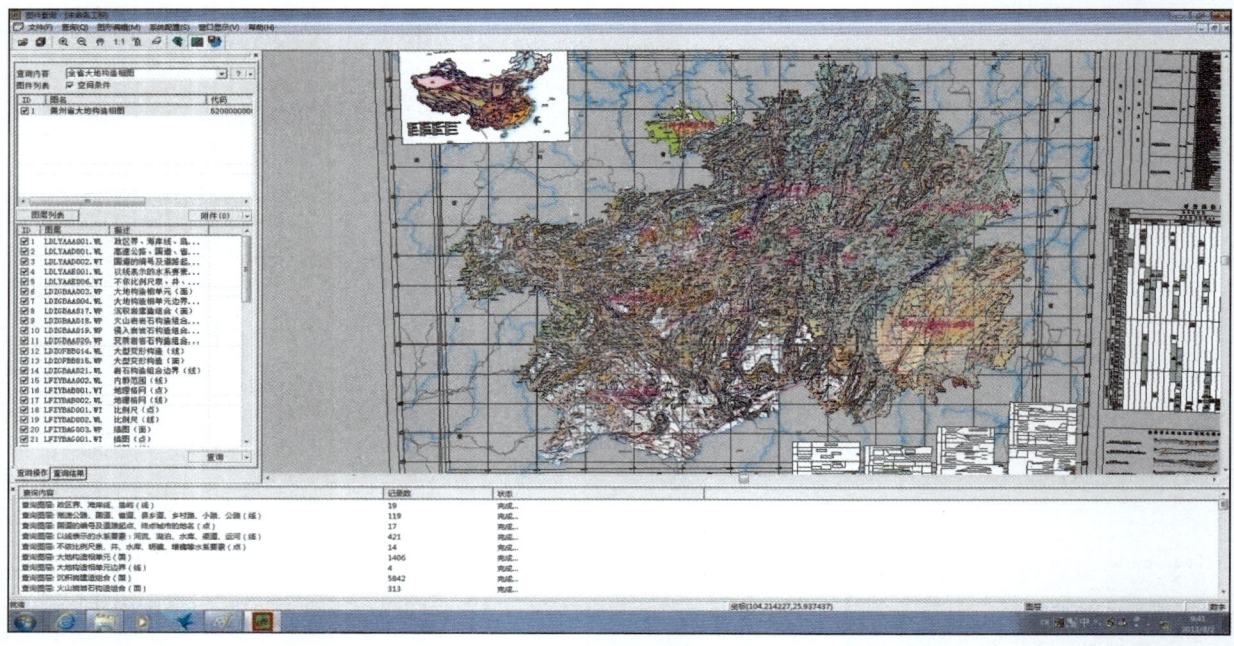

图 4-16 省级图件查询界面

第四章 矿产资源潜力评价成果集成数据库建设

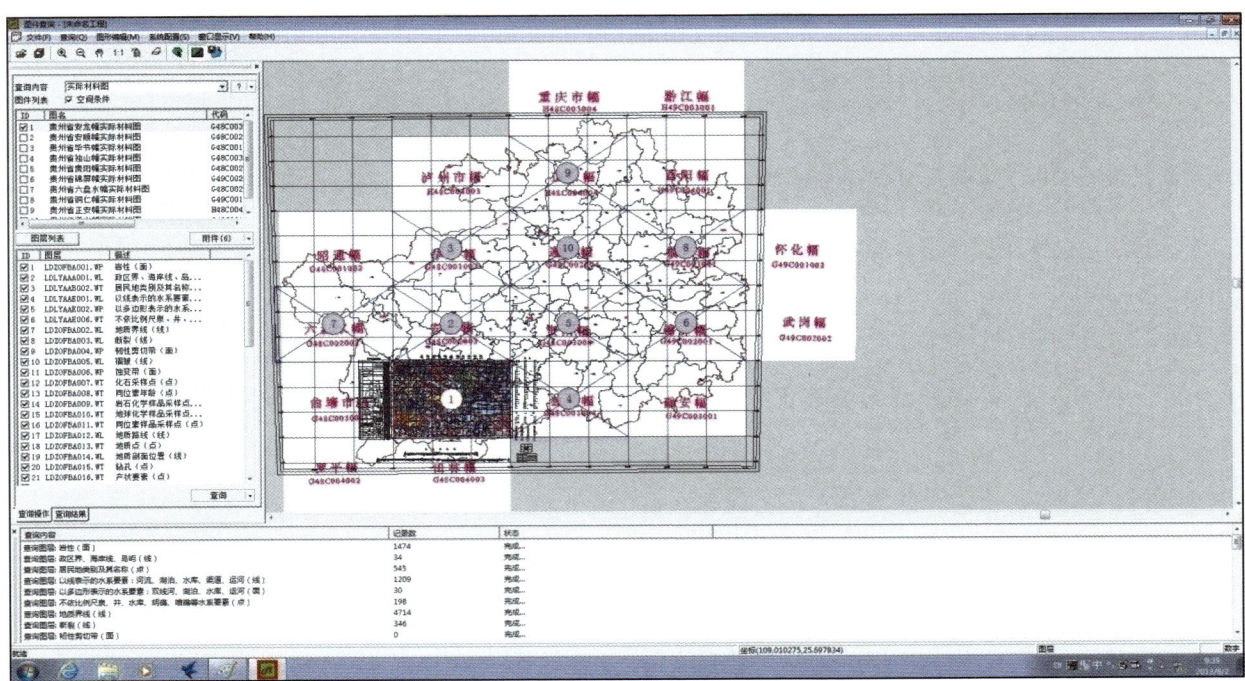

图 4-17 1∶25 万图件查询界面

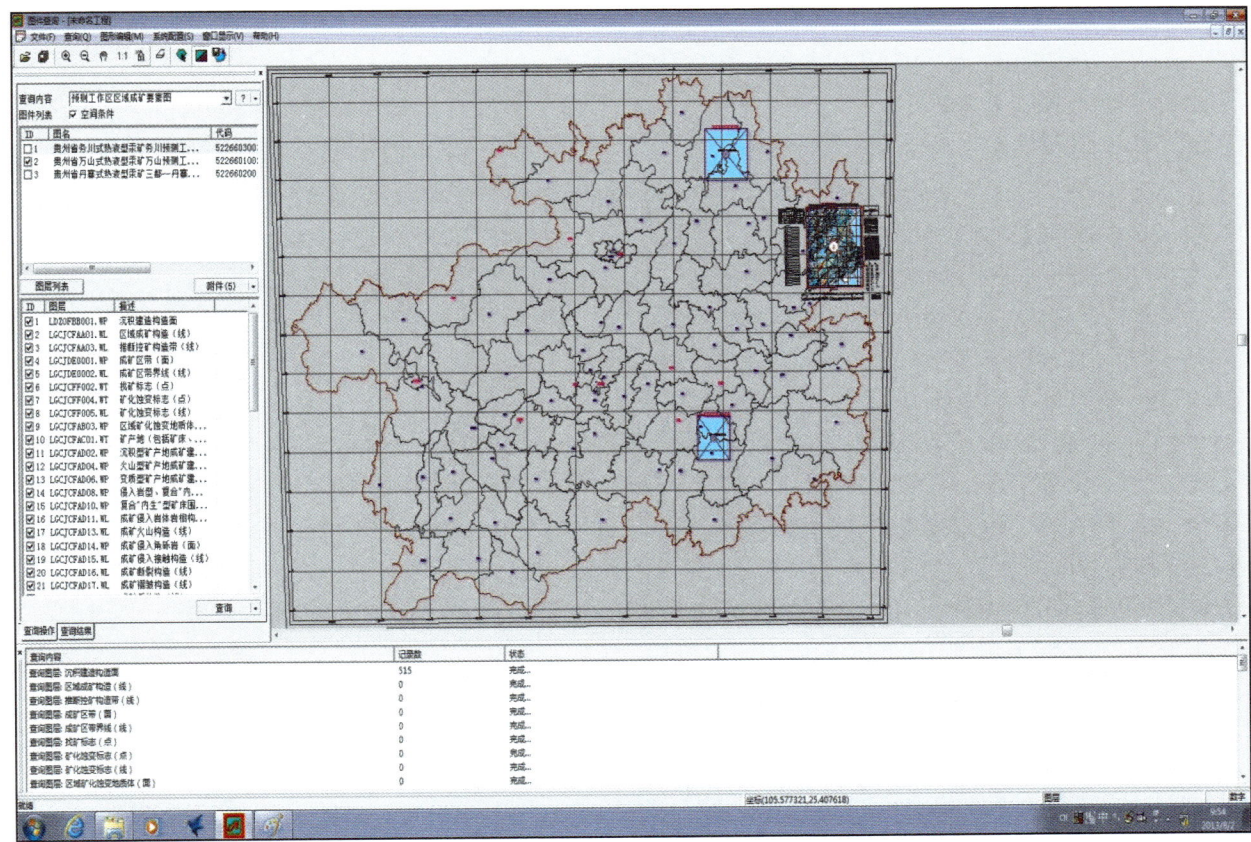

图 4-18 预测工作区图件查询界面

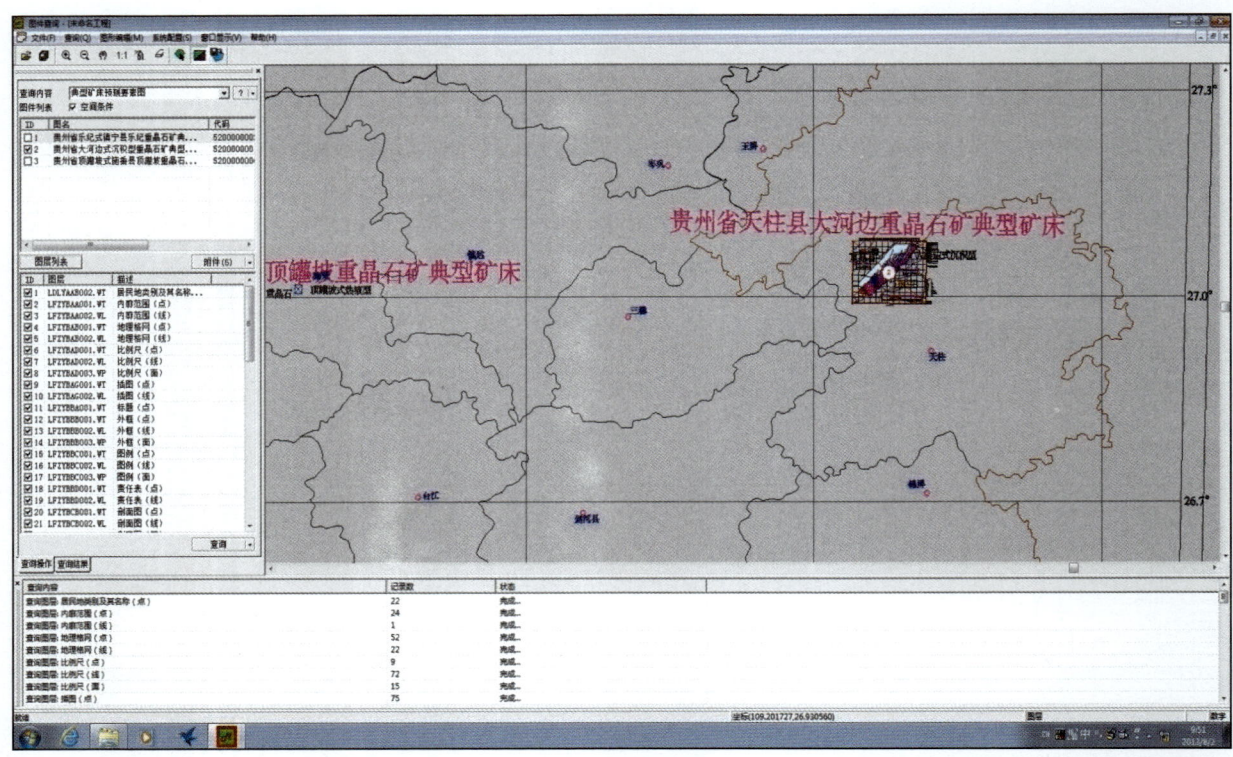

图 4-19　典型矿床工作区图件查询界面

（2）裁剪图层：可裁剪图中任意范围、任意图层（图 4-20）。

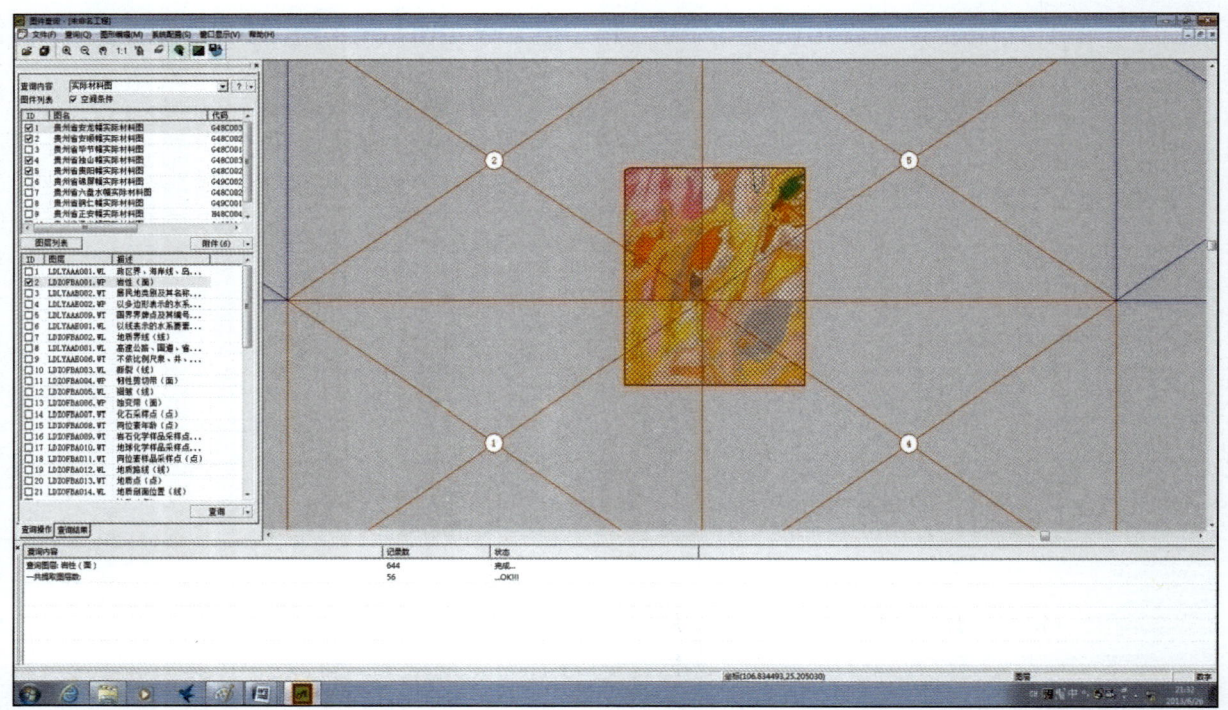

图 4-20　裁剪图层界面

(3)打开、保存、导出 MapGIS 工程:可单独打开、保存和导出查询的图件(图4-21)。

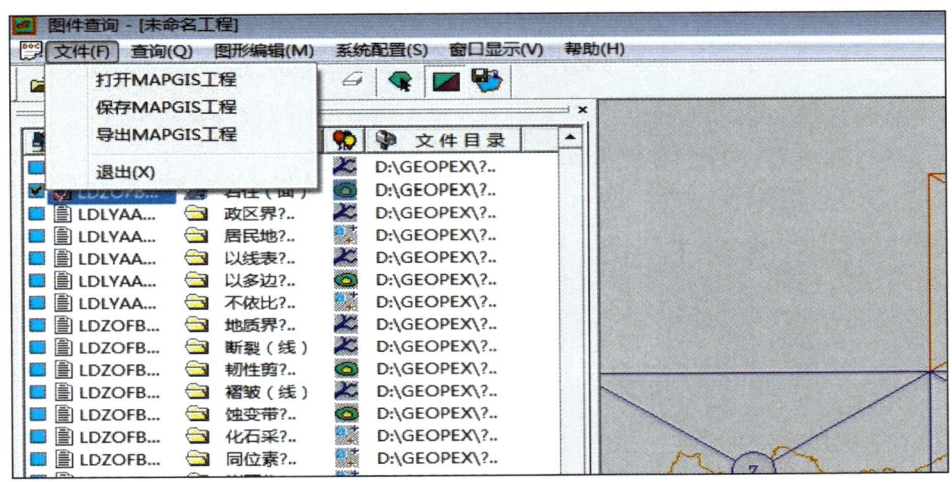

图4-21 打开、保存、导出图件界面

(4)导出图件:可导出投影图件、原始图件、经纬图件(图4-22)。

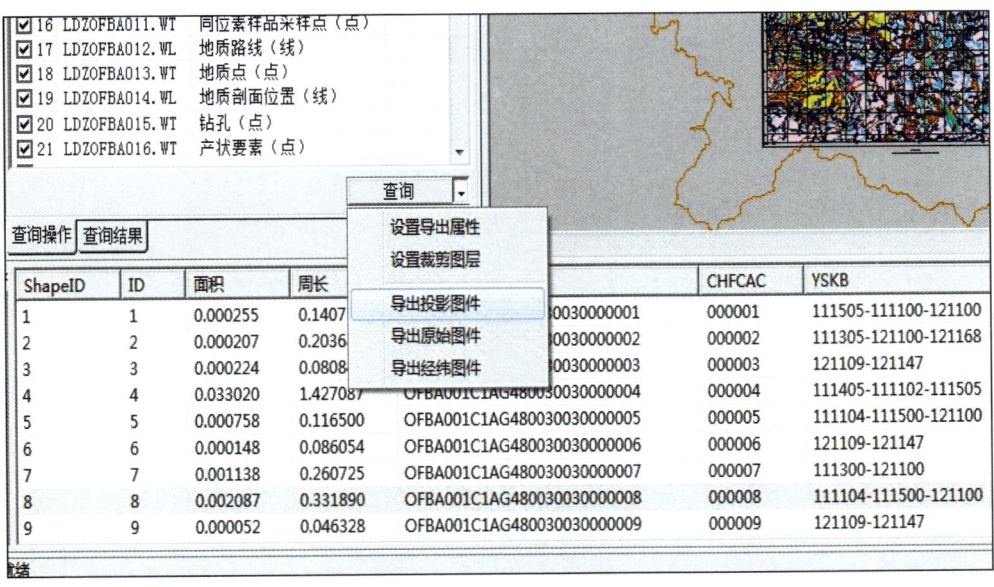

图4-22 导出各类图件界面

(5)文档查询:用于各类文档的查询及下载,其中各类文档包括附件、报告的查询(图4-23)。

七、系统维护

系统维护分为数据库备份、恢复、迁移及优化。
(1)数据库备份:分为网络数据库备份和本地数据库备份(图4-24)。
(2)数据库恢复:分为直接恢复和运用方案恢复(图4-25)。

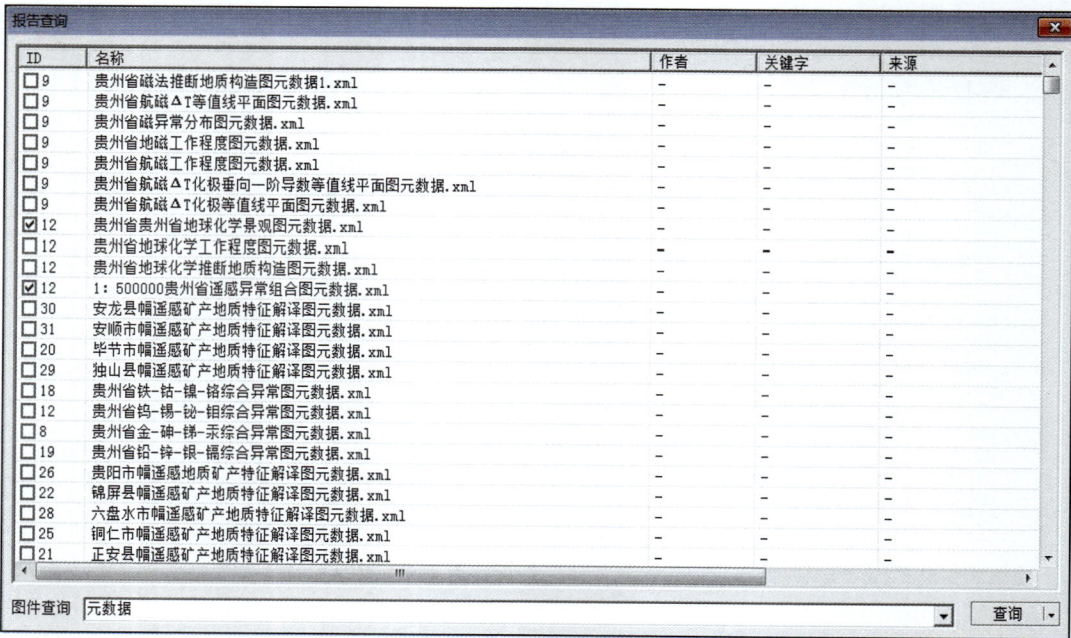

图 4-23 文档查询界面

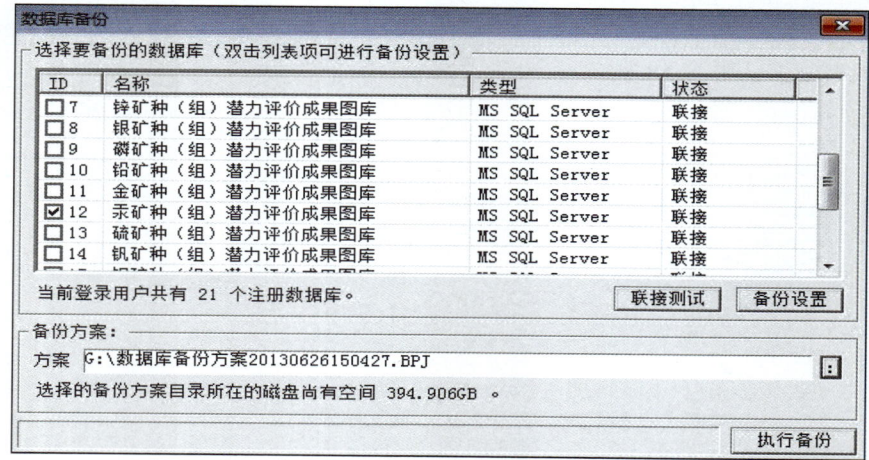

图 4-24 数据库备份界面

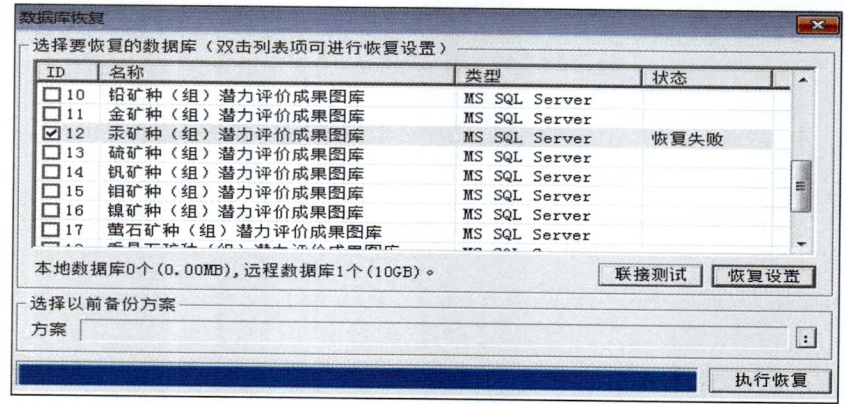

图 4-25 数据库恢复界面

(3)数据库迁移,如图4-26所示。

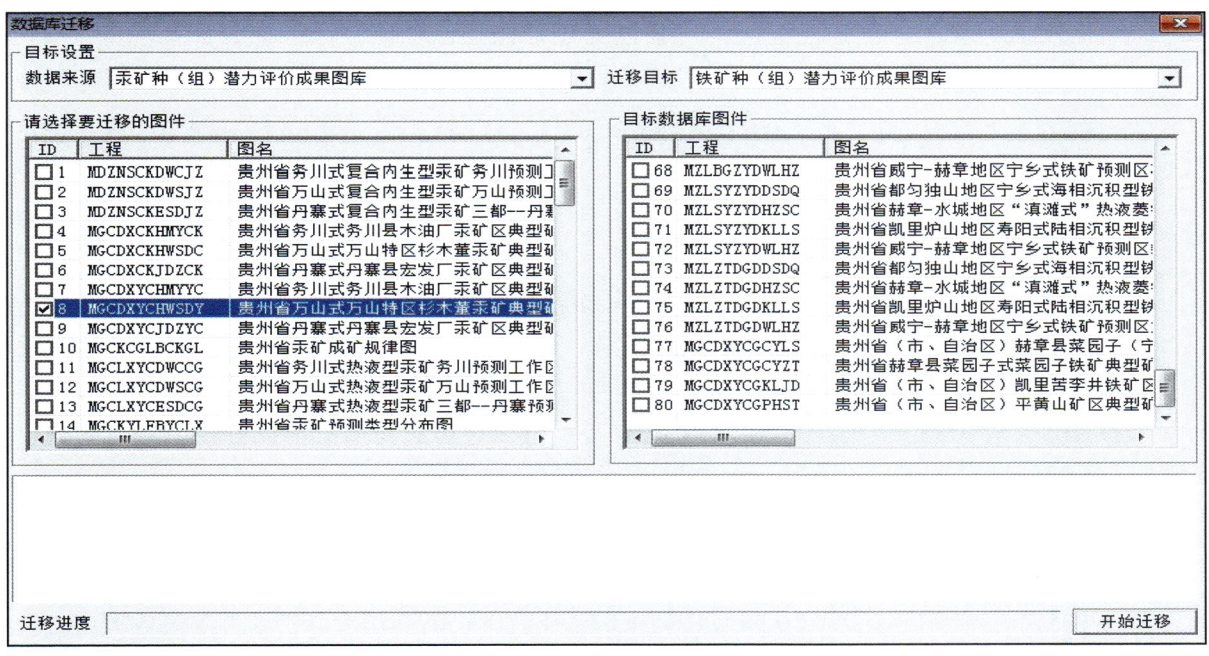

图4-26 数据库迁移界面

(4)数据库优化,如图4-27所示。

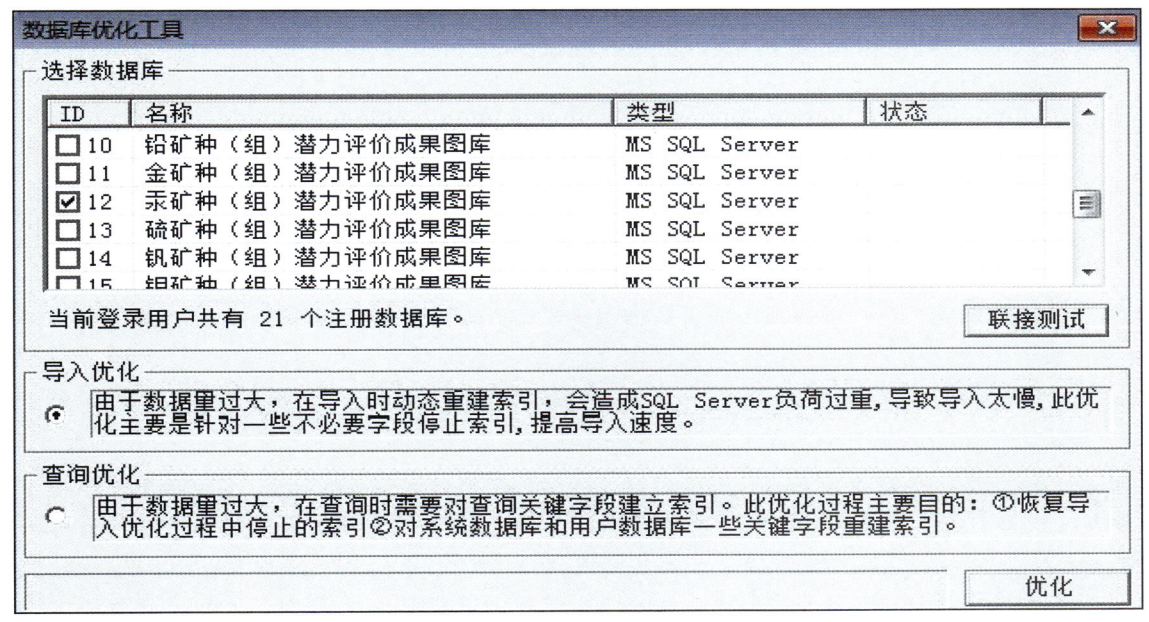

图4-27 数据库优化界面

第五章 矿产资源潜力评价成果应用与服务

贵州省矿产资源潜力评价项目充分利用了基础地学数据库成果来完成省级地质基础编图及数据库，然后利用省级基础编图数据库成果来进一步完成各矿种潜力评价图库。矿产资源潜力评价的成果为完成全国"一张图工程"提供了坚实的基础；为贵州省国土资源厅信息中心"贵州省矿产资源数据库整合集成"项目提供了直接信息；为省厅研究制定矿产资源战略与国民经济中长期规划提供服务，如务正道地区的整装勘查就利用了务正道铝土矿成果；为省局地勘及科研项目提供了信息。

第一节 基础地学数据库的应用与服务

综合信息集成课题组协助、指导各专题组根据基础数据库资料，编制省级基础图件及其属性库。

(1)综合信息专业把与每一个矿种、每一个预测区有关的数据提取出来提供给各专题组，作为编制预测工作区预测底图的素材；从矿产地数据库、工作程度数据库中提取单矿种数据提供给各矿产专题组；根据预测区的坐标将每一个预测区的地质底图、地理底图提取出来给每个专题组使用。

(2)地质背景专业依托1∶5万、1∶20万、1∶25万地质图空间数据库、同位素地质年龄数据库编制1∶25万实际材料图和建造构造图。

(3)重力专业利用区域重力数据生成省级重力工作程度图及其属性库、省级重力推断地质构造图及其属性库、省级布格重力异常图及其属性库、省级剩余重力异常图及其属性库。

(4)磁测专业利用航磁数据生成省级航磁工作程度图及其属性库、省级地磁工作程度图及其属性库、省级磁法推断地质构造图及其属性库、省级磁异常分布图及其属性库、省级航磁 ΔT 等值线平面图及其属性库、省级航磁 ΔT 化极等值线平面图、省级航磁 ΔT 化极垂向一阶导数等值线平面图及其属性库。

(5)化探专业利用区域化探数据生成省级地球化学采样点位图及其属性库、省级地球化学景观图及其属性库、省级地球化学工作程度图及其属性库、省级单元素地球化学图及其属性库、省级单元素地球化学异常图及其属性库、省级地球化学综合异常图及其属性库、省级地球化学推断地质构造图及其属性库、省级地球化学找矿预测图及其属性库、省级地球化学组合异常图。

(6)遥感专业从遥感影像图提取和解译出省级遥感构造解译图及其属性库、省级遥感异常组合图及其属性库、1∶25万分幅遥感矿产地质特征解译图及其属性库、1∶25万分幅遥感羟基异常分布图及其属性库、1∶25万分幅遥感铁染异常分布图及其属性库，镶嵌1∶50万省级遥感影像图。

(7)自然重砂专业利用区域重砂数据生成省级自然重砂异常图及其属性库、省级自然重砂工作程度图、省级自然重砂采样点位图。

(8)省局及地调院区调项目、科研项目也经常利用潜力评价项目成果数据。

第二节　省级基础编图及数据库的应用与服务

省级基础编图数据库是预测区各类图件的基础。

(1)地质背景专业利用1∶5万、1∶20万、1∶25万地质图空间数据库和1∶25万实际材料图、建造构造图的信息,编制预测工作区的岩相古地理图、建造构造图等底图。

(2)矿产专业以省级基础编图数据库为基础,编制预测区成矿要素图、预测要素图、成矿规律图、预测成果图。

(3)重力专业利用省级图件数据和区域重力数据,编制预测工作区的重力工作程度图及其属性库、预测工作区布格重力异常图及其属性库、预测工作区剩余重力异常图及其属性库、预测工作区重力推断地质构造图及其属性库。

(4)磁测专业利用省级航磁数据与区域航磁数据,编制预测工作区航磁 ΔT 等值线平面图及其属性库、航磁 ΔT 化极等值线平面图及其属性库、航磁 ΔT 化极垂向一阶导数等值线平面图及其属性库、磁法推断地质构造图及其属性库。

(5)化探专业利用省级基础图件,编制预测工作区单元素地球化学图及其属性库、单元素地球化学异常图及其属性库、地球化学综合异常图及其属性库。

(6)遥感专业利用省级基础数据,提取预测工作区遥感羟基异常分布图及其属性库、遥感铁染异常分布图及其属性库、蚀变矿物遥感异常分布图及其属性库、遥感矿产地质特征与近矿找矿标志解译图及其属性库。

(7)自然重砂专业利用区域重砂数据和省级基础编图数据,编制预测工作区自然重砂异常图及其属性库。

第三节　矿产资源潜力评价成果数据库的应用与服务

(1)贵州省矿产资源潜力评价成果图件数据库为完成"全国一张图工程"提供了坚实的基础。以贵州省矿产资源潜力评价项目成果为主要依据,参与了"全国地质矿产一张图工程"。其中第一批地质矿产一张图工程的工作成果已提交给国土资源部、贵州省国土资源厅等各级部门使用,第二批地质矿产一张图工程的工作成果将于2018年内提供使用。这项工作将有力地促进国家和地方政府部门的矿政管理,为重新认识我国成矿地质条件和找矿潜力,制定各级资源政策和资源战略规划提供科学依据。

(2)为贵州省国土资源技术信息中心建立《贵州省矿产资源数据库整合应用空间数据库》提供了信息数据。该数据库是直接为省厅中长期规划决策提供服务的,该数据库直观,重点突出,适用于行政决策。该数据库的形成过程:从潜力评价成果库中选取数据库→从每个数据库中提取相应的图层信息→汇总、整合→形成整合应用空间数据库(图5-1)。

(3)贵州省矿产资源潜力评价项目成果促使贵州省铝土矿、锰矿、金矿三个矿种先后列入国家整装勘查项目并顺利实施。如贵州省务川、正安、道真示范区铝土矿资源潜力评价成果为务正道地区铝土矿整装勘查提供了依据;贵州省锰矿矿产资源潜力评价的成果为铜仁地区锰矿整装勘查项目提供了依据;贵州省金矿矿产资源潜力评价成果为黔西南地区金矿整装勘查项目提供了依据。

(4)贵州省矿产资源潜力评价项目成果为其他省级整装勘查项目的开展提供了依据。例如,贵州省煤矿矿产资源潜力评价成果为煤矿(毕节地区可乐向斜煤矿整装勘查、威宁龙街向斜煤矿整装勘查、习水桑木场背斜北西翼煤矿整装勘查、大方瓢井向斜煤矿整装勘查、织金县西部煤矿整装勘查、金沙县官田坝向斜煤矿整装勘查、纳雍县金盆-以支塘向斜煤矿整装勘查、黔西县定新煤矿整装勘查、毕节地区阴

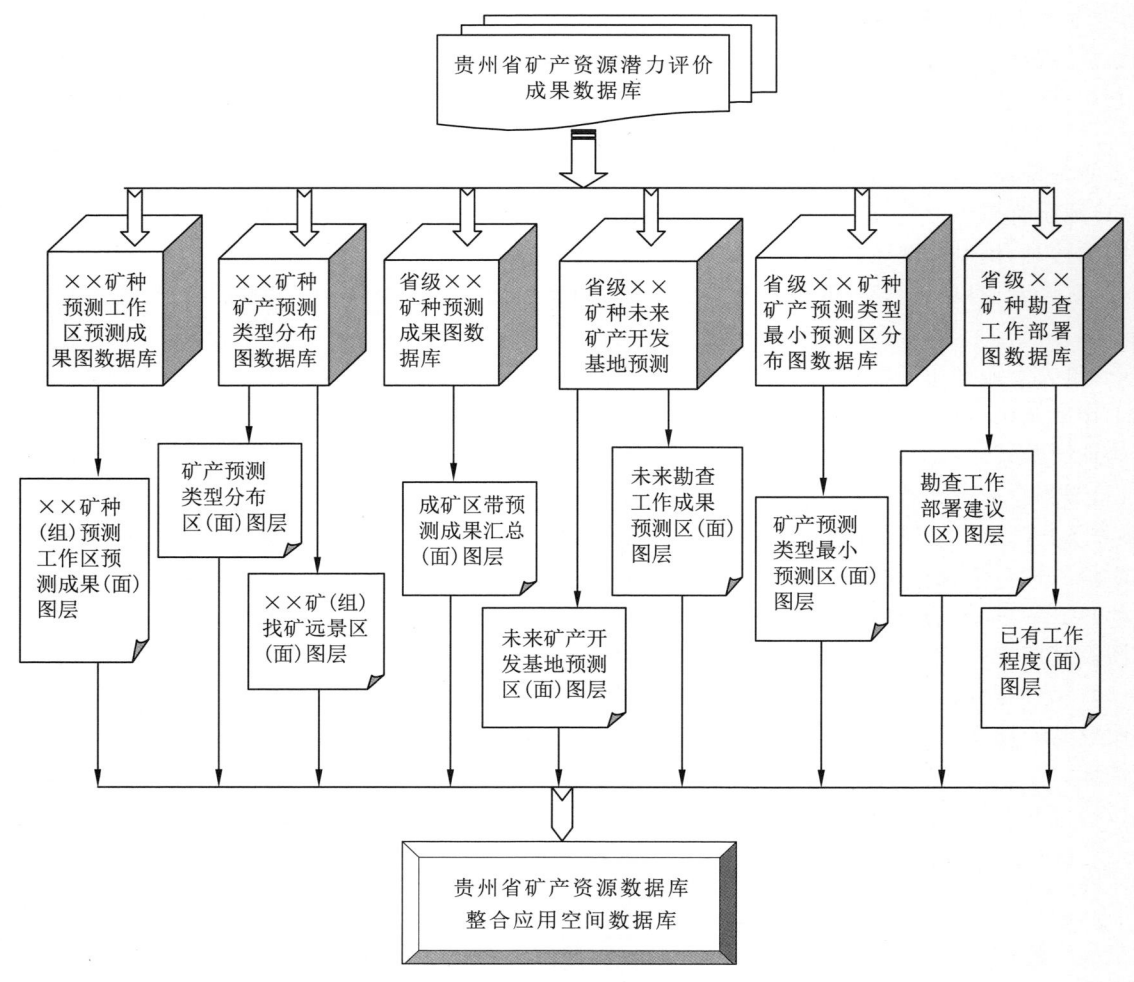

图 5-1 成果库整合为应用空间数据库示意图

底向斜煤矿整装勘查)项目开展提供了依据。贵州省铝土矿矿产资源潜力评价成果为铝土矿(凯里-黄平地区铝土矿整装勘查、瓮安-龙里地区铝土矿整装勘查、清镇-织金地区铝土矿整装勘查、湄潭-凤岗地区铝土矿整装勘查)项目开展提供了依据。贵州省锰矿矿产资源潜力评价成果为锰矿(遵义地区锰矿整装勘查区)项目开展提供了依据。贵州省铅锌矿矿产资源潜力评价成果为铅锌矿(黔西北地区威水背斜铅锌铁矿整装勘查、织金五指山地区铅锌铁矿整装勘查、普安罐子窑-水城布坑底铅锌矿整装勘查、赫章县垭都-蟒洞铅锌矿整装勘查、凯里-都匀地区铅锌矿整装勘查、松桃-镇远铅锌锑矿整装勘查)项目开展提供了依据。贵州省重晶石矿矿产资源潜力评价成果为重晶石矿(天柱县重晶石矿整装勘查)项目开展提供了依据。贵州省锑矿矿产资源潜力评价成果为锑矿(雷公山复背斜锑矿整装勘查、独山箱状背斜锑矿整装勘查、晴隆地区锑矿整装勘查)项目开展提供了依据。贵州省金矿矿产资源潜力评价成果为金矿(从江-黎平地区金、锰矿整装勘查、天柱-黎平地区金矿整装勘查)项目开展提供了依据。贵州省磷(稀土)矿矿产资源潜力评价成果为磷矿(开阳地区磷矿整装勘查、织金地区磷(稀土)矿整装勘查、瓮安县白岩背斜磷矿整装勘查区)项目开展提供了依据。贵州省镍钼钒矿矿产资源潜力评价成果为镍钼钒矿(遵义-金沙地区钼镍多金属矿整装勘查区)项目开展提供了依据。贵州省铁矿矿产资源潜力评价成果为铁矿(威宁-水城地区铁稀土整装勘查)项目开展提供了依据。其他矿种(组)的潜力评价成果数据将会为省厅决策提供更多的服务。

(5)贵州省地质矿产勘查开发局和贵州省地质调查院的区调项目、科研项目利用了相关数据资料。

如贵州省地质志修编项目、1∶25万贵阳市幅、独山幅区域地质调查项目及1∶5万锦屏片区、毕节片区、凤岗片区、罗悃片区、六枝片区区域地质调查项目等。

第四节 集成数据库的应用前景

本次矿产资源潜力评价工作对于数据库的贡献有：①全面收集了地质、矿产、物探、化探、遥感、自然重砂的基础数据；②对所有矿产资源潜力评价相关数据库进行了统一规范；③实现了数据库的统一管理（GeoPEX管理系统）。

而不足之处则在于：①虽然建立了各预测区的地质、物探、化探、遥感、自然重砂等一系列图件及其数据库，而真正在资源量预测时仅将有无异常作为预测要素，而在定量预测方面并没有很好地利用；②各专题组在报告中仅从自身的专业角度谈对成矿的作用，而没有对所有信息进行综合分析研究，缺乏比较全面、客观的综合信息分析和应用；③数据的准确性还有提高的空间。

现在，国内外的专家学者们都在提倡大数据时代的"数据挖掘"。鄂维南（2013）认为科学研究可归结为数据研究，包含两方面内容：用数据的方法来研究科学和用科学的方法来研究数据；潘云鹤（2013）认为：大数据的发展趋势是对大数据进行广泛汇聚和智能分析，形成"浓缩"的"数字知识"，并实现知识服务。因此，大数据时代的核心技术是从大数据中理出关系，综合成系统，以供应用，也称为"数字知识技术"；赵鹏大（2013）指出：数字化、定量化及行为化产生数据，数据的解析化、集成化、综合化产生信息，信息的模型化、智能化和专业化产生知识和产品，知识和产品的实用化、网络化和可视化产生财富和效益，并服务于公众和社会，在服务公众和社会过程中，又产生大量新的数据，即数据→信息→知识→财富→服务→再数据的数据链。

矿产资源潜力评价项目成果集成数据做到了数据的数字化、集成化、模型化，要把这些数据利用好、利用活，做到数据处理实时化（real time）、可视化（data visualization）、数据挖掘和分析（data mining and analysis）、预测分析（prediction analysis）等，真正实现成矿预测过程客观化、定量化和精确化，是我们将来的奋斗目标。

第六章　结束语

本书完成的主要内容包括以下几个主要方面：

(1) 第一次较全面、系统地对贵州省地质矿产基础地质数据库 2006 年底以前的状况，从数据资源、管理系统、软件功能等 5 类 28 个基本信息进行了系统总结，客观反映了贵州省基础地质数据库建设现状，为贵州省今后部署基础地质数据库建设工作提供了科学依据。

(2) 对其中 11 个基础地质数据库 2007—2012 年（其中 1∶5 万地质图截至 2015 年）的更新维护情况做了调查，为贵州省矿产资源潜力评价工作提供了基础数据支撑。

(3) 基于 GIS 技术、数据库技术，依据矿产资源潜力评价数据模型及其配套软件（GeoMAG），开展了贵州省矿产资源潜力评价数据库建设工作，总结了一套适合贵州省矿产资源潜力评价专题数据库建设的工作方法和流程，为专题数据库建设提供了方法和技术支撑。

(4) 贵州省矿产资源潜力评价成果数据库包括 1∶25 万分幅 10 个实际材料图库、10 个建造构造图库，65 个预测工作区地质构造专题底图库和 1 个大地构造相图库、21 个矿种的典型矿床系列图件、27 个预测工作区系列图件、388 个单矿种成矿规律及预测成果图库、178 个重力图库、247 个磁测图库、750 个化探图库、243 个遥感图库、86 个自然重砂图库。

(5) 基于省级矿产资源潜力评价资料性成果汇总建库管理系统（GeoPEX）的贵州省矿产资源潜力评价成果集成数据库，涵盖了成矿地质背景、成矿规律与矿产预测等 7 个专题的基础编图成果和铁铜等 22 个矿种的潜力评价成果，累计图库数 2009 个。实现了贵州省矿产资源潜力评价数据成果的一体化管理，为贵州省矿产资源潜力评价数据成果的社会化服务奠定了基础。

存在的问题：

(1) 基础数据库维护收集到的资料还不够全面，有些跨部门、跨行业的资料收集不到，有的资料是省外或科研院校的科研成果，原始资料的出处无法核实。

(2) 省级基础编图数据库部分图库：如磁法，原来资料的比例尺较小，而成图比例尺相对较大，信息量不够；部分图库（如 1∶25 万实际材料图）信息量太多，而图幅承载量有限，只能有所取舍。

(3) 由于各矿种（组）是由不同的地勘单位承担，人员组成和人员素质参差不齐，而且完成项目的时间紧急，各矿种潜力评价图库的质量不一致；部分人员为追求填写率，所填属性项内容不能满足后续工作所用。

(4) 矿产资源潜力评价成果数据库的后续利用：多年来各类基础数据库建立以后就存放起来，或许本部门甚至本单位的人都不知道有哪些数据库，更谈不上很好地利用。潜力评价成果数据库所涵盖的内容多、范围广、资料时间跨度长，如果不能好好利用，将十分可惜。

(5) 矿产资源潜力评价项目虽然取得了丰富的成果，但还存在许多不足之处，还有待进一步完善的空间。

贵州省矿产资源潜力评价成果数据库专业上涵盖了地质、矿产、重力、磁测、化探、遥感、自然重砂，范围上包括全省、预测工作区、典型矿床区，时间上从 1949—2006 年 12 月（部分资料更新到 2011 年），其应用前景将会更加广泛。因此目前很有必要开展新一轮的矿产资源区域评价工作，运用新的地质成矿理论，采用先进的技术方法，完成全省范围内的非油气矿产资源区域评价工作，为部署矿产勘查工作提供科学依据，为实现找矿突破提供选区依据。

主要参考文献

贵州省地质矿产局.全国地层多重划分对比研究 贵州省岩石地层[M].武汉:中国地质大学出版社,1997.
陶平,曾昭光.贵州省矿产资源潜力评价总体实施方案[R].贵阳:贵州省矿产资源潜力评价项目办公室,2007.
王常微,况忠,邬晓芳,等.贵州省矿产资源潜力评价综合信息集成课题实施方案[R].贵阳:贵州省地质调查院,2008.
叶天竺,陈毓川,张洪涛,等.全国矿产资源潜力评价总体实施方案[R].北京:全国矿产资源潜力评价项目办公室,2006.
叶天竺,肖克炎,严光生.矿床模型综合地质信息预测技术研究[J].地学前缘,2007,14(5):11-19.
叶天竺.固体矿产预测评价方法技术[M].北京:中国大地出版社,2004.
叶天竺.矿床模型综合地质信息预测技术方法理论框架[J].吉林大学学报(地球科学版),2013,43(4):1055-1072.
中国地质调查局.地质调查技术标准:地质数据质量检查与评价(DD2006-07)[S].2006.
左群超,文辉.省级矿产资源潜力评价资料性成果汇总建库管理系统 GeoPEX:用户使用手册[R].中国地质调查局发展研究中心、四川省地质调查院,2011.
左群超,杨东来,陈郑辉,等.全国矿产资源潜力评价技术要求、矿产资源潜力评价数据模型丛书 成矿规律研究数据模型[M].北京:地质出版社,2011.
左群超,杨东来,冯艳芳,等.全国矿产资源潜力评价技术要求、矿产资源潜力评价数据模型丛书 成矿地质背景研究数据模型[M].北京:地质出版社,2011.
左群超,杨东来,冯艳芳,等.全国矿产资源潜力评价技术要求、矿产资源潜力评价数据模型丛书 数据项下属词规定(上、下册)[M].北京:地质出版社,2012.
左群超,杨东来,黄旭钊,等.全国矿产资源潜力评价技术要求、矿产资源潜力评价数据模型丛书 磁测资料应用数据模型[M].北京:地质出版社,2011.
左群超,杨东来,李景朝,等.全国矿产资源潜力评价技术要求、矿产资源潜力评价数据模型丛书 自然重砂资料应用数据模型[M].北京:地质出版社,2013.
左群超,杨东来,宋越,等.中国矿产资源潜力评价成果数据质量控制及方法技术[J].中国地质,2013,40(4):1314-1328.
左群超,杨东来,吴轩,等.全国矿产资源潜力评价技术要求、矿产资源潜力评价数据模型丛书 化探资料应用数据模型[M].北京:地质出版社,2011.
左群超,杨东来,叶天竺.中国矿产资源潜力评价数据模型研制流程及方法技术[J].中国地质,2012,39(4):1049-1061.
左群超,杨东来,于学政,等.全国矿产资源潜力评价技术要求、矿产资源潜力评价数据模型丛书 遥感资料应用数据模型[M].北京:地质出版社,2011.
左群超,杨东来,张明华,等.全国矿产资源潜力评价技术要求、矿产资源潜力评价数据模型丛书 重力资料应用数据模型[M].北京:地质出版社,2011.
左群超,杨东来,赵汀,等.全国矿产资源潜力评价技术要求、矿产资源潜力评价数据模型丛书 矿产预测研究数据模型[M].北京:地质出版社,2011.